郗文倩——著

食色里的传统

• 彩图修订版 •

中华书局

图书在版编目(CIP)数据

食色里的传统:彩图修订版/郗文倩著. —北京:中华书局,2022.1
ISBN 978-7-101-15435-1

Ⅰ.食… Ⅱ.郗… Ⅲ.中华文化 Ⅳ.K203

中国版本图书馆CIP数据核字(2021)第230613号

书　　名	食色里的传统(彩图修订版)
著　　者	郗文倩
责任编辑	吴艳红
装帧设计	毛　淳
出版发行	中华书局 (北京市丰台区太平桥西里38号　100073) http://www.zhbc.com.cn E-mail:zhbc@zhbc.com.cn
印　　刷	北京市白帆印务有限公司
版　　次	2022年1月北京第1版 2022年1月北京第1次印刷
规　　格	开本/920×1250毫米　1/32 印张15¾　字数300千字
印　　数	1-8000册
国际书号	ISBN 978-7-101-15435-1
定　　价	78.00元

郗文倩，杭州师范大学教授，福建师范大学博士生导师。主要从事先秦两汉文学与文体学研究，先后主持国家社科基金项目“汉代礼俗与汉代文体关系研究”“秦汉文体史”等，同时致力于传统文化和文学的普及教育工作。出版有学术专著《中国古代文体功能研究》《古代礼俗中的文体与文学》，以及学术随笔集《菜园笔记》。

序
传统的细节和脉络

人们提及传统文化，提及历史，有意无意的，常常把它们看作是和当下生活形成对照的另一个领域，是停在书本文字间的，大都是些需要“保护”的遗产，有点儿古老，稍显陈旧，更含着不少虚无感。其实，传统文化表现在很多很具体的方面，医卜星相、宗教戏曲、音乐建筑、书法绘画、时令民俗、乡土语言、饮食男女，乃至鸟兽虫鱼、养生本草，等等，每个领域都有着诸多细节。它们不仅属于历史，更自古及今，蔓延流淌，渗入到当下日常的生活中。我们每个人都处在历史的延长线上，而历史，究其然，原本都是“小历史”，是局部的、常态的历史，是日常生活的历史，锅碗瓢盆，茶食酒菜，起居动静，喜怒哀乐，是立体的，有现场感的。

本书说饮食、说服饰、说行旅、说节令、说草木、说百戏、说歌谣，这些话题，不离百姓日用、饮食男女，姑且以“食色”概括之。食色，大体指向基本的物质生活，也含着最寻常的人性、最朴素的情感。

饮食是小道，但也是大欲，在中国有着最为深厚的文化基础。人们四处搜寻食材，琢磨炖、烩、煎、煮等烹饪方式，体会出食药同源、饮食养生的观念，意识到吃喝关涉身体饥饱康健，也是文化发展和文明进步的体现，甚至也关系到信仰。所以，人们讲座次，发明素食，强调本味，调和五味，认为里面含着人生道理，也是治国理念的隐喻。对比中外文化，大概没有哪一个民族能像中国人的祖先那样，在饮食生活中倾注如此多的注意力，产生诸多创造和深刻的理解。

服饰，本为遮体避寒，可俗话说"穿衣戴帽，各有所好"，这就进入审美领域，有个体的选择了。中国传统服饰在头、足、挂饰和飘带等方面多加留意，关注上下左右的空间创意和形式美感，并形成了一套独特的配色讲究。这些既关联生活美学，又承载着情感需求，乃至脱开实用，长袖善舞，达到行云流水的艺术境界。与此同时，穿衣戴帽也与等级地位、伦理道德密切相关，受到公序良俗的牵制，也有着诸多不自由，甚至有的方面走向畸形，诞生了"三寸金莲"这样的"恶之花"。

行旅，即关于出行，对此，传统观念中是多有抵触情绪的，这主要因为中国长期以来一直以小农经济为主，户籍管理严苛，文化传统是相对封闭的。所以，淡漠交往，畏厌出行，是一种很普遍的心理，也一定程度上带来文化上的自负和固执。古人对待出行很慎重，有相当丰富的仪式，比如祭祀路神，临别折柳，对亡者的路祭和送别，接风洗尘，等等。仪式是象征，可以疏导情感，大大缓解出行的紧张。人本是崇尚自由的动物，身体自由，精神方能自由。当人们的行旅受到各种客观物质条件和主观文化心理约束而不得自由时，行旅中的愁绪和孤独感就变得很强烈，此时，诗歌就变成抒发的通道。在这种文化氛围中，负笈游学则意味着某种突破，受到人们的普遍赞赏。

草木，讲的是人和自然的关系。中国人对于自然、对于草木的感情最初有着很实际的缘由，那就是采摘以果腹，代代手传口授，遂积累了大量有关草木的经验和知识。人们记其特性、产地、异名、可食部位、吃法、滋味和药性等，配上图录，形成一套名物辨析的方法。同时，人们亲近鸟兽草木，看莺飞鱼跃，草木凋荣，体味其中生生不息的生命意味，由此感发情性，也生出艺术的自然观。还有些植物来自异域，长途跋涉，漂洋过海，丰富着人们的餐桌，也让我们看到全球范围内物种的大交换。这种交换影响着人口发展，也关涉语言的进程。

节令说的是古人对时间的态度。二十四节气是古老的时间标志，其内核是齐物论式的，淳朴的，也是有品质的。它们与物候时令奇异吻合，有着东方田园风景与中国古典诗歌般的名称，简约美好，表意形象，是汉语瑰丽的精华，短短二字，就能神奇地构成生动的画面和无穷的故事，所以，了解二十四节气，就好像触摸到了大自然的脉搏。而与时令相匹配，也衍化出各种传统节俗。人们适时祈福禳灾，并逐渐赋予节俗更多的社会伦理意义，一些历史或传说人物因之成为节日主角，寒食节、端午节、中秋节都很有代表性，这也成为传统节令文化的重要组成部分。

百戏讲的是人与游戏的密切关联。人天性爱好游戏。只有在游戏中，人才最自由、最本真、最具有创造力，所以，游戏是人类文化产生、发展的原动力，甚至各类文化形式本质上也可以看作是一种游戏。百戏是古代对民间各种歌舞杂技的泛称，角抵、幻术、鼠戏、射箭、口技、弄丸、跳剑、蹴鞠、斗鸡、走狗、傀儡戏、秧歌乃至后世诸多天桥把式、民间杂耍、歌舞滑稽、曲艺相声，等等，都可包含在内。对游戏追本溯源，就是探究人性、探究文化的生成轨迹。

歌谣，曾是中国古人表情言志最得心应手的方式。街头巷陌、田间地头、客栈行旅，大约随时都有人诵唱。情感集聚了，满了，白热化了，就奔迸出来，好像夜幕打铁花，哗的一瓢，铁水泼在墙上，迸溅出来，绚烂璀璨，落在地上，冷却了，就结成文字。情感是怎样的，文字就是怎样的，诗句和生命就这样迸合为一。他们击节而歌，率性而舞，与人交流，与神灵沟通，借助这些有生命力的歌谣，可以深入到一个民族的心灵深处。

以上话题，是我在传统文化世界里托钵而行、随意观览的印记。现在以文字的形式呈现出来，只能算是大致的地标，以供观者循着线索，摸索向前。偶有所悟，会心一笑，接着，还是要徒步前行的。

目　录

饮食

服饰

行旅

草木

节令

百戏

歌谣

饮食

饮食小道

饮食虽是小道，在中国却有着深厚的文化基础，并非仅仅是茶余酒后的谈助而已。

自古以来，儒道两家，道不同不相为谋。道家将人放在宇宙自然间，关注个体生命的价值和存在；儒家则把人放在社会中，说的都是立身做人的道理。二者视角不一，关注的重心以及得出的结论都有极大差异，然而，却都从饮食着眼。

道家讲服食养生，强调食物补精益气的作用，如《黄帝内经·素问》云："五谷为养，五果为助，五畜为益，五菜为充，气味合而服之，以补精益气。"儒家则看到饮食男女这些本能欲望，认为这关涉到人之为人，告子云："食色，性也。"儒家的另一部经典《礼记》也说："饮食男女，人之大欲存焉。"（《礼运篇》）

吃饭睡觉出于本能，关涉生命保存和后代接续，自然不可忽视，上述这些话也就不是什么深刻的大道理。但《礼记》又说："礼之初，始诸饮食。"当人们意识到不能像动物一样茹毛饮血，撕咬抢食，而是要讲规矩，讲熟食烹饪，礼就产生了。可见，在

东汉庖厨画像砖，四川博物馆藏。左侧二人跪坐，正准备菜肴，身后架上悬挂肉三块；右侧是一长方形灶，灶上一釜一甑，一人正立于灶前烹煮。

古人看来，吃喝说着简单，却不是小事，它关涉身体饥饱康健，也是文化发展和文明进步的表征。

因此，对比中外文化，确实没有哪一个民族能像中国人的祖先那样，在自己的饮食生活中倾注了如此多的注意力，产生了诸多创造和深刻的理解。人们使用炙、烤、煨、炖、焖、炮、烩、煎、煮、烧等多种方式烹饪天南地北的各色食物，满足了口腹之欲，也衍生出食药同源、饮食养生的观念。

食药同源的道理

食药同源，意思是许多食物即药物，它们之间并无绝对的分界。古医家认为中药有四性、五味，而食物也同样如此，因此，食物能入药，许多药物也可以食用，这就是药食同源理论的基础，也是食疗的基础。

古人认为，食物各有本性，对人体最有益的是具有中和之性的食物，假如稍有所偏，就会偏凉（如绿豆、冬瓜），或偏温（如生姜、红枣），假如过多地偏离“中”，就成“寒”与“热”，就近似药了，这就是凉药或热药的来历。中医的治疗原则，“寒者热之，热者寒之”，即得了热病当用凉药，反之用热药。但如果寒热都不是很严重，那就用偏凉或偏热的食物调节就可以了，这就是所谓“食疗”。

《黄帝内经》是我国最古老的医学典籍，对药疗和食疗间的关系有着非常卓越的理论。《素问》篇云：

> 大毒治病，十去其六；常毒治病，十去其七；小毒治病，十去其八；无毒治病，十去其九。谷肉果菜，食养尽之，无使过之，伤其正也。

意思是用偏性大的药物（如石膏、附子等）治病，有十分的病，只治到六分好就不能再服用了；用普通偏性的药物治疗（如菊花、陈皮等），有十分的病，只治到七分好就可不用；偏性小的药物（如葛根、首乌等），有十分的病，只治到八分即可停用；没有偏性的药物（如淮山、枸杞子），有十分病治到九分就可以。那余下的几分呢？就用谷肉果菜来食疗，慢慢调补，药疗和食补都不可用力过猛，超过限度，就是伤其正也。

民谚云：是药三分毒。即便对症的良药，是来自自然的中草药，也要谨慎对待，适度用药，对于稍有些生活经验的中国人，这属于常识。因此，人们更希望用日常饮食来调理身体，用秉性更温和的食物来平衡内在阴阳，也慢慢总结出非常多的食疗食补的智慧，很多民谚俗语都与此相关。如：“一天一颗枣，终身不显老。”“秋后萝卜赛人参。”又如：“鱼生火，肉生痰，白菜四季保平安。”“冬吃萝卜夏吃姜，不劳医生开药方。”等等。

古人关注饮食，基于养生，但又不止于此，由饮食而衍生的思想和文化都极为丰富，远不是三言两语可以说清楚的。比如关于饮食，还有本味主张和五味调和的烹饪原则。古人认为，这些都蕴含着人生道理，也是治国理念的隐喻。

五味如何调和

“五味调和”的说法最早见于《吕氏春秋·本味》。文中伊尹以至味说商汤，拿肉食调味之术谈治国之道。文章洋洋洒洒，颇有战国纵横家的特点，但意思却很简单。后世读者津津乐道，只因其最早讨论了“五味调和”的烹饪道理。伊尹说，人们常吃的肉食有三类，水中之鱼味腥，食肉的鹰隼味臊，食草的鹿獐味膻，故不能直接入口，而需烹煮调味。这个过程就有些讲究了。

首先，水是基本调和物，多次煮沸，食材开始发生变化。在此过程中，火是关键，要“时疾时徐”，方能灭腥、去臊、除膻。此后再以甘、酸、苦、辛、咸调和，先、后、多、少，各有规

魏晋烤肉煮肉图壁画砖，嘉峪关魏晋1号墓出土，甘肃省博物馆藏。画面中央有四条钩挂的红肉。两位男厨，一位跪坐切肉，一位守着大釜，拉开架势煮肉，火苗从釜下蹿上来。古人云："钻燧取火，以化腥臊，而民悦之。"

矩。如此一来，鼎镬之中，就有了精妙微纤的变化，此变化如阴阳二气交合、四季更迭，是只可意会、不可言传的。

最终，在精妙的厨艺下，食物"久而不弊，熟而不烂，甘而不喂（yuàn，过甜），酸而不嚛（hù，味道浓烈），咸而不减（减少原味），辛而不烈，淡而不薄，肥而不腻"，终达"至味"。上述八对词语，两两形成对比，前者合"度"，后者过"度"，"过"犹"不及"。

伊尹谈及的这种"合度"的追求也是颇符合中庸之道的。以烹调为话题进行理论的思辨，"调和"的道理就有更普遍深广的意味，把它引入政治领域也就很自然了。

本味的主张

而本味的主张可能更多来自文人对于"自然"的审美追求。

这种追求不仅体现在诗赋创作、音乐绘画等艺术活动中，更融入文人衣食住行的日常生活中。苏轼在《菜羹赋》序言中说：

煮蔓菁、芦菔（萝卜）、苦荠而食之，其法不用醯（即醋）酱，而有自然之味。

这里的“自然之味”即是蔬菜之本味。苏轼此时正处荒蛮贬谪之地，这句话自有苦中求乐的意思，但其“自然之味”的表达却体现着价值追求，是将生活艺术化了。而清代李渔提倡白水煮菜，也意在其中的艺术境界和天然趣味：

吾为饮食之道，脍不如肉，肉不如蔬，亦以其渐近自然也。（《闲情偶寄》）

就饮食而言，本味、五味各有千秋，因为“食无定味，适口者珍”。但无论怎样，口味的辨析透着古人的思考，也是能以小见大的。所以，古人对饮食有着很多思考，认为饮食之味多精微之处，难以言传，看似属于吃之小道，却能蠡测文化大道。

饮食品味存在个性差异，所谓萝卜青菜，各有所爱，但饮食文化却有着时代和地域的一些共性。它们由物质生活和精神生活积累而成，或精致，或粗朴，都潜隐于风俗、日用的细目之下。人们在餐桌前一俯一仰，觥筹交错，或是停杯投箸，凝神品味，却也未必意识到，眼前的茶食汤酒接续着传统，更未必意识到，自己正处在这历史的延长线上。

味道的通感

人们夸奖一道菜，常说“色香味”俱全，而不是“味香色”俱全，这种表达顺序可能正符合眼、鼻、口感知的特点。眼可远观，见其色形之美；稍近，则有鼻嗅，鉴其臭恶馨香；最后钳之入口，感知软硬，细尝酸甜苦辣咸。据说，舌尖对甜味最敏感，舌后对苦味最敏感，而舌内外两侧则分别对酸、咸最为敏感。如此品尝之后，方完成对一道菜的品鉴。

可见，“味”是中国传统烹饪的核心，也是根基。若离开“味”，而在菜名的花俏、摆盘的漂亮等细枝末节上绞尽脑汁，终归不是正途，所以，中国饮食文化才叫“舌尖上的味道”吧。

味觉的“革命”

我国最早烹饪用味只有咸酸二味，咸取于盐，酸取于梅子。《尚书·说命》：

若作和羹，惟尔盐梅。

盐大概是最早的调味料，凡菜都离不开，可以称得上百味之王。

但盐只可增加咸味，对于去除食物中的异味，尤其是肉类的腥膻之气，就有些无能为力了。而梅子含果酸，口感酸甜，可做汤羹的调味品，又含清香，最利于消除肉的臭、腥、膻等异味。此外，梅子中的果酸还可帮助软化肉质纤维，利于消化，因此，是早期烹饪最常用到的。

后来，人们又开发了辛香类的天然调味品，比如葱、姜、蒜、蓼、芥、花椒等。这些调料的加入，开启了中国饮食文化中的第一波“滋味”革命。到秦代，食物烹调就已有辛、酸、咸、苦、甘五味的说法了。秦汉时还发明了酱、清酱（酱油）及豆豉，这些都是以大豆为原料发酵而成，如此之后，餐桌才变得更加有滋有味。不好吃、无法吃的食物，加了酱，有了色泽，不仅好吃，还好看，于是，“色香味俱全”才成为中国式烹饪的一个重要指标。

中国人对于饮食滋味的探究有着浓厚的兴趣，对于开发新的调味品一直态度积极，这一点倒从不保守。比如西汉时，张骞从西域带回蒜、芫荽（香菜）等调味品，这些“胡味”都很特别。大蒜的辛辣自不必说，芫荽更有一种特殊的气味，至今吃不惯芫荽的人还说有一股臭虫的味道。但即便如此，大多数中国人也欣然接受，很多人甚至迷恋得很，在北方，尤其如此。做汤、凉拌、包水饺，怎么做都觉得好吃，就好这口儿。甚至有的如羊汤、鱼汤，不放些香菜点缀调味，简直就缺了根本。

再如胡椒，原产印度西海岸，大概在明朝时引种中国，之前一直靠从中亚、南亚一带进口，可谓高档调味品。物以稀为贵，唐宋时，胡椒堪比黄金，家有胡椒，也是地位和财富的象征。据《新唐书·元载传》，曾官至宰相的贪官元载被朝廷抄家时，竟然抄出“胡椒至八百石”。明代于谦为此作《无题》诗，评论道：

胡椒八百斛，千载遗腥臊。

意思是胡椒本为去除腥臊的优质调味品，但元载却因此遗臭天下。

此外，还有辣椒。辣椒原产美洲，西班牙香料商发现后移种欧亚，明代后期，辣椒被当作观赏花卉引种中国。可讲究口味的中国人很快发现了辣椒的美妙，原先辛辣味大都依靠花椒、生姜，现在可算有了替代物。四川、湖南等地一向嗜辛辣，自此就由“无姜不食”变成了“无辣不食”了，“辣味”也就成了川菜、湘菜的主打味道。

各种调味料的加入，使得中国人的口味日渐敏感、细腻、丰富，竟渐渐走出餐桌饮食的范畴，酝酿出更有意味的文化。

口味、滋味与韵味

最典型的，就是以“滋味”论诗乐，将品味食物的感触转移到思考和评价文学艺术，这种转向以及最终的结果，都是极具中国特色的。

滋味本是一种由味觉带来的生理感受，如同耳之于声，目之于色。但古人认为，饮食的“滋味”却又不止于酸甜苦辣咸，它

明《孔圣家语图·在齐闻韶》。孔子觉得，和肉食比起来，音乐的滋味更胜一筹。

们能引起人的愉悦心理，其中包含着美感的成分，也就是说，味觉和心理的审美愉悦是可以相通，甚至互相转换的。

《论语·述而》记载：

> 子在齐闻《韶》，三月不知肉味，曰："不图为乐之至于斯也。"

孔子用肉味来比喻音乐的审美韵味，觉得比起肉食，音乐艺术的滋味更胜一筹，听乐时，自己在心理上所得到的美感、快感甚至超过了鲜美的肉味，由此，他对音乐艺术有如此大的美感效力表示十分惊叹。孔子大概是最早以"滋味""口味"的美感来论诗论乐的。

到了魏晋六朝时期，这种讨论就蔚为大观了。陆机《文赋》明确用"滋味"来谈论文学艺术感染力。他说，有的文章看着写得清新空灵、柔美婉约，也摒弃了虚辞滥调、浮言碎语，可是读来就觉得缺点文采、少滋没味的，甚至还不如"大羹"。这"大羹"，指的是古代祭祀盛典时用的肉汁，为了复古，也为了表达对古人的尊敬，是不加盐酱调味的。

当时还有一位文学批评家钟嵘，写了《诗品》，更是明确地把有味无味作为诗歌的艺术审美标准。他说，早先流行四言诗，但四言诗有些过时了，反倒是很多新兴的五言诗写得很棒，“是众作之有滋味者”。这些诗歌指事造形，穷情写物，又形象又生动，文有尽而意无穷，令闻之者动心，品之者欲罢不能，可以称得上是有滋味的好诗。他还批评当时同样流行的玄言诗，认为这些诗单纯阐述玄言佛理，缺乏形象的描绘，质木无文，淡乎寡味。

滋味，余味，后人引申为韵味，都是用滋味来表达文学艺术给人们带来的心理体验，好似从“食客”的感受着眼，把品味者和品味的对象融为一体，是很有趣的。人们认为，这种分析鉴赏文学艺术的方式属于主观的、印象式的、感受式的，可以名其为“印象派”。

由饮食口味到滋味，到文学艺术作品的韵味，这就是由小道而见出大道，是将饮食之道和生活旨趣相连结。这样的一种思维习惯，千百年来形成了一套独特的话语方式，渗透在我们的日常生活中。

比如，我们说一道美食值得回味，也说一个故事值得回味，一段记忆值得回味，一段生活过得有滋有味。我们吃米饭馒头，吃青菜鱼肉，却也“吃官司”“吃黄牌”“吃一惊”“吃大亏”“吃苦头”。吃了这些如果不舒服，也并非无甚好处，因为毕竟还可“吃一堑，长一智”。实在吃不下也没关系，因为还可以“吃不了，兜着走”。

陶渊明《饮酒》诗云：“不觉知有我，安知物为贵。悠悠迷所留，酒中有深味。”饮食中有真味，耐心品味，或能得之。

文吃与武吃

吃是本能，但怎么吃却颇多讲究。吃相凶恶，豺狼饕餮，往往引人侧目，谓为粗蛮无礼，因此，古今中外都有餐宴礼仪，要求人们“文吃”。

文吃有些难度

春秋时，齐国外交官庆封来鲁国访问，乘高档马车，很多人艳羡不已。可叔孙豹不以为然，认为庆封“服美不称”，没什么文化修养，配不上这样的好车。果然，庆封在宴会上吃相不雅，不懂礼让恭敬。见此，叔孙豹遂赋诗一首《相鼠》：“相鼠有皮，人而无仪。人而无仪，不死何为？”意思是，看那老鼠都有皮，人却没脸没皮，不懂礼仪，显然是讽刺庆封。按照当时的外交惯例，庆封当赋诗应答，然而，他埋头大嚼，压根儿就没听懂，或者是听懂了没法回答，只好装傻充愣。这是《左传》里的一个外交笑话。

春秋时期，外交使臣们不仅要讲究餐饮礼仪，还要在觥筹交错间得体应对，这就是一种更广泛意义的“文吃”了。这种

东汉宴饮画像砖拓片，四川博物馆藏。此为浅浮雕，七位峨冠博带的贵族席地而坐，碰盘举杯，相互敬酒，这当是正式场合的宴饮，是“文吃”。

吃，吃什么不重要，“文”更重要，这“文”就体现为“赋诗言志”。这是有一定难度的，也是体现贵族男子修养的一件风雅事情。

“赋诗言志”是一句古话。但古代所谓“言志”和今天所说“抒情”不一样，那个时候的“志”大都用在社交场合，关联着政治、教化，不是私人性的。外交使节“受命不受辞”，接受特定任务出使他国，可如何完成，在谈判桌上、宴席间如何交涉应对，都要随机应变。

为了避免在表达外交意见时出现言辞上的失礼忤怒对方，达到预期的外交目的，“赋诗言志”就成为春秋时相当盛行的一种外交惯例和风范。即运用《诗三百》中某些适当的诗句来委婉表达心志情感，表明立场观点，进行外交沟通，比如向对方委婉示好或示威，包括求救兵、解纠纷，等等。这有点类似今天社交聚会中的献歌或配乐诗朗诵，只不过唱什么歌、点什么曲都含着目的。

“赋诗言志”也大都借用现成的《诗三百》篇章，《左传》记载赋诗七十余次，只有四次是现场即兴创作的，也正因此，赋诗者既要对原诗内涵有透彻的理解，又要巧妙地把握“借用”的幅度，不明不暗，点到为止。当时有一个赋诗原则，即断章取义，各取所求。

如晋国大臣韩起（即韩宣子）到郑国访问，其间发生了一些事情，又都化解了。到夏季四月，韩宣子回国，郑国六卿就在郊外为他设宴饯行。席间，韩宣子请诸位都赋诗一首，借此了解他们对自己的态度。

婴齐赋《野有蔓草》，首章云：“野有蔓草，零露漙兮。有美一人，清扬婉兮。邂逅相遇，适我愿兮。”诗中说，有个女子清丽曼妙，如清晨野草上的露珠，我真心爱慕她呀，希望能有机会与她邂逅。婴齐只取后两句，表达郑国欢迎韩宣子的意思，完全不管全诗原是一首男女私情之作。韩宣子当然听明白了，很高兴，说：“您表达了对我的善意，看来我有希望了。”

接着，子产赋《羔裘》，诗中赞美一位贵族男子身着豹皮装饰的羔裘，英武帅气，是“邦之司直”“邦之彦兮”，为国家栋梁。韩宣子听出这是变相夸奖自己呢，遂礼貌答谢道：“哪里哪里，我实在是不敢当啊。”

以上两位赋诗都是表达善意，但接下来，子太叔赋《褰裳》

一诗："子惠思我，褰裳涉溱。子不我思，岂无他人？狂童之狂也且！"这首诗本是恋爱男女间的调情挑逗。女子说，你要是真的想我，就赶紧提着衣裙蹚河来找我。你若不想我，难道就没人惦着我么？你瞅瞅你憨乎乎的傻样儿吧。

子太叔是在和韩宣子调情么？当然不是，他对韩宣子此次出访持保留态度，故借"子不我思，岂无他人"这句隐晦批评或警示。韩宣子听出话外之音，便赶紧说："有我在这里，怎敢劳您去找别人呢。"子太叔遂拜谢。

赋诗意在"言志"，同时就有"观志"的问题。对于"观志"者来说，他既要熟悉对方所借用的诗章内容，更要知道如何判断赋诗者"断章取义"中的"义"到底是指什么。这种外交辞令你来我往，就显得十分含蓄风雅。

了解了这些，再看孔子要弟子们学《诗》，认为"不学《诗》，无以言"，就好理解了。孔子一直按照周代风雅文化培养弟子们，在那种风尚下，不懂《诗》，真的是要闭嘴的。只不过，孔子时代，这种风雅就几乎没有了，此后也再无回温。所以，现在人们谈及"文吃"，都是实指，是说要吃得斯文罢了。

大家小姐是最斯文的，平常都笑不露齿，吃当然也不能多露牙齿的，因此，我猜，她们最不能吃的就是炸酱面之类。众目睽睽，樱桃小口，嘴巴成了过滤器，不仅品尝不到炸酱面的美味，恐怕怎么着吃相都难看了。因此，炸酱面之类只能算是平民饭食，是不好登大雅之堂的。端个大碗蹲在门口，稀里呼噜，两分

魏晋宴居图壁画砖，甘肃省博物馆藏。中央跪坐女主人，侍女四人，持扇持物伺候着。上方有盘、尊、勺等宴居器具。大小姐日常饮食，都是要“文吃”的。

钟下肚，这才是正解。

“武吃”可以救命

肚里不饿，比较容易做到文吃，但若是肚饿难耐，即便矜持着，也难免要“武吃”。《水浒传》里，武松来到景阳冈前，一口气吃了四斤牛肉，喝了十八碗“透瓶香”，方摇摇晃晃上了山。若没了这顿武吃，他恐怕早被老虎武吃了。鲁智深大闹山门，一人吃了半条狗，显然也是武吃的模范。对这些英雄狼吞虎咽的不雅吃法，读者不仅不怪，反而颇为欣赏，大概是因为大口吃肉、大碗喝酒本是英雄本色。莫言说：“俗人大吃是不雅，英雄贪吃是潇洒。”多会给贪吃找理由。

吃相不雅引人侧目，有时却可救命。鸿门宴上，刘邦凶多吉少，樊哙闻听，带剑拥盾闯入军门，瞪眼逼视项羽，“头发上指，

南阳汉画像石鸿门宴。最右端按剑跪坐的是西楚霸王项羽，相邻拱手的是沛公刘邦，画面中间挥剑起舞的是项庄。项庄舞剑，意在沛公。推杯换盏间隐藏着阵阵杀意。

隋墓壁画执刀武士图。画中武士胡须遒劲，双手扶刀，怒目而视，守护着墓主。当年樊哙大约也是这个模样。

目眦尽裂”。项羽按剑直身惊问：“何人？！”张良介绍说，是沛公的参乘樊哙。项羽说：“壮士！赐卮酒。”这里有欣赏，但似乎也有点为难他的意思，因为这卮酒据说约四升，一般人真是大肚难容。哪知樊哙却一饮而下。项羽又赐他半生不熟的猪腿，樊哙反扣盾牌，持剑砍食，一顿狼吞虎咽，竟然也吃下去了。这一饮一吃，其实是借豪吃示威，意思是，兵来将挡水来土掩，你想咋地吧！或许正是这粗率的吃相，赢得项羽的欣赏或顾忌。总之，刘邦从鸿门宴全身而退，与这顿大吃不无关系。

吃相不雅，还能有意外收获。东晋时太尉郗鉴为女儿择婿，众多青年才俊打扮停当，在大堂等待，个个拘谨不安。唯有王羲之袒胸露怀，歪在东床上吃胡饼，令郗鉴大为赏识，遂成东床快婿。大概岳父大人所欣赏的正是这种从容不迫的风度。

魏晋士人讲究言行狂放不羁，放浪形骸，但很多人其实也是以才情做底子的。典型的如王猛，寒门出身，曾着粗服拜谒权臣桓温，一边在身上捉虱子，一边论议当世之事，旁若无人。其言谈之不凡、态度之无所畏忌，令桓温折服，“扪虱而谈”遂传为佳话。

在“东床快婿”的故事里，年轻的王羲之一定也是有两把刷子的，若单单只是个胡吃闷睡的纨绔子弟，怕也难得垂青。所以，扪虱而谈、大嚼胡饼都只是表象而已，若后人只是把这些学了去，恐怕就真成东施效颦了。

如鬼饮食

中国人讲吃，但对于在饮食方面过度贪馋沉溺却并不提倡，甚至是有些鄙弃的，所以我们才有贪吃鬼、馋鬼、酒鬼、醉鬼之类的称谓。以“鬼”来指称这些好饮贪食之人，大概是说他们对于吃喝的态度过于“热情”，人间少有，那就只有归入“鬼”类了。而事实上，民以食为天，说的是活人，做了鬼，对于饮食又是怎样的态度，这却是需要发挥想象力的。

鬼怎么吃喝？

鬼需要饮食么？答案似乎是肯定的，因为人们年终祭祖祀神，都要供上食物酒水，这说明，我们一直觉得鬼神和常人一样，是需要吃喝的。不仅吃喝，而且还懂得酒肉食物的好坏，所以，贡品决不能敷衍，怎么也要选几种比较好的吃食，否则，先祖神灵就会觉得祭拜者不虔诚，不恭敬，心里不快，不说责罚，不愿降福是无疑的。

古人释鬼，认为鬼者，归也，这些亡故的人只是去了一个我们不熟悉的地方而已，他们的生活习惯、日常经验与人世间没什

山西平阳马村金墓墓主夫妇宴饮图。古人认为，鬼者，归也。亡者只是去了另一个地方，但饮食日常，和生者没有不同。

么区别。自古及今，这种观念对中国人的思想、信仰影响都很大。

据《左传》记载，卫国卿大夫宁惠子（宁殖）生病快要死了，可他有件事一直搁在心里，是个心结，若是解不了的话，死不瞑目。原来，当年宁惠子曾协同大夫孙林父一起发动军事政变，将在位的卫献公赶下台，逼其逃至齐国避难，又另外立了新君。卫国史官认为这纯属僭越行为，遂秉笔直书，将此事记录在册，文曰："孙林父、宁殖出其君。""出其君"就是逼迫君王下台逃亡的意思。记录虽只一句，但明显是谴责。

按照当时惯例，国内发生异常之事，史官不仅要记录在册，还须将这些记录抄送其他诸侯以及周王室留档保存，同时还要呈给祖先看。如此一来，这件不光彩的事情不仅天下皆知，而且列祖列宗也都知道了。

现在，宁惠子对当年这一行为也有些后悔，觉得自己背着这个污点去见先人，实在是难为情。因此，他把儿子宁喜叫到身边，要他答应一件事，即自己死后一定要想办法“掩之”，想办法将那些记录抹去，或者想办法掩盖一下。宁喜有些为难，一时不知该不该答应。见儿子犹豫，宁惠子便威胁道：假如你做不到，我死后变鬼，定不会来享用你呈献的祭品。宁喜一听，只得答应下来。

这件事宁喜后来办了没办？研究春秋历史的人都很感兴趣。我们发现，现在我们看到的《春秋》，关于当年卫国那次政变，以及卫献公的下台是这样写的：“卫侯出奔齐。”意思是，卫献公出逃至齐国。至于为何出逃，谁逼他出逃的，都没说。从《左传》中我们了解到，宁喜后来把持卫国政权，大概就利用自己的权力，遵父亲遗嘱改写并通告诸侯，各诸侯太史也依通告照改不误。可见，宁惠子死前对儿子的那番威胁还是很管用的。

鬼可以享受美食，这种想法其实给活着的人带来不少安慰。因为不管怎样，这终究是一种和亡故的亲人、先祖列宗进行交流的方式。然而，古人同时认为，对于人间祭品，鬼却不能同人一样咀嚼品味，他们只能用鼻子吸嗅其馨香，饭菜如此，酒水亦然。

清代纪昀（纪晓岚）《阅微草堂笔记》卷十一记载了孙端人的一段故事，说此人嗜酒、放达，一日正饮酒，恍惚间若有一鬼注视其酒壶，“状若朵颐”，一副陶醉的样子。他觉得这个鬼一定是馋酒了。次日晚间，他又坐在桌边饮酒，特地额外摆了三大碗酒，放在对面，请鬼来喝。可是，等了很久，却发现碗里的酒丝毫未动，就有些沮丧。家中幕僚告诉他：“鬼神但歆其气，岂真能饮？”意思是鬼神哪能真喝呢？只是享用气味罢了。

鬼也吃饭也饮酒，但吃喝过后，饭菜形制还在，香味已被摄走，酒水也味同白水。这样的吃法，活人大都是不喜欢的，难怪孙端人感叹道：“饮酒宜及未为鬼时，勿将来徒馨其气。”还是趁活着，能吃就吃，能饮就饮吧。

鬼吃不上怎么办？

美食不能品味，美酒不能痛饮，这在很多人看来是很痛苦的事情。因此，佛教就以此作为地狱的惩罚手段之一。东汉初由印度传入我国的《佛说盂兰盆经》就讲到这样的故事。

故事说，佛陀大弟子目连的母亲青提夫人家中甚富，但她自己却从不修善，天天宰杀牲畜，大肆烹嚼。如此杀生贪吃，罪孽深重，死后遂被打入阴曹地府，罚入饿鬼道，承受饥饿难耐的惩罚。目连运用神通见到母亲，见她皮包骨头，大为悲痛，忙呈食奉母。然而，食物入口便化成火炭，凄惨异常。

目连无计可施，遂祈求佛陀，看有无办法。佛陀告诉目连，其母罪根深结，非一人之力所能拯救，当邀十方众僧之力方能救度。于是教他在七月十五，为母亲供养十方大德众僧，以此大功德，解脱母亲饿鬼之苦。目连乃遵嘱设盛大的盂兰盆供养十方僧众，盆中盛装百味五果。于是，其母出饿鬼道，托身为黑狗。目连又引黑狗七日七夜诵经忏悔，才又得转人身。最终，其母改过自新，求生西方佛国。

据佛典《佛说盂兰盆经》，佛陀还说：

> 今后凡佛弟子行慈孝时，都可于七月十五日佛自恣时、佛喜欢日，备办百味饮食，广设盂兰盆供，供养众僧，如此，既可为在生父母添福增寿，又可助已逝父母早离苦海，得到快乐，以此报答养育之恩。

这个旨意，颇合乎中国孝敬父母、追先悼远的俗信，于是七月十五日就成为节日，名盂兰盆节，也称“中元节”，俗称“鬼节”，从梁代开始，流传至今。

相传，此日地府大门打开，阴间鬼魂会放禁出来。有子孙后人祭祀的，皆回家去接受香火供养；无主孤魂则游荡徘徊，四处找东西吃。故这天的仪式程序中，多有设食祭祀、诵经作法等“普度”“施孤”等布施活动，以超度亡魂。

有些地方，民间搭建法师座和施孤台，法师座上供奉超度鬼魂的地藏王菩萨，供放面制桃子和大米等物，施孤台上则摆放全猪、全羊、鸡、鸭、鹅及各式发糕、果品。法师敲响引钟，带领座下众僧诵念咒语真言，然后施食，将面桃和大米撒向四方，反复三次，这种仪式叫“放焰口”。据说，焰口之后，食物会增加千万倍。

仪式过后，食物形虽在，质已变，故淡而无味，这就是已被亡魂所食了。但也不可丢弃，旧时要将这些白米派送穷人，名曰“平安米”，既能积德，又能物尽其用。

福州地区有个“拗九节”，也是来源于目连救母传说。据传，目连母亲到了阴间被关进牢笼不许吃饭，目连探监送的吃食也都被狱卒贪污。后来，目连就用荸荠、花生、红枣、桂圆、红糖等原料与糯米混合，煮成甜粥，上面再撒一把黑芝麻送去，狱卒见此粥黑乎乎的，问是什么？目连随口答道：“这是拗垢粥。”福州话中，“九”与“垢”谐音。狱卒信以为真，认为这粥污垢肮脏，不敢吃，故此粥才得以送到目连母亲手中。这天是正月廿九，目连母亲这年也正好二十九岁。

闽俗中，正月分“三九”，正月初九称为“上九”，十九为“中九”，廿九为“后九”，所以这粥便叫“后九粥”。以其粥颜色黝黑，叫“拗九粥”；以目连孝顺母亲，又叫“孝九粥”。这个故事，逻辑牵强，一听就是民间附会编着玩，节日中讲给孩子们听的。很多传统节日的来源大都是这样的路数，人们姑妄听之，做节日的谈助，倒也未必信以为真。

如人饮水，冷暖自知。如鬼饮食，感觉如何？那就只有鬼知道了。

座次移转

在中国人的观念里，餐桌是重要的社交场所，尊卑敬让等种种人际交往原则都要在其中有所体现，如何就座遂成为饭前必讲的规矩。具体讲究古今虽不同，整体趋势也是由繁趋简，但精神内核还是贯通一致的。

哪个位置最显尊贵？

拿座次安排讲，无论是家庭聚会还是宴请宾客，现代餐桌座次礼仪大都简化为以“里”为上，长辈、客人往“里”请，坐在里面的座位。“里”就是“礼”，这是因为“外”座常常是上菜的位置，坐在外侧的人有时还要兼职店小二，跑跑腿、倒个茶、拿个毛巾之类，这座位自然就不能算是上座了。而古人宴席座次安排则注重方位。在一般的房屋或郊外帐中宴饮，大多以东为尊。

《史记》中，西楚霸王项羽在鸿门军帐中宴请刘邦，“项王、项伯东向坐。亚父南向坐，亚父者，范增也。沛公北向坐，张良西向侍”。在这里，项羽和他的叔父项伯坐的就是主位，坐西面东，是最尊贵的座位。其次是南向，坐着谋士范增。再次是北向，坐着项羽的客人刘邦。说明在项羽眼里，刘邦的地位还不如自己的谋士。最后是西向东坐，因为张良地位最低，这个位置给了他，叫侍坐，即侍从陪客。

鸿门宴上座次的安排是主客颠倒的，这反映出项羽的自尊自大，他用这种违礼的方式表示对刘邦、张良的轻辱。

但如果在比较讲究的堂内宴请，就是以面南背北的位置为尊了。

堂是古代宫室的主要组成部分，一般位于宫室主要建筑的前部中央，坐北朝南。由于当时宫室都是坐落在高出地面的台基上的，所以堂位置也比较高，前有两根楹柱象征大门，又有东西两阶通向庭院，因此，堂是比较宽阔敞亮的场所。堂后有墙，把堂与室、房隔开，室、房有门和堂相通，古人因此有“登堂入室”的说法。

堂的这种格局在古代变化不大，一般就用在举行典礼、接待宾客和举行宴会方面，这时，座位就不是以东向为尊，而是以南向为尊了。至于剩下的东向、西向和北向座位，则没有太严格的讲究。

以宴席座次来显示尊卑，这是社会各个阶层都普及的礼俗。清人凌廷堪根据古人记载，在其所著《礼经释例》中就归纳为：“室内以东向为尊，堂上以南向为尊。”

如今，餐厅方位本就没有那么多讲究，面朝哪个方向吃饭也就不太重要了，但卑己以敬人仍然是就餐礼仪的基本原则，这也是古礼的核心精神。

由一人一份到围桌同吃

古人宴客，根据亲疏尊卑排列东西南北，很显然，这也和当时的餐饮方式有关。

从汉代到唐代中期，宴席形式主要是分食制。《史记》鸿门宴里，主宾东向、北向、南向、西向坐，并不是说他们围着方形餐桌吃饭，而是每人面前有一长方形条案，案上再以托盘等摆放食品。

近些年来发掘出的汉代壁画、画像石和画像砖上，经常能看到人们席地而坐，一人一案的宴饮场面。食案一般比较低矮，与人们席地而坐的习惯相配套。

分食制座次清楚，主客面前的食物可以独享，倒省去吃多吃少的纠结。汉代呈送食物还使用一种小型的案盘，形制类似有足的盘，木质，或圆或方，比较轻巧。

《后汉书·逸民传》记录东汉隐士梁鸿，曾受业于太学，颇有学识，后来，他没有入朝做官，而是以舂米帮佣为生。但每天干活回家，其妻孟光皆备好饭菜，“不敢于鸿前仰视，举案齐眉”，极为恭谨。旁人很惊诧，认为梁鸿为人帮佣，尚能使“其妻敬之如此，非凡人也”。孟光能“举案”至“齐眉”，可见呈送食物的案几不大，不需太大臂力。

西晋以后，随着西北地区少数民族先后进入中原，床榻、胡床、椅子、凳等坐具相继出现，逐渐取代铺在地上的席子，传统席地而坐分食的习俗就受到冲击。后来，又流行高桌大椅，最终

河南打虎亭宴乐图汉墓壁画。图中宾客席地而坐，面前各有餐食，是典型的分食制。

四川成都出土汉画像砖宴饮图拓片。图中人们席地而坐，面前各有长方形小几案置放食物。

使传统饮食习惯转向合食。

陕西西安市长安区南里王村有唐代墓室壁画，宴饮图正中是一长方形大案桌，桌上杯盘罗列，食品丰盛，有馒头、葱饼、胡麻饼、花色点心、肘子、酒等。案桌前还有荷叶形汤碗和勺子，供众人使用，周围有三条长凳，每条凳上坐三人，这幅图表明饮食方式已发生了划时代的改变。

围坐合食，传统用八仙桌，以前几乎家家都有，有些人家甚至八仙桌是唯一的大型家具。八仙桌面宽，四边长度相等，每边可坐两人，四边可围坐八人，故得名。如果是宴席，贵客专桌，等而下之，可两人、三人、四人、六人或八人一桌。一般没有五人一桌的，大概觉得桌子四面四人围坐正好，第五位，不管谁，都是个“零头”，有些尴尬，倒不如不设此位。

从结构和经济角度看，八仙桌结构简单，结体牢固，用料又很经济，一件家具仅三个部件：腿、边、面心板。而面心板可以是两块木板拼合，也可以三块一拼，就很省木料了。从观感上看，八仙桌四平八稳，形态方正，亲切、平和，又不失大气，有

极强的安定感。无论是农家房舍，还是富贵厅堂，不管装饰得典雅奢华还是简单粗朴，只要空间不是特别逼仄，摆上一张八仙桌，两侧放两把椅子，就觉得稳重大气，平和舒展，这符合中国人普遍的审美感受。所以，无论日常餐食、待客设宴，抑或祭神祀祖摆放贡品，八仙桌都是很适宜的。

后来宴客又有了圆桌，这是为了满足聚宴人多和席面大的要求。由于圆桌席位不好分出上下尊卑，每桌人数也松紧可调不固定，所以最初，用惯了方桌的人们颇不习惯，比如袁枚《园几》诗就说道："让处不知谁首席，坐时只觉可添宾。"

南宋《春宴图》局部，旧题"唐人春宴图"。唐太宗李世民做秦王时曾建文学馆，收聘贤才，其中就有杜如晦、房玄龄等十八学士。此图绘十八学士春游宴乐的情景，中间长方形低案置满各种食物、食具，众人围坐合食，神态各异，气氛轻松。

不过，正是因为圆桌没有棱角，席位不分上下尊卑，不分正位、侧位，削去了人与人之间的贵贱高低，方显出平等原则，这就有点现代观念了。平等的观念，也可以算是现代文明的标志。

目前，国际国内间的一些谈判还是使用圆桌会议的方式，强调平等、对话、协商。据说，“圆桌会议”起源于一千五百年前的英国亚瑟王，他让自己的骑士们以及罗马主教大人围坐圆桌，共商国是，骑士和君主间不排位次，平等沟通。每位骑士虽要为成为自由人而在战场赌命，却有极强的尊严感，没有仰人鼻息的委琐和怯懦，是堂堂正正、不卑不亢的斗士。亚瑟王的圆桌创造了一个理想的公平世界。据说《不列颠百科全书》为此专把“亚瑟王的圆桌”收入其中。

在《水浒传》中，梁山之上，聚义厅中也设有一张大圆桌。作者施耐庵大概也想用这张圆桌表达些什么，但最终，他还是让这一百单八将一一排了座次，宋江也最终没有成为亚瑟王。

鲜味的秘密

古人说味，常常讲酸、甘、咸、辛、苦五味，然而，“鲜”却是老食客们品鉴食物时常用的字眼。他们褒奖一道美食，说：“很鲜！”却几乎从不说很咸、很辣、很苦、很酸，而事实上，这道美食很可能就是偏咸、偏酸、偏辣、偏甜或偏苦的。

“鲜味”难以言表

究竟怎样才算“鲜”？似乎很难描述，好像“鲜”成了五味之外的第六味。但根据常识，“鲜”味似乎又不能从五味中独立出来。醋是酸的，地道的镇江醋却很鲜；荔枝入口是甜的，我们却赞赏它的鲜；春笋是微微有一点儿苦涩的，人们也是欣赏它的鲜；新摘的红辣椒配着蒜姜做成辣酱，嗜辣者也能敏锐地感到其不同于陈坛辣酱的鲜美；火候恰到好处的清炖羊肉，口味咸香，却也鲜美无比。可见，“鲜”是包含在五味之中的。

要想获得鲜美之味，也不像做个加减法那么简单。表面看，鲜味首先来自食材的新鲜。鱼肉蔬菜，各有本味，越新鲜，保留的本味越多，因此，青菜最好是刚刚采摘带露水的，黄瓜要顶花

唐代陕西房陵公主墓葬侍女图壁画。侍女手捧果盘，呈上时鲜水果。

带刺的；鱼虾要活的，牛羊要新宰杀的。然而鱼腥羊膻，光靠新鲜的本味自然出不了美味。而咸货、干货和新鲜肉菜搭配，也能变化出鲜美的食物，比如腊肉煮笋、火腿炖冬瓜、冬菇蒸鸡、梅干菜烧肉。

因此，最重要的还是要讲究食材调料的配比，烹炒煎炸蒸的方式，文武之火的选择，以及对时间的把控和精妙运用。做出鲜美的食物，有时显得很简单，有时却又无比复杂。鲜味的秘密大概就藏匿在中国的厨房里，藏匿在厨师们千变万化的烹制手法中，是需要口传心授的。

百年老店的秘密

旧时一些餐饮老店，都要有自己的一些主打食品。料未必多么贵，或者多么稀罕，关键是有一套独有的烹调秘技。满足了各方食客们挑剔的口味，日积月累，就渐渐做出名气来。

比如老北京饭庄业，早先素有“八大楼”“八大堂”“八大春”“八大居”之说。“居”相对规模较小，但也有自己的特色，比如广和居，本是道光年间专为南方人开设的南味馆，位于宣武门外菜市口北半截胡同。一套大四合院，临街三间房，南头半间为门洞，门洞正对院内南房的西北墙，墙上有砖刻的招牌，权当影壁。院内各房，都分成大小房间。

据清人《道咸以来朝野杂记》载，广和居肴品以炒腰花、江豆腐、潘氏清蒸鱼、四川辣鱼粉皮、清蒸干贝等最为脍炙人口，故其“虽隘窄，屋宇甚低，而食客趋之若鹜焉”。一说这里的“潘氏清蒸鱼”，就是“潘鱼”，当年潘祖荫是广和居的老顾客，他曾用鲜活鲤鱼和上等香菇、虾干等配料加鸡汤烹制，不加油，味道极鲜美，鱼肉也鲜嫩，食客交口称赞，后来他将自己创制的做鱼方法传给广和居厨师，遂有了这道名菜。

另外七居为前门的福兴居、万兴居、同兴居、东兴居，大栅栏的万福居，西四的同和居，西单的砂锅居，均各有独到之处。

东汉长宁二号鱼鹰捕鱼图石棺。画面上，数条鱼正张皇奔逃，一只鱼鹰正伸长脖子追捕。鱼鹰，即鸬鹚，善游、善潜，细长的脖颈如蛇般灵活。潜入水中，有鹰的眼光、蛇的诡异、箭的速度，故有“黑鬼”的别称。受训的鱼鹰捕得大鱼，都进了人嘴。

福兴居鸡丝面颇有名，很受光绪帝青睐。砂锅居专用通县张家湾的小猪，做出的白肉有六十六种，也很鲜美。砂锅居地方小，食客多，做出的白肉只够卖半天，故老北京有句俗语：“砂锅居的幌子，过午不候。”

探索鲜味可“抄近道”么？

东汉许慎《说文解字》释“鲜”为鱼名，说出自貉国。但貉国在哪里，谁也说不清。清代王筠《说文释例》却认为“鲜”是个会意字，鱼羊为鲜，“合南北所嗜而兼备之”。意思是，南方人以鱼为鲜美之物，北方人则以羊为鲜美之物，合在一起，就成了“鲜”。这种解释或许有些附会，但不管怎样，美食家却从中悟出真理，也还真的如法炮制出美味来。

比如有人根据潘祖荫所发明的烹鱼方法，改用羊肉汤烹鱼，变出一道新菜，即羊汤汆鱼片，也是极鲜美的，也有人称作鱼羊一锅鲜，现在一些北方菜馆都可见这道菜。还有好食者反过来，用鲜鲫鱼熬出奶汤，作为火锅底料，涮新鲜的羊肉片，也比一般的涮羊肉更加鲜美。为了找到食物的鲜美口味，人们的探索没有边际。

现代人喜用味精、鸡精提鲜，这是直奔主题的做法。虽说省事儿，可缺了过程，也是喜忧参半，因为说白了，味精本是一种食品增鲜剂，本身没什么营养。最初味精是从海藻中提取，还有些好处，但现在基本上是工业制品，加味精，只是为了糊弄人们对鲜味的偏爱、促进食欲罢了。所以，假如食材本身足够鲜美，如蒜烧香菇一类，或者是食材本身就含有能够提鲜的成分，如紫菜虾皮海带一类，就没必要再用了。总之，能不用就不用吧。

味精何以能增加食物的鲜味？研究者认为，主要归功于其中的谷氨酸钠，这种物质是由日本科学家一百年前在海带中找到的。谷氨酸钠是一种氨基酸——谷氨酸的钠盐，而氨基酸能够组成蛋白质，蛋白质又是人体必需的物质，因此，鲜味也是蛋白质的信号。人一旦缺乏蛋白质了，就迫切想吃鲜味的东西，而所有肉汤、鱼汤以及虾蟹类、蛤蜊等，烹煮时恰恰都有很多鲜味成分渗出，故觉得鲜美。

研究者这样分析鲜味，有章有法，很科学，可却并不完全符合我们饮食中对于“鲜味”的体验。鲜味复杂、醇美，它来源于各类食材，却又不仅仅靠食材获得，这是中国人口味里的独特感受。

栈养：善乎？恶乎？

涮羊肉是北京老字号东来顺的著名美食，其羊肉肥而不油，瘦而不柴，一涮即熟，不膻不腻。据说是因为羊特殊，都来自内蒙古草原，那里水甜草嫩，自然肉质鲜美。但汪曾祺回忆当年在张家口，当地人称，东来顺用的羊是从他们坝上赶下去的。坝上和内蒙古临界，想必羊也是一样的。

养养再吃

以前交通不便，羊不用车运，而是放羊，赶着去，行程好几百里。如此长途跋涉，羊疲累掉膘，影响肉质，故要 zhàn 几天再杀才好。起初汪曾祺闻音猜字，以为 zhàn 就是“站”，顾名思义，是让羊站着不动，喂几天。后来读书，看到北宋笔记小说《清异录》里的两则资料，才知道其实是“栈”，即圈内饲养的意思。

书里谈及皇宫内做御膳，用“消熊”“栈鹿”为馅儿，做成肉包子，皇上极爱吃。“消熊”即熊之极肥者；“栈鹿”即倍料精养之鹿。又谈及一道奇怪饮品，“用鸡酥、栈羊筒子髓置醇酒中，

魏晋牧畜图壁画砖，甘肃省博物馆藏。牧者右手前伸，呈扬鞭状，正驱赶着牛羊群。牧者前方朱书榜题“牧畜”二字。

暖消而后饮”。这鸡酥大约是鸡肉松一类，栈羊筒子髓当是肥羊筒骨骨髓。这两样掺在酒里热饮，不知是什么滋味，听着可怪腻的，不知怎么个消受法儿。

“栈”本指养牲口的木棚或栅栏，故“栈羊”即圈内饲养的肥羊。《水浒传》第二十五回，郓哥跟武大郎开玩笑说他胖了，要到他家里去籴些麦稃（麸），武大回答：我屋里又不养鹅鸭，哪里有这麦麸？郓哥就笑道：你说没麦麸，怎么“栈”得这么肥，可以煮了吃了。这样

元朱玉（传）《太平风会图》局部，芝加哥艺术博物馆藏。此画为长卷，描绘街头日常生活和民俗活动。图中这九只羊走在大街上，其中一只正回头张望，似乎有点不知所措。它们大约还不知道，可能再“栈”两天，就要被吃掉了。

看，很多俗语方言里是保留着古音古意的，也都是“活”词，有着很丰富的表现力。

比如你到河北、山东一带问路，当地人指路说：“你 lǚ 着这条路走，前面不远就到了。”这 lǚ 大概就是“履”字，本义是践踩、走过的意思，现在主要用在“履历”“履职”这样的双音节词里面。但还有一个 lǚ 字，即“捋”，也很好用，本义是用手指顺着抹过去，使物顺溜或干净，比如捋胡须。但如果说要把一件乱糟糟的事情搞清楚，这个词也很好用，北方常见，如：“你别急，这事儿前后到底怎么回事，你好好捋一下。”这就比“你好好想一下”“你仔细梳理一下”形象生动得多了。

汪曾祺提及的《清异录》是五代至北宋人陶穀（903—970）写的一部笔记小说。陶穀字秀实，陕西人，本姓唐，因避后晋高祖讳而改姓陶。这部书保存了文化史和社会史方面很多重要史料，书中一半左右的条目分别被《辞源》和《汉语大词典》采录，价值非同一般。该书借鉴类书的形式，分天文、地理、草、木、蔬、药、居室、衣服、鬼、神、妖等三十七门，每门若干条，共六百六十一条。从内容看，主要是记载唐五代时各类新奇名称，每一名称列为一条，释其来历。其中有关饮食、烹饪方面的材料非常丰富，约占三分之一。李益民曾将这些内容点校注释，作为《中国烹饪古籍丛刊》之一出版。

上文谈到的肥熊栈鹿肉，见“玉尖面”条；鸡酥羊骨髓酒，见“丑未觞”条。两个名字现在听起来都挺稀罕的。“玉尖面”

是因为把肉包子包成尖馒头状而得名。“丑未觞”得名就有点复杂，丑、未是十二地支中的两个，“觞”是古代饮酒器，器具外形椭圆、浅腹、平底，两侧有半月形双耳，便于把握。旧时用天干地支记年月，“丑未觞”大概是指要在特定的年份饮用的酒吧。

史料的编纂、整理和流布对于一个民族文化特征的形成、延续有着重要影响。中国自商周就形成了成熟的史官文化，君王言行、典章制度、八方风俗一一记录在册，此后历朝历代都有大量文化人投入其中。饮食虽小道，却展示着地方民情风物，又事关民生和个人体验，确是值得记录的。

陆地食材，“栈”羊“栈”鹿，养养再吃，是为了肉质更肥美。水中食材也有一些要养养再吃的，比如花蛤。

花蛤又称文蛤，因贝壳表面有红、褐、黑等色花纹而得名。花蛤壳薄肉厚，也可算贝类中的珍品，但在海边，这却是极家常的海味，加葱姜或辣椒爆炒，或者和萝卜、冬瓜炖汤，或是炖丝瓜，都很受欢迎。花蛤一般长在海边沙泥里，用斧足挖穴而居。涨潮时升至滩面，伸出水管（俗称舌头）呼吸、摄食和排泄；落潮后或遇到外界刺激，就紧闭双壳或伸缩斧足，退回穴底。因此，刚抓上来的花蛤多含着沙子，要放入清水养上一天半晌，待吐尽沙子再烹煮。

海边市场里，挑选花蛤是件有趣的事儿。花蛤养在寸把深的水槽中，关着壳子的，要么是活的，正警惕着，要么已死了，故一般要挑吐“舌头”的，但花蛤死了也会如此，所以还要捡那负隅顽抗的，一碰它，呲出一道小小的水柱，就对了。手挑挑拣拣，水柱此起彼伏，安静又热闹。

跑不掉的“知了猴”

很多地方还有吃昆虫的习俗，多用烹炸的方法。烹炸前，也有些处理的办法，姑且也名之为“栈养”，比如“知了猴”。

“知了猴”是蝉的若虫。蝉把卵产在地下，化了若虫，钻入地底，挖洞度过两三年，或许更长一段时间，其间吸食树根汁液，慢慢长大，然后在某一天破土而出，凭着生存本能找到附近一棵树爬上去，抓挂在树干树枝上蜕壳，此时若猴子般攀附于树干上，故被称作“知了猴”。等蜕了壳，就变成带翅的知了，可在树间自由地飞了。

知了猴经过几年缓慢的生长，爬出地面时肥胖多肉，此时捉来吃，很富有营养。但知了猴是昆虫，吸食草根树根汁液长大，腹内多有苦水，所以食前大都要“养一养”。养的办法是将其放入淡盐水中，促使其吐出苦水。一宿后，再洗净控水过油，炸至外表酥脆，撒盐或椒盐，就是一道民间的名菜，名曰油炸金蝉。

东汉绿釉陶烤炉，陕西历史博物馆藏。烤炉上有两串烤蝉，大约是当时流行的吃法。现在有些地方喜欢吃烤蚂蚱，同理。

早期人们捉知了猴，都是傍晚打着手电，一棵树一棵树挨着去找。知了猴钻出地面也就集中在初夏的几天，所以，人们收获所得，大都只够打打牙祭，解解馋罢。大多数知了猴都能漏网，完成蜕壳使命。

但近几年，知了猴论只卖，便有人想出奇法来。他们在树干下方一米处用透明胶带缠裹一圈，胶面朝外，知了猴一旦攀爬上去，前足触上即动弹不得。天亮以后，挨个树干捡拾即可，此种方法，收获甚多。

然而，由于金蝉幼虫在地下存活 5—12 年左右才能破土而出，如此疯狂抓捕，竭泽而渔，导致金蝉数量急剧下降，在某些地区，夏天已经听不到蝉声了，金蝉正面临着生存危机，甚至有绝迹的可能。

中国人自古就和食物匮乏做抗争，在开发食材方面绞尽脑汁。现如今，人们大都吃穿不愁，嗜好某些吃食，不过是食欲的膨胀、物欲的贪婪而已，已然露出人性恶的一面，所以，这种吃法，还是销声匿迹的好。

食素为心

素菜素食，是目前颇为时尚的饮食方式，不过一日三餐顿顿食素还是少数，大多数人也只是偏素而已。素食主义者，一部分是生活习惯使然，一部分则关乎宗教信仰。

作为农耕民族，中国几千年来主要的饮食方式就是无肉的蔬食。直到现在，很多农村地区还是以蔬食为主，但这还不是真正的素食。因为严格地说，素食是有肉不吃，而过去老百姓以蔬食为主是不得已，因为无肉可食，故与此相对应，古代的当权阶层才被称作“肉食者”。

行善不杀生

一般认为，素食源于佛教，即所谓斋食。但早期的佛教也没有规定绝对不能吃荤。作为托钵僧，沿途化缘，遇荤食荤，遇素食素，饮食禁忌过多就只能饿肚皮了。当然，如果特意为僧众杀生制作荤食，也还是犯忌的，故释迦牟尼《四分律》规定只可食“不见、不闻、不疑为我而杀之肉”。因此，以往食素皆任由僧人自由心证，选择性遵守，并没有相关律文的规定。既然没有明文规定，在高标准和低标准之间就有很大的弹性空间，食素和食荤也就无从说起了。

佛教传入中国，首倡佛门食素的是梁武帝萧衍。作为虔诚的佛教徒，他邀集一千四百四十八位僧尼召开大会，并亲作《断酒肉文》，立誓食素，以示慈悲和修行的决心。文中，他除了引证佛典作为依据外，还详举了各种理由，以说服僧人遵行食素的规定。他说，假如僧人不断鱼肉，会“不及外道（异端）”，如此佛家就会失去一流的弘法人才；假如僧人不断酒肉，也会有九种连在家居士都不如的嫌疑；僧人食肉还会有种种修行障碍，种下魔行、地狱种、恐怖因等诸种恶因。他还说，假如啖食众生，会产生理、事二障难：理障就是“愚痴无慧”，翻译成白话就是“变笨”；事障就是在修行路上，易被干扰引入歧途。

他还特别强调说，佛家是讲轮回的，众生肉甚至就是过去生有缘的眷属：

> 今日众生，或经是父母，或经是师长，或经是兄弟，或经是姊妹，或经是儿孙，或经是朋友。而今日无有道眼，不能分别，还相啖食，不自觉知。啖食之时，此物有灵，即生忿恨，还成怨对。向者至亲，还成至怨，如是之事，岂可不思？

一旦吃肉，便会有至亲成为怨敌的果报。这个理由，对于俗众来说，也还是很有禁戒力度的。

梁武帝告诫天下沙门，严禁一切僧众再有食肉饮酒的行为，否则依法质问，勒令还俗，这就等于是用强制方式淘汰素行不良的僧尼诸众。他还邀集僧尼众一百九十八人，在宫廷举行有关食素问题的研讨会，研讨“律中无断肉事及忏悔食肉法”的争议，并颁布《断杀绝宗庙牺牲诏》，禁止宗庙用肉食祭祀，也不准太医以“生类合药”。此后，与佛教相关的素食之风才兴盛起来，且影响至今。

素食与养生、养性

除了宗教原因食素外，古代还有一类素食者，是崇尚淡泊明志的山居高士。他们追求生活的简单、自然、清净，鄙弃浮华、奢靡，故提倡素食。

如明代陈继儒《读书镜》语云：

> 醉醴饱鲜，昏人神志，若蔬食菜羹，则肠胃清虚，无滓无秽，是可以养神也。

这是从养生的角度谈素食养神养性的好处。

又，清末薛宝辰《素食说略》“例言”云：

> 肉食者鄙，夫人而知之矣。鸿才硕德，未有不以淡泊明志者也。士欲措天下事，不能不以咬菜根者勉之。

意思是，欲成就天下大事的人，多能安然于菜根简食，倒是享受奢靡生活的食肉者、当权者鄙陋无为。这就把素食和成就大业联系在一起了，所谓“咬得菜根，百事可做”。

“肉食者鄙”，出自《左传·曹刿论战》。鲁庄公十年春，齐师伐

汉代饲猪木版画，武威市磨嘴子汉墓出土。左侧饲养人穿宽袖深衣，高髻，回首召唤，似欲喂食。右侧墨猪拱嘴翘尾，尾随而来。古人食肉是与饲养猪联系在一起的。

鲁，鲁公将战。曹刿请见。其乡人曰："肉食者谋之，又何间焉？"意思是，这些事儿都归在位的当权者考虑，我们普通人掺乎啥？刿曰："肉食者鄙，未能远谋。"乃入见。后来，在齐鲁长勺之战中，他果然用"一鼓作气，再而衰，三而竭"的作战原理击退强齐。

在这里，肉食者只是一个代称，曹刿说"肉食者鄙"，也只是说当时的贵族统治者缺乏作战的能力和智慧，并不是说吃肉的人就鄙陋。但《素食说略》的作者以此作为食素的理由之一，表达的却是素食以养性的观念，这种观念或可上推至孔子的弟子颜回，他"一箪食一瓢饮"，过清苦简单的生活，却"不改其乐"，颇得老师赞赏。

从现代营养学的角度看，素食能调节人体脏脾功能，降低胆固醇，净化血液。因此，大快朵颐的时候，适当多品尝一些素菜素食，倒不失为一件养生又养性的事。

素菜荤做

古人对素食的崇尚和佛教信仰共同促成了中国传统饮食中一种特殊的菜系，即素菜系。宋代还有专营素菜素食的店铺，《梦粱录》记录当时汴京有此类店铺上百种之多。与此相应，素食研究专著和素食谱也应运而生，如《山家清供》《茹草纪事》《本心斋蔬食谱》等。特别针对佛教徒，还发明了素菜荤做的方法。

孙光宪《北梦琐言》卷五记载：唐代崔安潜崇奉佛教，不用荤食，宴请同僚也是如此。他的厨师遂将面团及蒟蒻（魔芋）之类染上颜色，做成豚肩、羊臑、脍炙模样，既不犯戒，又满足了口味，倒不失为一种调和的法子。

现如今，很多寺庙也设素食堂、素餐馆，以供香客、信众享用，使用的基本原料就是面食，还有豆制品，很多都做成肉的样子，称作素肉。

不过，假若真正向佛，清心寡欲、吃斋食素都是必要的，素菜荤做，骗得了舌头骗不了心，不知佛陀是否在意呢?

素菜荤做，制作工艺也并不简单。北京有“全素刘”，源出宫廷御膳房的素厨，用素菜荤做的法子烹制热菜、冷拼两百余种，但仅原料就需七十余种，汤料十多种，故素食荤做并不省钱省事。唐文宗曾颁布一道诏书，说自己生日那天要赐宴天下以庆祝。他说，本来的想法是素宴，这倒不是崇奉佛门，只是不想屠宰杀生。但大摆斋宴反而更加凋耗物力，所以从今以后，宴会用蔬食，但也可以摆上荤菜，还能节约些。

素菜荤做既是中国烹饪文化的骄傲，又颇令人叹息。因为既要素食，又要调合口味、营养，在追求美食极致的中国饮食传统中，往往会促成新的奢侈，这似乎与素食的初衷有违。

秋补与食补

立秋过后，天气转凉，经历了萎靡不振的苦夏，人们食欲渐渐恢复。民谚曰："秋天进补，春天打虎。"秋冬时节进补最有利于固本培元，使体内阴阳气血得到调整。秋补有药补和食补两种：前者有针对的体质，也需专业知识；后者多依赖经验常识，故成为民间最普遍的饮食习俗。

贴秋膘

人们常说立秋后要"贴秋膘"，首选吃肉，也可吃肉馅饺子，总之要吃营养丰富的美食佳肴。旧时立秋这天还讲究"悬秤称人"，即在横梁上挂一杆大秤，大人双手拉住秤钩、两足悬空称重；孩童则坐在箩筐内或四脚朝天的凳子里，吊在秤钩上称体重，和立夏时的比较一下。若掉了秤，说明身体亏欠，就更要吃些好的弥补了。不过，悬秤一般称小孩儿多，小孩儿长身体，体重逐渐增加才是健康的。但若有大人心痒，称一下也无妨，就是秤杆

河姆渡文化猪纹陶钵，浙江省博物馆藏。河姆渡文化距今五千到七千年，此猪介于家猪和野猪之间，或正处于驯化过程中。

儿要相当结实才可以。一家老老小小，在房梁上挂秤，捆条板凳做秤盘，孩子们争抢、识称、比较、谈论、说笑，气氛是很温馨热闹的，故有立夏诗云：“立夏称人轻重数，秤悬梁上笑喧闺。”

食补源于食医合一的传统观念，中国传统医学即本草学本就源于饮食生活，源于古老的采集实践。汉代《淮南子·修务训》曾追述：“（神农）尝百草之滋味，水泉之甘苦，令民知所避就。当此之时，一日而遇七十毒。”古人意识到食从口入，病从口入，那么饮食和医病二者就可相互参校、启发和补益。凡能入口之食物，皆可具有某种药性，于是“医食同源”“食医合一”就成为中国饮食思想的重要原则，因此，我国农书如《齐民要术》、医药之书如《本草纲目》就多有相通的地方。

周代王室有专门的食医，可看作最早的宫廷营养药师。他们负责调和王之六食、六饮、六膳、百羞、百酱、八珍等，讲究“春多酸，夏多苦，秋多辛，冬多咸，调以滑甘”（《周礼》）。这可以说是最早的食补经了。

通过饮食以养生、以长寿是中国人最朴素的健康理念。饮食养生不同于饮食疗疾，因为它毕竟不是要治病的，而是通过恰当的饮食调摄，达到健康长寿的目的。

我国现存最早的医书《黄帝内经·素问》讨论古人得以“天年”乃至“永年”的奥秘，其中很重要的就是“食饮有节，起居有常”。所以，饮食养生就是以“不伤”“适度”为本：不极饥而食，食不过饱；不极渴而饮，饮不过多；生冷油腻不多食，五味入口不偏嗜。不过，如此浅显的养生经，能真正做到的也不多。

吃啥补啥

此外，中国传统养生食疗经还有“以形补形，以脏补脏”的说法，即俗说的“吃啥补啥”。在食物匮乏的年代，这或许有一定道理。比如有研究称，眼珠含锌高达2%，白内障与缺锌有关，常吃猪眼或许能对白内障有一定预防作用。但吃肝就未必补肝，因为肝脏是排毒器官，吃多了反而增加人的肝脏负担，因此，对

魏晋烫鸡图壁画砖，嘉峪关戈壁滩出土。图中俩妇人正烫鸡拔毛，这种禽类褪毛方式现在还在用。

古老的养生经还是要辨析一下。现代人日常饮食丰富，获取营养渠道多，大可不必如此拘泥。

吃啥补啥是养生观念，其中最极端的就是道家的服食丹药。

服食之风兴起于战国，最初多服食一些草木药，这里面有最初的中医本草知识，当然也含着巫术的成分。比如在《山海经》中明确提到一百三十余种药物，包括动植树、矿物和泉水，很多有特殊的功效，肉体、精神上的疾病都可以治疗，如“服之不忧”“服之美人色”“佩之不迷”“佩之不惑”“食之使人不惑”“食之已狂”“服者不寒”“佩之宜子孙”“食之宜子”“可以御百毒”“食之不妒”，等等。更有很多“不死之山”“不死之国”“不死民”“不死树”“不死药”，反映出古人对长生之术的探索。

道教承袭了这些传统，到魏晋时期，服食仙药风气就盛行起来。人们认为，自然万物和人体同构，相通相感，一切均可入药。按不同的功效，药物分三个等级，中药养性，下药除病，而上药则令人成仙。

所谓“上药”主要指的是一些矿物，如丹砂、金银、五玉、云母、明珠、雄黄、石桂之类。人们觉得，这些自然矿物历经千年万年不坏不腐，人如果服食，吃啥补啥，以类补类，不也一样可以长生不朽么?

道教早期典籍《抱朴子内篇·金丹》说：“夫金丹之为物，

烧之愈久，变化愈妙。黄金入火，百炼不消，埋之，毕天不朽。服此二物，炼人身体，故能令人不老不死。”又说：“凡草木烧之即烬，而丹砂炼之成水银，积变又还成丹砂，其去凡草木亦远矣，故能令人长生。”

于是，追求长生的人们开始琢磨炼丹术，在人迹罕至的深山密林中设丹房，将诸矿放入丹炉中，锻、炼、炙、溶、抽（蒸馏），经过一系列流程，就炼出神秘丹药来。至唐代，炼丹术达至极盛，名目繁多：比如根据丹之颜色、形状，有光明丽日丹、流霞鲜翠丹、金曜吐曜丹、神光散馥丹、白云赤雪丹；根据其效用，有还魂驻魄丹、奔星却月丹、全生归命丹、白日升天丹；或托名神仙异人，如太一金丹、东方朔银丹、五岳真人小不丹；或根据所用原料，如石脑丹、石胆丹，等等。

丹药原料多为矿物，加热锻炼后又产生化学反应，所以，一般都内含铅汞砒霜之类剧毒之物。但炼丹者认为铅汞为丹药正宗，故常有过量服食或误食中毒而亡的。

据清代赵翼《廿二史札记》卷十九，唐太宗、唐宪宗、唐穆宗、唐敬宗、唐武宗、唐宣宗皆服丹药中毒致死。大臣如杜伏威、李道古、李抱真亦因服食中毒而亡，还有些侥幸生还的，也大都“眉发立堕，头背生痈”。

在炼丹成仙的道路上，人们屡败屡战，屡战屡败，最终服食者包括炼丹士也开始怀疑起来，炼丹术遂渐渐衰落，成了后世玄幻、武侠小说里的情节。

当然，炼丹也有一些实在的好处，比如造就了我国早期的化学，炼出黄金、氧化汞、氯化亚汞以及各种汞合金，甚至根据硝、硫、炭混合燃烧的现象，还发明了黑火药，甚至无意中点出了豆腐，这就是“柳暗花明又一村”了。

食野味之殇

除了服食丹药，还有一些养生观念也是要反思一下的。比如认为食野味补身体，从现代医学和饮食卫生的角度看，就毫无道理。山珍野味往往带有各类已知或未知的疾病，又往往没有任何检疫，祸从口出就不是玩笑话了。十几年前肆虐一时的“非典”已是大大的警告，但至今好了伤疤忘了疼，嗜食野味者大有人在。

今天，生物种类的急剧减少已严重威胁到人类自身的生态环境、生存安全，节制口腹之欲才真正符合养生延年的原则。延年，延长了其他物种的生命，才能真正延长人的生命。

豆腐四兄弟

豆腐被称为“国菜”，它起源于我国，是最能体现传统饮食文化朴素和智慧的食物之一，而且豆腐荤素咸宜，营养丰富，很少有人不喜欢。

中国豆腐，世界第一

豆腐的发明者，据说是西汉淮南王刘安。宋代朱熹曾有诗云：“种豆豆苗稀，力竭心已腐。早知淮南术，安坐获泉布。”意思是种豆辛苦，若早知“淮南术”，就可坐着获利聚财了（泉布，即钱币）。诗中自注云：“世传豆腐本为淮南术。”后来李时珍著《本草纲目》沿袭了这个说法。

刘安好道，是炼丹家，据说他在炼制长生不老药的过程中发现了一些动植物的药理，或许就发现了豆乳可凝的特性，由此发明了豆腐。一说豆腐的发明和他母亲有关。刘安母亲喜吃黄豆，一日生病，无法食豆，刘安遂着人将黄豆研粉，加水熬成豆乳，又放了盐卤调味，结果，豆乳竟凝成块状，即豆腐花，母亲很爱吃，病也很快好了，于是盐卤点豆腐的技术便流传下来。当然，这些故事如同很多美食的发明一样，既不能证伪，也不能证实，多为茶余饭后的谈资罢了。

不过考古学家不这么想，他们在挖掘河南密县打虎亭村的一座汉墓时，发现墓内画像石中有“庖厨图”。图中就有制作豆腐的工艺流程，包括浸豆、磨豆、滤浆、点浆、榨水等，所缺的只有一个煮浆的画面。不过，也有研究者认为，这是在酿酒。

打虎亭汉墓年代为东汉，比刘安晚两个世纪。不过考虑到战国时就普遍种植黄豆，石磨在汉代也很普及，加之豆腐制作工艺并不复杂，不管刘安是不是发明人，他那个时代也是有可能造出豆腐来的。

豆腐的原料大豆原产我国，古代称为“菽”，是一种耐贫瘠的植物，因为有根瘤菌，可自身生产氮肥，故在薄地、山地、

河南打虎亭庖厨图汉墓壁画。最下面一行解读存在争议：可能是制作豆腐，也可能是酿酒。

元佚名《归去来辞图》，台北故宫博物院藏。图中陶渊明策扙归来，两位仆从随行，一人携古琴，一人负酒坛。中国的画家们从陶渊明的人生经历中感悟到，个人可以脱离政治生活，满足于质朴的乐趣。种豆南山，与其说为收获，不如说是行为艺术。

边边拉拉的地块上，人们撒上豆种，不用多加照顾，也能有些收获。隐居的陶渊明有诗云："种豆南山下，草盛豆苗稀。"诗人不善农事，又无多少肥田，也是从种豆起步。当然，从现在的农业技术看，吃饱了能干活，地肥水肥阳光充足，大豆才能高产。

大豆皮实好种，含有营养丰富的植物蛋白。而干豆易储耐存，豆腐可以常年生产，不受季节限制，因此豆腐以及各类豆制品就成为中国人餐桌上的常客。它可搭配其他食材做成主食，也可制作各类菜肴；既可做小吃馅料，也可做大菜宴席。因此，无论在物质贫乏、肉食短缺的过去，还是更注重营养均衡健康的现代，豆腐都显示出优势，故民谚云："莫道豆腐平常菜，大厨烹成席上珍。"

早期革命者瞿秋白就义前曾留下一篇长文《多余的话》，文末说："中国的豆腐也是很好吃的东西，世界第一。"死前最后一句话无限赞美豆腐，颇耐人寻味。

豆腐的兄弟

其实，并列第一的除了豆腐外，还有豆浆、豆芽和豆酱，这四者也常被称作中国食品史上的四大发明。

豆浆是传统饮品，将大豆用水泡发后磨碎、过滤、煮沸，营养丰富，易于消化吸收，因此四季饮用，老少咸宜。随着人们生活水平的提高，牛奶渐渐与豆浆平分秋色，但有些人属于乳糖不耐受者，喝牛奶会腹泻，那豆浆就是最好的饮品了，所以豆浆也被称作"植物奶"。

豆芽属于芽苗菜，传统芽苗菜主要就是黄豆芽和绿豆芽，它们生长周期短，口感脆嫩，因此，过去很多家庭主妇都掌握"发豆芽"的手艺。豆芽或清炒，或荤炖，或凉拌，或做炸酱面的菜码儿，都是令人垂涎的美食。如今萝卜、香椿、豌豆、枸杞、花生等都可培育芽苗菜，但就便宜、实惠以及食法的多样性而言，仍不能和传统豆芽菜相匹敌。

豆酱及豆豉、酱油是中国传统最重要的调味品。北方习惯以大葱、辣椒、黄瓜以及其他时令蔬菜蘸酱，滋味鲜美，开胃解腻，在高档酒席上也颇受欢迎，可谓上得厅堂下得厨房。而在福建等南方地区，过去还有种极平民的吃法，即米饭拌酱油，若再加一点猪油，就是美味了。如今，油条蘸酱油、海鲜蘸酱油还是很多人喜欢的吃法。

豆豉酱中有一种西瓜豆豉，极美味，并不广为人知，但在河北中部一带，却是家家必备的。不妨在这里说一说。

西瓜豆豉与其他豆豉豆酱一样，也要先制作豆曲，即让豆子长菌。三伏天，选上好黄豆清水浸泡半天，煮熟，以用手指能捏成饼状，无硬心即可。控干水分，凉至微温，撒少许面粉混拌，让每一粒黄豆都均匀粘上薄薄的面粉，平摊在苇席或笸箩里，盖上纸放屋内发酵。六七天后，黄豆即生满白毛，此时拿到屋外暴晒至干透，再搓去菌毛，豆曲就制成了。此外，将馒头掰成小块儿，一并晒干备用。

广口坛洗净晒干，按照一比三的比例放入豆曲和新鲜的西瓜瓤，再放盐，每斤西瓜瓤配一两半，其余再放入花椒、大料、姜片等常规调料，也可加入陈皮丝、小茴香，一并搅拌均匀。此时看坛中，因为大都是西瓜瓤，所以清汤寡水的。这就要适度添加馒头干，再搅拌均匀。馒头干吸水后既利于发酵，又增加豆酱黏稠度，是不可或缺的秘料。

将坛口用棉布捆扎封好盖严，或者棉布上加透明玻璃板（便于增温，亦防止蝇虫），放置室外曝晒。西瓜豆豉是西瓜和豆子的联姻，但媒介却是日光和时间。所以，余下就是耐心等待了。不过，仍要每日傍晚打开坛子，用干净的木棍搅拌——受热发酵后，馒头、瓜瓤会浮在上面，要搅和下去。每日开坛除了搅拌，还要观察稀稠，馒头干可随时添加以增稠。

制酱整个过程最防滴入生水和苍蝇下蛆。生水好办，苍蝇却是有空即钻的，所以遮盖很重要。以前老辈子有句话：米里的虫子，酱里的蛆，井里的蛤蟆带着吃。意思是，这三样，防不胜防，都是附带品。其实，前两者，稍加注意，也还是可以避免的。井里的蛤蟆就管不了了。

如果太阳一直给力，个把月后，西瓜豆豉就做成了。此时，西瓜只可见籽，黄豆依稀可见，馒头则全无踪影。坛内豆酱色泽黄嫩，气味醇香，其妙处不可言表。

腌菜：小菜还是大菜？

腌菜，是中国人餐桌常备的开胃小菜。过去，腌菜主要由家庭自制自食，是典型的“妈妈菜”。为了弥补冬春菜品的不足，勤俭持家的主妇们会在果菜丰富的夏秋制作腌菜。辣椒、茄子、萝卜、芥菜、豆角、黄瓜、生姜、大蒜、莲藕、竹笋乃至白菜、雪里蕻等叶菜均可入坛腌渍贮藏。

腌菜制作工艺并不复杂，概而言之，重盐者可谓之“咸菜”，一根咸萝卜条即可配食一碗稠粥；轻盐者则是利用蔬菜里的乳酸菌发酵，是为“泡菜”；若主要用酱渍，则就是美味的“酱菜”了。

腌菜不分南北

各地风土不一、口味不同，物产有差异，腌菜自然也有地域特点。比如同样是酱菜就有北味与南味之分。北味以北京六必居、保定大慈阁酱菜最有名，甜咸适中；南味则以扬州酱菜为代表，口味偏甜。当然，凡土中生长之物无不可酱，除了各类蔬菜，花生、核桃、杏仁等干果也是酱菜佳料，这一点，倒是不分南北的。

腌菜耐储存，便于携带，故为旧时最常见的“路菜”（旅途中食用的菜肴）。读书人赶考、商贾出行、农人赶集，除了随身衣物杂项外，携带路菜无疑是必需也是极便利的。行路迟迟，载渴载饥，路边树荫下歇脚，干粮就着酱菜，饮几口白水，气力便恢复了。或垒石为灶，煮一锅稀粥烂饭，再佐以路菜，也可称得上是苦旅中的享受。

千百年前，中原地区的汉人千里迢迢，一路风尘，移民至闽粤赣地区，成为今天的客家人，想来路菜是必不可少的，至今闽南客家语言里还保留着这颇具古风的词语。有一首歌谣叫《阿母的手路菜》，唱道：“呷到阿母的手路菜，才知外久无返来。”

因此，腌菜抑或路菜带着先人保存食物的智慧，带着家乡或亲人的情感，也是可以作为中国美食标志的。人们的脚步迁徙流转，食物也相随而来，脚步走多远，味觉的记忆便保持多久。对于那些奔波在路上、停留在异乡的人们，这些家乡小菜含着乡愁，将他们的心紧紧锁定在记忆深处的故乡，也是在为心灵定位吧。

腌菜不分素荤

除了各类蔬菜制作的腌菜，腌鱼、火腿等肉食也可为路菜，其质干，口味香、咸、浓，属于高档菜品。不过，即便是蔬菜制作腌菜，亦可有奢侈的做法，比如“茄鲞”。《红楼梦》四十一回写贾母让凤姐喂刘姥姥茄子，刘姥姥起初不以为意，哪知尝来毫无茄子味，便询制法，想自己也回家做去。凤姐教她说：你把才下来的茄子削皮，只要净肉，切成碎丁子，用鸡油炸了，再用鸡脯子肉并香菌、新笋、蘑菇、五香腐干、各色干果子，俱切成丁子，用鸡汤煨干，将香油一收，外加糟油一拌，封在瓷坛里，到吃时拿出来，用炒的鸡瓜一拌就是。说者轻松，听者十分惊惑，这岂是小户人家可以问津的，难怪刘姥姥听了摇头吐舌直念佛。

邓云乡《红楼风俗谭》中有《"茄鲞"试诠》，指出"茄鲞"即属于古人的路菜，此"鲞"（xiǎng，即干腊鱼）是取其如鱼干可久存之意。茄鲞不仅有路菜的干、咸、耐久存的特点，怕是还要加上"香"，邓先生以为这或许是曹府菜。曹寅等人任"织造"之职，专为皇帝在江南采买生活用品，经常奔波于北京到南京的运河途中，路菜定是少不了的，厨役肯定不能仅以咸菜对付，茄鲞这样的佳馔恐怕就是曹府的独创菜品，只是这样的路菜，今天怕也难做吧。

腌菜中的"大菜"

腌菜，无论高档低档，一般都属于"小菜一碟"，是为调口味的。不过，有些腌菜，在一些地方餐桌上至今还是备受欢迎的主打菜品，比如东北酸菜。酸菜炖豆腐、酸菜炖鱼、酸菜火锅、酸菜炒肉丝、酸菜炒粉条等都是"大菜"，是能上得了宴席台面的。其他如酸菜水饺、酸菜粉丝包，酸菜还是主食中的主料。酸菜口感酸香，与肉烹调，最能去油解腻。东北人好吃肉，两者正好匹配。过去日子穷，没那么多肉吃，酸菜的好处还不能完全体现，现在生活好了，酸菜的美妙才真正发挥出来。

东北酸菜用料极普通，就是秋后大白菜，腌渍过程也没太高的技术含量，但入冬前白菜肉质肥脆，清甜好吃，加上天气寒凉，温度适宜，天作之合，成就了特殊的美味。

不过，虽说技术含量不高，也有点儿讲究。比如挑白菜，要选抱心实沉的，扑棱大叶子、松松散散没芯儿的，就不好。此外最好白菜棵儿大小均溜。这两点，说着挺麻烦，有经验的，瞄一眼，再掂掂，就有数了。

清恽寿平《白菜图》。白菜萝卜，都是腌菜的主力。画家笔下，是人间烟火，也是生活的艺术。

酸菜缸洗净晾干，压菜的大板石也洗净晒干，就可以摆菜了。白菜棵大，量多，真的是“摆”。将白菜外面的大帮大叶扯下去，一棵紧挨一棵码好，也有人家把整棵白菜在开水里迅速焯滚一下，控控水晾凉再摆的。总之，一层白菜一层盐，每层都要压实，最后用大石板压住，让白菜都埋在水里，然后就是静等了。

腌菜过程要个把月。中间水会挥发，因此，隔几天，要加水，确保白菜在水位以下，这样，厌氧的乳酸菌才能发挥效力。

过去，东北人的家里有两样东西不可或缺，一是酸菜缸，二是腌酸菜用的大板石。据说，当年张作霖的大帅府配有七八口酸菜缸，可往往还是不够吃。开胃爽口的东北大酸菜，倒真是不分等级贵贱的。

如今食物丰富，一年四季鲜菜不断，自制腌菜，即便是最简单的腌菜，很多人也觉无从下手，似乎也不必下手，因为超市菜场自有各类包装精美的腌菜出售。但仍有许多人怀念传统小菜的自在、放心和亲切，在自家厨房手工制作，这种制作不为果腹之需，属于时尚的 DIY（do it yourself），传统也就成为现代的一部分了。

服饰

华夏衣冠

“穿衣戴帽，各有所好。”这话是说，除了特定职业对服饰有某些特殊要求外，选择穿什么，怎么穿，更多属于私人的事情。对此，旁人如果指指点点，不是多事，就是古板，这种想法如今已是共识。

然而细算一下，这观念也不过是近三十年才慢慢被人们接受的。倒推几千年，穿衣戴帽大都关系着等级地位，牵涉道德伦理，更关涉礼仪教化，还受到公序良俗的牵制，是怠慢不得的。

服饰的等级意义

和等级地位有关，这是对服饰发展影响最大的观念。《周易·系辞》云：“黄帝尧舜，垂衣裳而天下治。”为什么治理天下要强调“垂衣裳”，大概是说这样的衣服是宽博拖沓的，和普通人的短衣打扮不一样，不太实用，但却是象征，表明某种身份和地位，后来的章服制度即由此而来。

冕冠，湖北省博物馆藏。冕冠和冠卷目前已朽，仅存 140 件金玉饰物。冕冠意味着地位和权力，然终难抵挡时间的冲刷。

章服，即绣有日月星辰等图案

的古代礼服。每图为一章，天子十二章，群臣按品级以九、七、五、三章递降。十二章包括日、月、星辰、山、龙、华虫、宗彝、藻、火、粉米、黼、黻等图案，每种皆为象征：日月星辰，取其照临；山，取其稳定；龙，取其应变；华虫（雉鸟），取其文丽；宗彝（祭祀礼器），取其忠孝；藻，取其洁净；火，取其光明；粉米，取其滋养；黼（斧形图案），取其决断；黻，图案似两个“已”字相背，左青右黑，取其明辨等。

十二章纹玉圭包括十二种图案。玉圭是古代帝王、诸侯朝聘、祭祀时所持礼器，据说，玉圭通神。传说夏禹巡游东海，得碧色玉圭圆如日月，用以自照，则达于幽冥。

华夏衣冠与所谓蛮夷外族的服饰有明显差异。中原人服饰是右衽，即右襟掩于内，而“蛮夷”则相反，为左衽，后来这也就成为少数民族在服饰上区别于中原汉族的显著标志。管仲辅佐齐桓公“尊王攘夷”，九合诸侯，一匡天下，故孔子评价说：“微管仲，吾其被发左衽矣！”

古代刑服也有分别，按《晋书·刑法志》的说法：

犯黥者皂其巾；犯劓者丹其服；犯膑者墨其体；犯宫者杂其屦；大辟之罪，殊刑之极，布其衣裾而无领缘。

这里的黥、劓、膑、宫、大辟都是残酷的肉刑，各有刑服：黥（qíng），即墨刑，用刀刺刻犯人额颊，再涂上墨，作为惩罚标记，同时着皂黑的头巾；劓（yì），割鼻子，穿红色囚服；刖

唐《客使图》局部，陕西乾县章怀太子墓出土。画面上，三位鸿胪寺官员正接待三名外国使者。官员头戴平巾帻，帻外加笼冠，穿绯色衣，白裙，腰前系绶带，足蹬朝天履，手执笏板。他们接待的外国使者一位秃头、深目、高鼻，着翻领紫袍，蹬黑靴；一位头戴插鸟羽的骨苏冠，着白袍，镶红边，足蹬黄靴；一位戴皮帽，身披灰色大氅，下着毛皮裤、黄皮靴。

（yuè），砍掉双脚，囚服为墨黑之色；宫刑，即腐刑，割去生殖器官，刑服“杂其屦”，大概是两只鞋子颜色不一；大辟，砍头，穿无领的布衣，大概是为了行刑便利吧。

以刑罚治民，不仅残其体肤，还要攫其精神，故而要在刑服上做文章，如此，投之于市，遭人唾弃，方起到警示作用，这就是所谓的“画衣冠而民知禁”。因此，穿什么看似是个人喜好，实则是一面镜子，照鉴社会，也就成了文化的复杂表征。

只认衣裳不认人

在社交中，一个人的衣冠服饰是最为外露的特征，最容易标明身份地位，慢慢就会衍生出一些微妙的文化副产品。有谜语云：“头尖身细白如银，上秤没有半毫分。眼睛长在屁股上，只认衣衫不认人。”谜底是针。编谜语的很聪明，借此“针砭”世俗社会中的这些不良风气。

因此，古今都有一些人为了反抗这种风气，用衣冠代言，以标明自己的精神超拔，不合流俗。你们衣冠楚楚，我偏袒胸露背；你们正襟危坐，我偏要扪虱而谈。在魏晋时期，这就成为一种特有的风流气度。

据说，“竹林七贤”之一的刘伶，纵酒佯狂，经常抬棺狂饮，且身上一丝不挂于屋中。人见均嗤笑，他却反唇相讥：“我以天地为房屋，以房屋为衣裤，你们干吗要钻到我裤裆里来呢？”

而“扪虱而谈”也是有实际原因的，因为当时很多名士为求长生而炼丹服药，常吃一种叫五石散的仙药，是以紫石英、白石英、赤石脂、钟乳、石琉黄等五石配制而成。这种药有很大毒性，服用后，毒性发作产生内热，需想办法把毒性和内热散发出去。若散发得当，则体内疾病会和毒热一起发出；但若散不好，则五毒攻心，轻则残废，重则丧命。为了利于散发，服药后要喝热酒吃冷食，因此，五石散又叫寒食散。还要外出散步，这就是“行散”；洗澡要冷水浴。由于服药后皮肤脆薄，还不能穿新衣，不能穿太紧，因此，魏晋士人多喜宽袍大袖，且经久不洗，故而多虱，因而才“扪虱而谈”，竟变成很高雅的举动。

不过，对大多数人而言，服饰是工具，是标志，可据此获得身份地位群体的认同感。鲁迅写孔乙己是“站着喝酒而穿长衫的惟一的人”。站着喝酒，言其穷困潦倒，长衫虽破也要固执地穿在身上，是他极希望区别于“短衣帮”，勉强保留一点尊严。

女装与平权

同样，服饰区分性别，也生出诸多话题。传统女装强调严密遮体，平直宽松，不给人身体和性的联想，故男女平权也是从服饰开始的。

1918 年 5 月 14 日，上海《时报》刊载了市议员江克生致江苏省公署的函件，要求制止时髦女装，认为当今流行女衫手臂露出一尺左右，女裤吊高一尺有余，暑天穿粉红洋纱背心，外罩有眼之纱衫，这些原本都是妓女的穿着。妓女以色事人，也就罢了，可怕的是，上海大家闺秀们也争相仿效，这简直就是诲淫诲盗，不成体统；妖服盛行，女教沦亡啊！

对此，当时的新文化运动者也撰文回击，比如鲁迅《小杂感》讽刺道貌岸然者：

> 一见短袖子，立刻想到白臂膊，立刻想到全裸体，立刻想到生殖器，立刻想到性交，立刻想到杂交，立刻想到私生子。中国人的想象惟在这一层能够如此跃进。

最近一两年，有关地铁女性服饰暴露与性骚扰的关系问题又让人们争得面红耳赤，可见，这个话题还是进行时。

发如韭，剪复生

东汉有首流传甚广的民谣："发如韭，剪复生；头如鸡，割复鸣。吏不必可畏，小民从来不可轻！"这是一句誓言，表达了平民百姓内心的不平和抗争意志。

古人发誓，大多列举无法或极难实现的条件，以示态度坚决，比如汉代《上邪》是爱情誓言，热恋中的姑娘指天为誓："我欲与君相知，长命无绝衰。山无陵，江水为竭，冬雷震震夏雨雪，天地合，乃敢与君绝！"

相比这姑娘所列举的种种，"发如韭，剪复生"似乎显得太轻慢。剪发不痛不痒，剪了还长，有什么难度？还值得当誓词？其实不然。

头发可不能随便剪

在华夏民族心目中，身体发肤，受之父母，不敢轻易毁伤，所以，头发是不能随便动刀修剪的。通常小儿出生满三个月，依礼修剪一次头发。《礼记·内则》："三月之末，择日剪发为鬌，男角女羁。"此后就一直续发不剪了，如果剪发，一定是有非常之事。

首先是犯罪，剪发是刑罚之一。《周礼·秋官·掌戮》曾列举各种犯人劳役："墨者使守门，劓者使守关，宫者使守内，刖者使守囿，髡者使守积。"里面涉及当时常见的五种刑罚：墨刑是黥面，面额上刻字，再以墨涂染；劓刑即割鼻；宫刑是去势；刖刑为剁脚；髡刑即为剪发。此外，还有一种与髡刑类似的叫"耐刑"，即剪去鬓发和胡须，较髡刑处罚轻些。古"耐"字写作"耏"，从"彡"，也是发肤之意。

这些刑罚中，墨、劓、宫、刖都是肉刑，轻则有皮肉之苦，重则割掉身上重要器官，是十分惨烈的。而髡刑、耐刑仅仅割去须发，至多十天半月的，也就都长出来了。把它们与肉刑同列，可见在古人心目中，去除须发同样可以带来痛苦和创伤，是可以作为严肃的羞辱和惩戒的，只不过，这里更强调施加精神苦痛。

正是基于这一观念，古人有了过失，有时也自割其发以示责罚。据《三国志》裴松之注引《曹瞒传》，曹操在建安三年（198）率兵讨伐张绣，正值麦熟时节，便诏令三军不可践踏麦田，犯者死罪。然而行军中，曹操自己骑马不慎踏坏一片麦地，遂拔剑自割其发。

这段情节后来被《三国演义》做了发挥，说当时曹操拔剑本欲自刎，慌得旁人连忙拉住，以《春秋》所谓"法不加以尊"苦苦哀劝，方改为割发代惩，又传令三军："丞相践麦，本当斩首号令，今割发以代。"于是，"三军悚然，无不懔遵军令"。

作者讲这段故事，其实是想说曹操奸诈，割发代罚纯属阴谋作秀，故称后人有诗讽之曰：

十万貔貅十万心，一人号令众难禁。拔刀割发权为首，方见曹瞒诈术深。

其实，曹操处在汉末，时人视头发为生命，不到万不得已，不肯轻易剪发，曹操割发倒未见得是诈术。

中原地区以发肤完整为自豪，而中原之外所谓蛮夷戎狄等民族却常有断发文身的习俗，故被认为是荒蛮未化之地。其实，发式衣着的差异，究其然都是地域文化的产物。比如吴楚人生活在水乡，以捕鱼捉虾为生，常需潜水泅渡，若身披长发，易被水草纠缠，不仅不便，还有危险，故形成短发习俗。而北方乌桓、鲜卑等游牧民族常常“髡发”，即剔除头顶的头发，而仅留额头和耳旁两侧的头发，且留的不长。在我看来，这发式不仅便于骑马，也不易长虱，也是生活方式使然。清朝男子在额角两端引一直线，剔去线外头发，再将脑后长发编结成辫，这多少也还是游牧民族的发式特点。

头发成了替罪羊

头发关乎“大体”，所以辛亥革命爆发，就先从剪发入手，当时的口号是：“除此数寸之胡尾，还我大好之头颅。”（《民立报》1911 年 12 月 29 日）可在中国人的观念中，头发从来就不是小事，除了“身体发肤，受之父母”的古训，在民间宗教意识

青铜鸠杖，绍兴出土，浙江省博物馆藏。杖底跪坐人像，双目圆睁，额前齐发，脑后拢成小髻。其双手扶膝，全身上下布满各种纹饰，是典型的“断发纹身”的古越人。

中，头发、胡须、指甲这些“小物件”与身体之间还有着某种奇妙的联系，更不可随意处置，因此，辛亥革命的剪发运动就带有强制性，甚至含着血腥。

陕西人王军余是位亲历者，他回忆当时自己正在南京，负责接收清朝遗留的造币厂。听说临时政府下令强迫剪发，便乘坐造币厂的黄包车到下关去，计划沿途看看热闹。果然一出厂门，就有一个警察拉住车夫，要剪去他的辫子。车夫当即跪地，恳求王军余代为说情。但王是留日学生，早已剪了辫的，哪里会说情，反而对警察说：“不管他，剪了再说。”又一路所见，“沿途剪发队络绎不绝，街道上、火车中、江岸边，遇有垂辫者，无不立予剪去，尤其是乘船上岸的人，上一个，剪一个。其间有不愿遽为割爱者，则多跪地求免，也有手提断发垂泪而归者，也有摹顶长叹，或大笑者，种种现象，一时映入眼帘，煞是好看，且觉大快人心。一俟返回，街上已尽光头了”。当天王军余还在街上偶遇留日时期的老同学张季鸾，张即将出任临时大总统秘书，意气风发，笑言：“革命成功，就是自强迫来的，为的是除旧更新，旧的习惯，若不强迫革除，新的哪能会逐渐展开？”（王军余：《追念同学张季鸾君》）

在当时的革命者看来，强制剪发是雷厉风行，方显出坚决态度。然而，运动式革命所携带的暴力因素常常就是以蔑视个人权利和生命为基础的，几乎注定会有血腥。

果不其然，仅 1912 年 2 月，《申报》就接连登载了两起“辫子血案”。一起发生在湖南湘潭：“有广西士兵路过湘潭，偶于街头见一挑水夫，尚垂发辫。该兵士迫令剪去，以手持之，刺刀割之。该水夫骇而却走，兵士随后奔追。该水夫无路脱逃，即入一店铺。甫经入门，因皇遽失足，扑身倒地。该兵士即用刺刀从背面戳去，其刀尖由胸旁乳际洞穿而出，血流如注，逾时已毙。”（《申报》1912 年 2 月 29 日）

另一起报道为《湖口强迫剪辫之命案》。此前一天，当地举办了民国成立庆祝活动。次日清晨，“忽于爆竹声中，有军士数十人，手持并州快剪，见脑后有垂猪尾者，辄行剪去。一时被剪愚民，有抱头哭泣者，有反唇相詈者，种种现象，殊堪发笑。时有绅士高某，其发亦为人强行剪去，比即大怒，面禀冯令，当即拘拿剪发者四人至署，各责四百板寝事。事为杨统领所闻，亲至县署，谓剪发一节，新政府已有明文，些须小事，即行刑责，殊属不知大体。冯令闻统领之训，始恍然大悟，于是亦发出剪刀二十柄，饬差役沿街剪发。适有乡民游某入城完粮，被差役扭住其发，欲行剪去。乡民不从，两相争扭，致铁剪尖端戳入喉际，立即倒地，血流如注，遂致殒命”（《申报》1912年2月3日）。

头发何罪之有？终究还是替罪羊吧。

首　饰

古代女子为突出其性别特征，一靠着装，即所谓“服”，二靠各种装饰点缀。

然而，遮盖躯体的服装在表现力上还有些局限，要想求其完美效果，必须顾及上下左右的空间创意，即在头、足、挂饰和飘带等方面多加留意，而其中，头部的装饰尤其重要，抓住了“首要”，就容易吸引视线。

优美的发髻和各种精美的头面部饰物有着各自独特的形式美感，既可突出女子的俊俏可爱、端庄优雅，又能与宽衣大袖的服装形成映衬，增加许多亮点，整体形象方达到完美和谐。

汉乐府古诗《陌上桑》正面描述罗敷的美貌就是这样入手的：“头上倭堕髻，耳中明月珠。缃绮为下裙，紫绮为上襦。”而《木兰诗》中木兰“当窗理云鬓，对镜贴花黄”也都属于这方面的装饰细节。

风情万种的首饰

“首饰”最初就是指头饰，如冠帽、巾帻、簪钗、头花、步

清金廷标《仕女簪花图》，北京故宫博物院藏。图中女子晨起，正对镜理妆，右手扶桌沿，身姿半立，调整角度对着桌上铜镜顾盼，左手将花簪缓缓插入云鬓。桌上还有两只花簪，正等着她挑选。精致的家具、富丽的陈设，以及半隐的理书侍女，渲染出一种典雅高贵的氛围。

摇等，后来才泛指妇女的一切饰物。头上加装饰物，目的多样，有些也是为实用的，比如用簪固定发髻，戴帽以御寒；有的是为了表明身份，强调礼仪，如丧礼中孝子们的披麻戴孝、官服上的各种配饰等；当然更多的还是为美观，比如步摇。

元代伊世珍《琅嬛记》引宋无名氏《采兰杂志》对这一饰品做过解释："盖以银丝宛转屈曲作花枝，插髻后，随步辄摇，以增媌媠，故曰步摇。"媌、媠（tuó），均指苗条美好，这里是说步摇插在发髻之上，仿佛摇动的"花枝"，走起路来，步履颤动，花枝摇曳，更显身形窈窕，别有风情。

古人佩戴首饰是多有讲究的，有时还要配合时序、节令的变化，这类似我们新年穿大红袄，圣诞节戴圣诞帽，都是应景的。应景首饰一般一年用一次，一次戴几天，大都是为了合天时，图个喜庆吉祥。

比如“春燕”，立春日，以彩帛或鸟羽剪贴成飞燕状，系于簪钗之首，插于两鬓，以示迎春。也有用彩鸡代替的，俗称“春鸡”。明代时，北方流行正月初一戴“黑老婆”，即用乌金纸剪成鸟形，插于发髻，翩翩若飞，这与早期的“春燕”一脉相承。

其他如端午节戴艾虎，是用艾草编织或彩帛剪为虎形，以辟不祥。到了夏至，还可用楝树之叶插头。楝树性味苦寒，有毒，可驱虫疗癣，这或许是它成为应景饰物的原因。此外，宋元时期还有立秋日插戴楸树叶的习俗，吴自牧《梦粱录》云：

> 立秋日……都城内外，侵晨叫卖楸叶，妇人、女子及儿童辈争买之，剪如花样，插于鬓边，以应时序。

应景的首饰和着节令而来，亦随节令而去，随用随做（买），用后即弃，都属于服饰中的“快闪”族，可归为短暂的行为艺术。也正因此，这些首饰都不用什么上好材料，一般无非用硬纸、铁丝、木片、麦秸、树叶、鸟羽等物。但古人手巧，精心编制，寻常事物也能俏丽动人，只是现如今，这些手艺不大看得见了，用在头饰上更少。北方夏秋常能见到养蝈蝈的笼子，秫秸杆编的，几块钱一个，编得好的，也精巧得很，可以此类推。

发式的配合

古代女子的首饰花样繁多，所配的发式也是极为复杂的。就

唐周昉《簪花仕女图》局部。图中一群仕女正在庭院中闲步游玩，除执扇侍女外，五位仕女皆梳高耸蓬松的云髻，发间各簪牡丹、芍药、荷花等。这些花花时不同，故有些或为假花。

拿花木兰的“云鬓”来说，一般解释为头发青黑浓密而又柔软如云。不过在古代，即便这样美丽的头发，也是不能随意下垂披肩的，因此“云鬓”应当还包含发髻的样式，暗含着造型美感。但“云鬓”究竟是怎样的造型，我们也不得而知。

唐代《簪花仕女图》曾讲述一种“云髻”的梳妆方式，可资参考：先将长发理顺，将额前与脑顶的头发梳成立壁状，左右两侧头发也向头顶集中，再将头后的头发向上反绾，与左、右、前三个方向的长发会合于头顶，呈挺拔流畅的云髻状，最后插簪花等首饰固定装扮。

不过，《木兰诗》所说“云鬓”或许就是一种比喻的说法，未必就指称特定的发型。

如今年轻女子多喜欢披发，或是随便扎个马尾，有简洁之美，可在古代，如此不加修饰，还招摇过市，不是蛮夷野人，就是妖魅鬼怪，古今审美趣味已经天翻地覆了。

脂　粉

中国女性以白为美，这种观念根深蒂固，可追溯至《诗经·卫风·硕人》。诗中描写美人庄姜“手如柔荑，肤如凝脂”，柔荑是茅草刚长成尚未破苞叶而出的嫩穗，用来比喻手指纤细柔白；古人食用提炼过的动物油脂，凝脂，即凝固的油脂，细腻而润白，是理想的肌肤质感。

近些年来受西人影响，有推崇小麦肤色的，甚至也有人用灯“晒”成巧克力美人，但都是小打小闹，人们还是普遍坚信“一白遮百丑”。

女为悦己者容

庄姜皮肤白嫩是不是化了妆？也可能是的。因为那个时候各种化妆品也都有了，比如《卫风·伯兮》云：“伯兮朅兮，邦之桀兮。伯也执殳，为王前驱。自伯之东，首如飞蓬。岂无膏沐，谁适为容？”女主人公的夫君是国之栋梁，出征在外。而自己在家无精打采，蓬头垢面。难道没有化妆品好好梳洗打扮一下么？可女为悦己者容，打扮了又给谁看呢？这里的“膏”就是动物油脂类的润发膏。古人很早就注意到麻油、蜂蜜以及猪油等动物油脂对发肤有益，故庄姜日常当也涂些油脂保养润肤的。

战国末期《韩非子》中有一段话就提到好几种化妆品："故善毛嫱、西施之美，无益吾面，用脂泽粉黛，则倍其初。"意思是，赞毛嫱、西施之美，倒不如改善自己的妆容，多用脂泽粉黛让自己更好看些。用女性化妆来讲"临渊羡鱼，不如退而结网"的道理。

再说《诗经》时代的庄姜，她的肤白是不是搽了粉呢，这可就不好说了。从现有资料看，直到春秋时期才有"造粉"的说法，这"粉"即妆粉。战国以后，敷粉方变成很普遍的化妆方式。汉初有部字书《急就篇》，相当于《新华字典》，里面罗列的化妆品名称就有脂有粉，"芬薰脂粉膏泽筒"，芬薰，是指用香料进行香薰，"脂"令肌肤润泽柔滑，粉则为米粉，后来又加上铅粉，"皆以傅面，取光洁也"（唐颜师古注）。

由米粉到铅粉

用米粉制作妆粉，技术含量不高，但也麻烦。挑上好的米，经淘洗、水浸、熟研（反复研磨）、搅拌、取汁、过滤、沉淀、重研、澄（dèng）清、去水、晒干即可，好像制作淀粉一样。也有人说，还有个发酵的过程，具体做法是将新米泡在水里十天左右，让其发酵变酸，再捞出磨成极细的粉末浆，澄清之后，滗（bì）出清水，再让剩下的水分自然蒸发殆尽。此时，用竹片刮去表面一层比较粗糙的粉末，底下的就是细腻的成品了。据说，闻起来倒没有很强的酸味，淡淡的，甚至有点像女人的体香。

米粉价廉，好做，但即便细细研磨，颗粒仍然相对粗糙，不容易附着，白度也有些欠缺，用绢布蘸了扑在脸上、身上，有点像扑痱子粉，所以常常要加油脂调和。后来又逐渐加上铅粉，附着力就好多了。

但铅粉也有问题。首先，制作铅粉不是简单地碾碎成粉。铅粉中含有铅、锡、铝、锌等多种金属成分，这些矿物质要添加醋酸之类经化学反应后才能成粉，这有类古人炼丹，是需要较高的技术工艺的。此外，铅粉附着力虽强，但有微毒，长期敷面会使肤色变青。两种材质各有缺陷，于是常常混合在一起用。后来，人们还以珍珠、蛤蜊壳、滑石等其他一些天然物制妆粉，以弥补上述粉妆的缺陷。

总之，为了美白，人们也算绞尽脑汁了。

男子也爱傅粉

有了脂粉，再加上些鲜花配制的香料，这敷面的玩意儿就不再是淀粉、矿粉，而是典型的化妆品了。《金瓶梅词话》第二十九回说到潘金莲敷粉：

妇人因前日西门庆在翡翠轩夸奖李瓶儿身上白净，就暗暗将茉莉花蕊儿搅酥油定粉，把身上都搽遍了，搽的白腻光滑，异香可爱，欲夺其宠。

清冷枚《雪艳图》。图中贵族女子肤白如玉，既是雪景的烘托，又许是施了脂粉。中国女性以白为美，坚信“一白遮百丑”，为了美白绞尽脑汁。

女为悦己者容，涂脂抹粉并非生活必需，却很早就成为女性日常生活的一部分，恰因其承载着情感需求，人类文化中很大一部分成果都是如此。

也并非只有女性才涂脂抹粉，历来都有男子颇好于此。只不过，史上所载这些男子大都出入宫掖，受闺阁之风影响，或者本身就有些阴柔之气的。

比如，《世说新语》记载何晏少为曹操收养，长期出入宫禁，成人后，美姿仪，尤以肤色白皙引人注目。魏明帝疑其敷粉，有次大夏天的，故意让他吃热汤面，待吃得大汗淋漓后，亲自用红手巾为他擦汗查验，没想到“色转皎然”，意思是擦过之后，肤色明亮白皙如玉，可见是天生的。不过，按照《三国志》引《魏略》的说法，“何晏性自喜，粉白不去手，行步顾影”。是说他虽肤白，可还是喜好敷粉的，颇有顾影自怜的倾向。

南北朝时期的男子，确实曾流行以肤色洁白似妇人为美，故涂脂抹粉甚至搽抹胭脂也不稀奇。

不过，这种妆容也被很多人视同妖异，比如，颜之推就看不惯，《颜氏家训》云：“梁朝全盛之时，贵游子弟，多无学术……无不熏衣剃面，傅粉施朱。”他告诫族内子弟：这些都是反面典型，莫要效尤。

自古而今，对于肤色的审美，都不只是关于“美”，而是蕴含着文化、价值观念，甚至关乎权力和等级。这促使我们和自己的皮肤进行着一场持久的争斗，这争斗也还会绵延下去。

男角女羁

鲁迅写过一篇《我们现在怎样做父亲》，文中说：

> 往昔的欧人对于孩子的误解，是以为成人的预备；中国人的误解，是以为缩小的成人。直到近来，经过许多学者的研究，才知道孩子的世界，与成人截然不同。

这段话经常被人引用，是因为道出了中国传统社会对儿童认识上的误区。

发型是个标志

传统以为，儿童是“缩小的成人”，所以，我们过去很少顾及儿童行为特质以及儿童心理，几乎完全依从成人的价值观念、道德标准。因此，流传下来的儿童故事中，主人公大都少年老成，比如项橐七岁为孔子师，是幼而敏慧；甘罗十二岁成功游说诸侯，极富政治谋略；孔融四岁让梨，无私礼让；司马光七岁砸缸，“凛然如成人”（《宋史》）。

史书中的孩子大都聪颖早慧，知书达理，勇猛决断，少有天真烂漫的记载。不过，“常事不书”曾是早期史家的记录原则，后来的史官大概也受此观念影响吧。

然而有趣的是，在服饰文化尤其是发式上，古代儿童和成人却是泾渭分明，绝不含糊，因为发式直接关联着角色，似乎也关联着社会地位。

古代婴儿出生满三月剪发，《礼记·内则》：“三月之末，择日剪发为鬌，男角女羁。”“鬌”（duǒ），是指剪后留下的头发，男婴仅在额头上留一小撮，是为“角”，传统《戏婴图》里还经常见到这种发式。女孩儿也在头顶留发，不过发式不是一撮，而是一纵一横，相交通达，这种发式类似马络头，故叫“羁”。

稍大一点儿，头发渐多，遂将头发集束于顶，左右分路，编成两个小髻，形状像牛角，故称“总角”。《诗经·卫风·氓》：“总角之宴，言笑晏晏。”说的就是两小无猜、欢乐嬉戏的儿童时期。头发编成两“角”后，还有部分编不进去，或有意不编进去，自然下垂，这就是“垂髫”。古人常说的“黄发垂髫”，就分别指老人和未成年的小孩儿。

宋苏汉臣《秋庭戏婴图》局部。图中一对男女小儿围立在花凳旁，小的额头留一“角”头发，大的则梳“总角”，正聚精会神地玩着“枣磨”游戏：将两颗枣子分别插在一根竹棒两端，又用三根竹签支起另一个被削掉一半、露出枣核的枣子，将竹棒横立在枣核之上转动，比赛谁转的时间长。

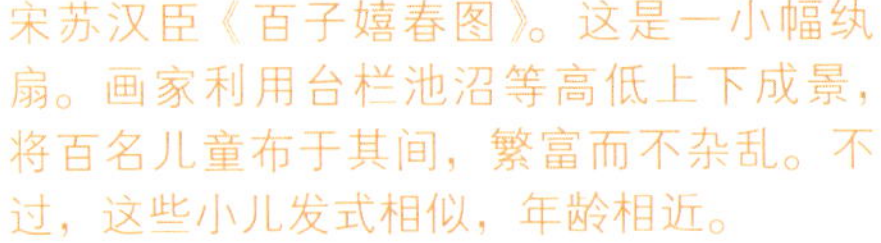

宋苏汉臣《百子嬉春图》。这是一小幅纨扇。画家利用台栏池沼等高低上下成景，将百名儿童布于其间，繁富而不杂乱。不过，这些小儿发式相似，年龄相近。

宋苏汉臣《冬日戏婴图》局部。姐弟二人在冬日庭院中玩耍。姐姐梳着“三搭头”，手握一根色彩斑斓的小旗，弟弟则用细红绳牵一根孔雀羽，正逗弄一只黑尾白猫，他的脑袋顶上，大约就是“葡萄串儿”。

除了总角，唐宋以后还有将幼儿头发编成十个小髻，每髻扎个穗带儿。幼儿头不大，发不多，髻却不少，还带着穗儿，就很显眼，满头像是顶着葡萄串儿，故称“蒲桃（葡萄）髻”。葡萄果实成串多粒，寓意多子多福，岁（穗）岁（穗）平安，还是满喜气的。这种头型梳着麻烦，可寓意好，人们也乐此不疲。

除此以外，还可将顶发留成三堆，正额一堆，左右囟门各一堆，叫“三搭头”；或者把总角改成小辫，头顶其他头发都剃去，像蜗牛顶着两根天线；或也将四围头发剃去，就留一根朝天辫，有的将这朝天辫下弯成圆弧形，这样的发式远看像带把儿的马桶盖儿，古人把马桶叫杩（mà）子，故这头型就被谑称“杩子盖”。

等大一点儿，长到十岁左右，发式就又要变了，不再剃发。男孩把头发合为一髻，竖于头顶；女孩则编成俩小髻，左右各一，形状如“丫”。

唐代刘禹锡有诗：“花面丫头十三四，春来绰约向人时。”（《寄赠小樊》）“丫头”，后来就成为这个年龄段女子的代称。《红楼梦》里，端茶倒水的小丫鬟被称为“丫头”。而贾母管王熙凤也叫“凤丫头”，这“丫头”就是长辈对年轻女性晚辈的昵称。所以说，《红楼梦》里的大观园就是个青春王国，里面的女孩儿们大都是十几岁的小丫头，这昵称如今在北方一些地方还在用，却与发式无关了。

其实，“丫”髻也是发式泛称，花样也很多，有作鹿茸状的，有长条形附于两鬓的，也有垂直于两耳的。等女子年十五，到了婚配的年龄，行“及笄”之礼，即头上要插簪子了，这就标志女子进入成年，发式也进入一个新的系统。

儿童发式与贵老传统

中原农耕文化有贵“老”卑“幼”的传统，这和游牧民族正相反，如史书常说“匈奴俗贱老”，其实更准确地说是“贵壮贱老”。如《史记》说匈奴“壮者食肥美，老者食其余”。《旧唐书》说契丹习俗：“母拜于子，子倨于父，出入皆少者在前，老者居其后。”等等。

之所以有这个差别，原因也很简单。游牧民族多生活在草地山林间，跋山涉水、游牧狩猎都是强体力活，老弱妇孺皆力不能及，青壮年是养家的主力，故有此倾向。而汉民族主要以农业立足，经验很重要，如何平整土地，如何播种施肥，如何识天时用地利，以及抗旱排涝、制作农具等，都需要长辈言传身教，积累经验。而经验的积累和年龄成正比，所以，中国传统文化就有贵老的习俗，青壮尚不足以立身，更何况小儿乎？

因此，传统社会中，儿童、孩子、子、童、幼等称谓不仅指年龄小，还强调社会地位，即相对父母或地位高的人，他们永远是“晚辈小子”，是要服从权威，接受训管的。这是一种成人甚至老人宰制的社会秩序，发式的要求也有意无意间强化了这一身份特征。

长袖善舞

古代服饰讲究宽袍大袖，从实用角度看，这样的服饰既费布，又不便，有时睡觉都碍事。《汉书·佞幸传》记载汉哀帝刘欣与男宠董贤同寝，哀帝醒来欲起身，但衣袖压在董贤身下。哀帝不忍惊动，遂拔刀断袖。

宽袖大袍的流行风

衣袖多用块布，累赘多余，自然不是为割断的，而是觉得美，是一种时尚，有时候，流行的服饰是没啥道理可讲的。而这样的流行风也常常由帝王贵族引领，汉代有童谣：

> 城中好高髻，四方高一尺；城中好广眉，四方且半额；城中好大袖，四方全匹帛。

这里的“城中”自然指的是长安城这样的帝都。上有所好，下必从之。所以，高达一尺的发髻、夸张的宽眉、需要匹布才能制成的宽大长袖，都是跟随流行时尚的产物。

对于大多数人而言，日常服饰衣袖虽没有童谣里说的那么夸张，但也只是程度的差异。如此，就要开发一下其他功能。比如用长袖作毛巾手帕擦汗拭泪。辛弃疾有词云："倩何人，唤取红巾翠袖，揾英雄泪。"中国人情感表达主含蓄，人前流泪多少有些不好意思，长袖当手帕，还能同时做些遮挡，也不错。屈原"长太息以掩涕兮"，白居易《琵琶行》"满座重闻皆掩泣"，说的都是这种情景。

今天衣服大多瘦口短袖，但仍有人喜欢拽过衣袖来拭泪擦眼抹汗，大概都是历史传递下来的习俗惯性。"拭目以待"也是沿用至今的成语。

成语是汉语言的一大特点，出处大体有二：或从典故中提炼，或从民间用语中总结，究其实，都脱不开生活。战国时，晏子使楚，楚王见其短小，羞辱道："齐无人耶？使子为使？"晏子对曰："齐之临淄三百闾，张袂成阴，挥汗成雨，比肩接踵而在，何为无人？"袂，即衣袖，楚王嘲笑齐国人少，竟派遣了晏子这么个小个子来。晏子反驳说，哪里是没人，单单齐国都临淄，人就多了去了，街上摩肩接踵，挥汗成雨，举起袖子可以遮天蔽日。从古人的服饰特点看，晏子之言虽有夸张，但也大体有本，后来"张袂成阴"也变成一国繁荣的代称。

春秋时楚穆王联合陈、郑、蔡三国攻宋，宋昭公投降受辱。穆王死后，楚庄王即位。一次，他的军队要征伐别国，遣使臣到宋，请求借道而过。宋国还记着原先受降羞辱之事，二话不说就杀了使臣。楚庄王闻听，大怒，遂"投袂而起"，集结军队攻打宋国。“投袂而起”后来即表决断之快速，行动之敏捷。

其他如“袖手旁观”“拂袖而去”等成语，也都是基于古代长袖的服饰特点。举手投足，是人们表情达意的态势语。长袖是手臂的延伸，自然加强了情绪的表达。“袖手”是漠不关心，“拂袖”是不悦，“联袂”是协同合作，“挽袖”自然就跃跃欲试了。

长袖善舞中的悲欢

长袖的表情作用在古代舞蹈艺术里发挥到了极致。《韩非子·五蠹》引鄙谚曰：“长袖善舞，多钱善贾。”意思是有所凭借则易成功，可见战国末长袖舞就已是非常盛行的。

从汉代留下的大量彩绘舞俑和玉舞人看，舞者一袭长裙将全身包裹，线条简洁，长袖扬举，与身体形成张力。当时赋家描述袖舞的动作，用了非常多的词汇：扬袖、奋袖、振袖、挥袂、拂袖、挽袖、抗袖、拽袖、揄袖。描述其表演的效果，则说：“袖如素霓”“袖如回雪”“罗衣从风，长袖交横”。长袖凌空飘

汉代木舞俑，武威市磨嘴子汉墓出土。木俑以黑、红色彩绘五官和衣服领缘，作舞蹈状，整个造型都是写意式的。

东汉许阿瞿墓画像石，南阳汉画馆藏。墓主许阿瞿年五岁夭折，家人极为悲伤。墓中画像是对其地下幸福生活的想象和祈愿：他跽坐于榻席之上，面前有幼童，或托木鸟，或牵引木鸠玩耍；下方则有百戏，长袖细腰舞女居中，正足踏盘鼓，挥袖起舞。

忽，若烟起虹飞，游龙登云，舞姿轻盈舒展，是充满神韵的。

据史载，汉高祖刘邦宠幸的戚夫人即“善为翘袖折腰之舞”。“翘袖折腰之舞”是怎样的舞姿？人们曾百思不得其解。后来在河南南阳和山东曲阜的汉画像石中发现了这一舞姿，被认为是当时“楚舞”的代表。河南南阳画像石上是两个细腰的舞女，甩动长袖折腰而舞。但她们不是向后折腰，而是向右侧弯折，同时两袖向左侧甩动，呈现翘袖的姿态。山东曲阜画像石上同样是女子双人舞，舞者束高髻，上襦下裙，长袖细腰，其中一个正向右侧身折腰，向右扬甩袖，甩袖的姿态与河南南阳画像石稍有不同。由此可见，“翘袖折腰之舞”舞姿有些定式，但也是形式多样的。

戚夫人因长袖舞而被刘邦宠幸，刘邦甚至曾欲废太子而立戚夫人之子，但没能成功。史书记载，得知这一消息，戚夫人愁泣，刘邦也觉无奈，遂谓戚夫人曰：“为我楚舞，吾为若楚歌。”歌曰：“鸿鹄高飞，一举千里。羽翮已就，横绝四海。横绝四海，当可奈何！虽有矰缴，尚安所施！”歌数阕，戚夫人嘘唏流涕。可见，即便居上位，亦不能随心所欲，乐舞歌诗，倒是可聊以慰藉的。

戚夫人和汉高祖如此浓情蜜意，自然遭到吕后妒恨。所以，《史记》载汉高祖死后不久，吕后即将戚夫人幽禁于永巷，“断其手足，去眼、煇耳（以药熏致耳聋），饮瘖药（致哑的药），使居侧（厕）中，命曰‘人彘’”。长袖善舞的美妙和舞者结局的惨烈，折射出世事的复杂、人性的残恶，令人唏嘘。

此后，舞袖逐渐变长变宽，渐渐融入到唱、念、做、打的传统戏曲中，即为“水袖”。水袖最初叫水衣，因长袖舞动若水波荡漾，遂得名，成为极富特色的抒情道具。

舞动水袖讲究“三节六合”。所谓“三节”即梢节、中节、

汉代舞乐图画像石，南阳汉画馆藏。舞女左手将长袖盘收于手中，右手奋力一挥，长袖便飘飞起来，若行云流水。

根节。以上肢说，三节分别是手、肘、肩；以下肢说，则为脚、膝、胯；以整个人体来说，则为头、腰、脚。舞动时，梢节起，中节随，根节追。而“六合”分“外三合”即手与脚合、肘与膝合、肩与胯合，以及“内三合”即心与意合、意与气合、气与神合，都是强调身心的协调浑融。

长袖善舞，将身体动作和长袖服饰巧妙结合，通过技法和身体的表情，呈现“行云流水”的美感。脱开实用，达到极致，自然就是艺术了。

葱绿配桃红

服装的设计，除了材质、款式外，要考虑的，还有色彩搭配。

古代配色有正色、间（杂）色之说。正色指黑、白、黄、赤、青五色，间色则由正色混合而成。一般而言，古人重正色轻间色，正色多用于上衣，间色用于下裳；正色用于表，间色用于里。然而事实上，传统服饰色彩韵味恰恰体现在间色的丰富以及正色、间色的巧妙搭配上。

作家张爱玲曾说：

> 我不喜欢壮烈，我是喜欢悲壮，更喜欢苍凉。壮烈只有力，没有美，似乎缺乏人性。悲壮则如大红大绿的配色，是一种强烈的对照。但它的刺激性还是大于启发性。苍凉之所以有更深长的回味，就因为它像葱绿配桃红，是一种参差的对照。（《自己的文章》）

葱绿是浅而微黄的绿色，桃红色如桃花，按色系是介于大红和银红间的浅粉，都属于间色。注重色彩的参差对照，有过渡，不生硬，似乎正是中国传统的美学趣味。

大观园中的色彩艺术

曹雪芹是调色大家，《红楼梦》凡说到人物服饰，多强调色彩搭配，也常常和人物身份、性格相匹配。红和绿就是其中两大色系。红有大红、银红、桃红、海棠红、水红、石榴红、猩红、杨妃色、荔色等，其中大红最多。明末宋应星《天工开物·彰施》谈其染色工艺："其质红花饼一味，用乌梅水煎出。又用碱水澄数次，或稻稿灰代碱，功用亦同。澄得多次，色则鲜甚。"

大红鲜艳抢眼，为正色，多为宝玉、凤姐等身份的人的穿着。如宝玉出场：

> 头上戴着束发嵌宝紫金冠，齐眉勒着二龙抢珠金抹额，穿一件二色金百蝶穿花大红箭袖，束着五彩丝攒花结长穗宫绦，外罩石青起花八团倭缎排穗褂，蹬着青缎粉底小朝靴。

汉代绢底平绣人像，甘肃省博物馆藏。红色绢底用绛、浅绿、浅黄、黑色丝线平绣二人像，作对话状。

青春耀目，富贵逼人。王熙凤出场也是彩绣辉煌：

> 头上戴着金丝八宝攒珠髻，绾着朝阳五凤挂珠钗，

项上戴着赤金盘螭璎珞圈，裙边系着豆绿宫绦，双衡比目玫瑰佩，身上穿着缕金百蝶穿花大红洋缎窄褃袄，外罩五彩刻丝石青银鼠褂，下着翡翠撒花洋绉裙。

薛宝钗含蓄低调，住在雪洞般的蘅芜苑内，一色玩器全无，穿着也是一色的半新不旧，她的“大红”就是藏着的。宝玉要看她的金锁，她解了排扣，从里面大红袄上，将那珠宝晶莹、黄金灿烂的璎珞掏将出来。

绿色也丰富，有油绿，即有光泽的深绿色，《红楼梦》第四十五回宝玉“膝下露出油绿绸撒花裤子，底下是掐金满绣的绵纱袜子”；有秋香绿，是浅橄榄色，偏棕黄，第八回宝玉“身上穿着秋香色立蟒白狐腋箭袖，系着五色蝴蝶鸾绦”。此外，还有碧玉、翡翠、豆绿、葱黄、水绿、松花色等。上文王熙凤出场，就“下着翡翠撒花洋绉裙”。

大观园生活着的是一群十多岁的少男少女，绿色常与红色呼应，怡红快绿，自有一番活泼明媚。第七十回说到清晨方醒，宝玉听到外间房内咭咭呱呱，笑声不断。袭人因笑说：“你快出去解救，晴雯和麝月两个人按住温都里那膈肢呢。”宝玉听了忙出来瞧，只见“晴雯只穿葱绿杭绸小袄，红小衣红睡鞋，披着头发，骑在雄奴身上。麝月是红绫抹胸，披着一身旧衣，在那里抓雄奴的肋肢。雄奴却仰在炕上，穿着撒花紧身儿，红裤绿袜，两脚乱蹬，笑的喘不过气来”。

配色的讲究

蒋勋说：华人传统的配色学，不一定是互补，而常常是对比。(《微尘众：红楼梦小人物2》)恰好《红楼梦》第三十五回有段围绕配色的对话。宝玉让莺儿编结系汗巾的络子，莺儿问得汗巾是大红色，便道：“大红的须是黑络子才好看的，或是石青的才压的住颜色。”大红与黑色，是传统中最稳重大气的色调搭配。宝玉又问：“松花色配什么？”莺儿道：“松花配桃红。”松花绿是松树花粉般的嫩黄，桃红明度很高，两者配搭，充满喜气又活泼，民间的庙宇彩绘、传统戏曲服饰，都常有这种配色。《西厢记》里小生一身松花绿的袍子，一掀袍角，就亮出耀眼的桃红襟里。故宝玉听了会心笑道：“这才娇艳。”随后他又出难题：“再要雅淡之中带些娇艳。”娇艳抢眼，而雅淡强调优雅、含蓄，如何配色才能把二者调和呢？莺儿答道：“葱绿柳黄是我最爱的。”葱绿和柳黄都是调和的间色，均含有不同层次的黄与绿，二者就

明唐寅《王蜀宫妓图》局部。四位歌舞宫女正在整妆待召。衣饰设色鲜明，既有浓淡、冷暖色彩的强烈对比，又以间色过渡搭配，色调丰富协调，浓艳中透着清雅。

构成谐和的色谱。

二人正聊着，宝钗来了，建议打个络子把宝玉胸前那块玉络上。宝玉便问配个什么颜色才好？玉很不好配颜色，因为它自有一种独特的温润与光彩，装饰的色彩既要配得上这种独特，又不能抢了光芒。宝钗遂道：

> 若用杂色断然使不得，大红又犯了色，黄的又不起眼，黑的又过暗，等我想个法儿：把那金线拿来，配着黑珠儿线，一根一根地拈上，打成络子，这才好看。

黑色和金色是非常高贵的搭配，组合起来配玉是极妥当的。

中国传统服饰是有自己独特的配色美学的，旧时女孩儿都要会些绣花编织的手艺，大观园中的小姐丫头们也都如此。在刺绣和打络子的实际生活中，对色彩渐渐有了很多了解和体会，掌握了生活美学。上面这些对配色的讨论都属于日常闲话，却让人叹赏，所以，美的观念倒未必是读书才可以得来的。

色彩对照的古今口味

传统配色讲究色彩间参差对照的美，但这对照也不是件简单的事情。民间常有“红配绿，赛狗屁”“红配紫，一泡屎”，就是说的失败的配色。色彩层次那么多，很多都要凭眼睛判断，假如没有点儿经验美学，随便弄个红绿就披上，觉得传统、古典，其实是把传统、古典糟蹋了。

进入现代社会，人们的审美观念发生变化，有些流行的配色反倒要有意与传统色彩搭配习惯相区别。比如近几年在家居服饰界流行的莫兰迪色，就很符合现代人的口味。

莫兰迪色系大都是一些低饱和度的色彩，也就是在原色里都加入一定比例的灰白色调，让所有色调都有一种很柔和的感觉。随便从中拎出几个颜色放在一起，不管它们原是互补色、对比色还是相近色，都不会觉得抢眼，反而很舒服，让人感到一种平和自然、舒缓雅致，是一种静态的和谐美。

此色系为意大利画家莫兰迪所创，他的油画大都呈淡淡的色调，所画的也都是极其有限而简单的生活用具，比如杯子、盘子、瓶子、盒子、罐子以及普通的生活场景。他以单纯、简洁的方式营造和谐的气氛，颇耐回味。

据说，莫兰迪一生未婚，甚至没有谈过恋爱，也不喜外出旅游，大概最远就出过一次国，到过瑞典。因此，人们也把他创制的这个色系称作性冷淡色。现代人的生活太过热闹和喧嚣，“冷”与“淡”，宁静与简洁，也是一种心理需求吧。

君子无故，玉不去身

在各种服装配饰中，玉饰是最具中国特色的。春秋战国玉器中，装饰品就占了百分之七十以上。倒不是因为只有中国产玉或玉质乃至工艺最好，实在是因为中华民族自古就对玉石充满敬意，把玉升华为精神力量，特别是道德力量的高度，即所谓玉有“五德”，因此，“君子无故，玉不去身”。

何谓“五德”？汉儒做了非常多的解释，东汉许慎《说文解字》里面的说法最有名。他在释“玉”时说，玉是“石之美”，有仁、义、智、勇、絜（jié）五种美好品德。原文是这样说的：

玉钺及局部图，浙江良渚文化遗址出土。钺是武器，玉钺则是礼器，是军事权威的象征。

玉琮及局部图，浙江良渚文化遗址出土。其神人兽面的图案表明，拥有这件玉器，就有通天的神力。

> 润泽以温，仁之方也；䚡理自外，可以知中，义之方也；其声舒扬，专以远闻，智之方也；不挠而折，勇之方也；锐廉而不忮，絜之方也。

这些说法都是根据玉石材质的特点引申发挥出来的。那么，玉是怎样和“德”挂钩的呢？

许慎认为，玉质地细密温润，有“仁”德。“仁”，中国古代一种含义极广的道德范畴，是一种至高至美的德行，孝、弟（悌）、忠、恕、礼、智、勇、恭、宽、信、敏、惠等诸多美好德行都可涵盖在内，而玉就是这诸多美好的凝聚和象征。

玉出于山，本是一种天然矿石，其质密、细腻、温润为一般石头所无，此即“石之美”，为大美，近乎仁。过去民间有一种鉴别玉石真假的方法，即滴水法，将一滴水滴在玉上，如果成露珠状，久不散者是真玉。或以手触摸，若有冰凉润滑之感即为真。

这些方法都是利用玉的上述特点，因为材质细密，所以水滴、手的温度很难渗入，杂质污物自然也难以浸入，故西汉大儒董仲舒就赞叹玉有至美而不为污秽所染，是“仁而至清洁也”（《春秋繁露》）。成语“冰清玉洁”也是从这个角度说的。

玉质地通透，纹理清晰，表里一致，有“义”德。“义”本指合乎正义或公益的品德。儒家所推崇的孝、悌、忠、恕等诸多品德，很多都发生在具体的伦理关系中，比如父子、夫妇、君臣、兄弟、朋友，有些则是强调自我反省、修身，但“义”却没有这么多限制，在特定情况下，可以为了某种更高的、更具有人情味的价值和目标而抛开这些伦理约束，如身体发肤，不可随意毁弃，此为孝，但可“舍生（身）取义”。

关羽一心追随刘备，是“忠”，可他在华容道上私放曹操，却违背了“忠”而遵从“义”，只为报答自己落难时曹操的知遇之恩。因此，“义”的行为原则更通透少窒碍，遵从的是内心的情感，更少功利性的计较，故可行于天下。

而“通透”也正是玉的特点。古今鉴玉都要看其是否“透”。将玉对着光亮处观察，颜色通透、色泽花纹自然者为佳。即便内有瑕秽，必见之于外，可由外知中，真属于坦荡荡的君子。董仲舒甚至进一步发挥，认为玉“至清而不蔽其恶”，君子比德，也当不隐其短，不知则问，不能则学。

玉有“智”。智指的是智慧、聪敏、明智，有远见卓识。古人认为玉石音声舒畅清扬以传远，就是“智”的特征。这里大概用了“通感”的手法，借助联想，以感觉写感觉，把抽象的品

汉代玉蝉，甘肃省博物馆藏。玉蝉头中部凸起，下有穿孔，用于系挂，为佩玉。其玉质晶莹，造型逼真。

德转换成可以耳闻的音声来描述了。优质的玉音声清越传远，悦耳动听。

明代沈德符《万历野获编》记载，明代官员朝会都要戴玉佩，悬于腰带两侧，百官在殿阶间行走，玉佩相撞，“声韵甚美”。这些佩饰应当都是玉组佩，由多个小玉坠、玉片串结而成，迈步行走，玉片、玉坠轻轻碰撞，音声清脆，故这些玉组佩又称“玉叮当”。

不过，叮当叮当也有了麻烦，嘉靖初年，大臣谢敏行手捧皇帝宝玺靠近皇上时，玉佩竟然和皇上的玉佩纠缠在一起，多亏中官帮忙才解开。谢敏行惶恐伏罪，好在嘉靖皇帝没有怪罪，但自此规定以后上朝，大臣的佩玉要用香囊包起来。

玉有“勇”德。玉硬度高，虽折不挠，宁碎不弯，是为勇，这比较好理解。

此外，玉有“絜”德。许慎说玉“锐廉而不忮，絜之方也”，这句话最不好理解。“锐廉而不忮”是说玉断口有棱却不锐利伤人；“絜”古同“洁”，有人认为是指玉的洁净、洁白，可整句话看下来也说不通。其实，这里关键是对“絜”怎么理解。

“絜”字还有一个意思，读xié，指的是用线绳来量取树干竹筒等柱状物的粗细，这里取其圆转之义。玉有“絜”德，是说玉若碎有断口，有棱却不锐利伤人，强调其圆通内敛。儒家一贯强调要修己恕人，反省自身，不轻易迁怒于外，这或许就是孔子所说的“君子求诸己，小人求诸人”。

上述解释都是从“物”的自然特性出发，然而落脚点却不是矿物学的，而是加以比附发挥，上升到伦理道德高度。汉代儒家学者在思想上聚焦于社会伦理和政治秩序，以这样的视角，一切外“物”均可转化为象征，由此，围绕名物就形成一套完整的解释系统，物的存在和价值正取决于此。玉既有五德，那君子就可“比德于玉”，以此涵养身心了。

玉有仁、义、智、勇、絜五德，未必人人能讲得清，但无论怎样，玉非玉、玉有德这一观念却深入人心，它使得玉摆脱了物质属性，终成一种独特的精神力量。

如今人们佩戴玉镯，称其为“腕上的风情”，项间挂玉坠，耳畔垂玉饰，感其摇曳多姿，假如没有玉文化做底子，终显得轻飘无根吧。

服　妖

按照中国传统观念，衣冠佩饰关系着等级身份，乃至人伦风俗，所以有诸多条框规矩，一个人穿什么、怎么穿，其实都是很不自由的。然而，求新求异是人的本性，在日日不可或缺的服饰上更是如此，因此，穿着打扮虽有常规，变化也是常态。

不过，对于一些出离常规的穿着打扮，古人有“服妖”之说。叫“妖”，这事儿就比较严重了。

失常即为“妖”

所谓“妖”，自然指事物违反一般常态，即所谓“地反物为妖”（《左传》）。古人认为，无论天地星辰人畜，凡见异常，均可称“妖”。比如女变男、男变女，人身生毛或头生角，人有畸形或异形，人死复生，人食人等即人妖；家畜家禽出现怪异反常形态或行为，如犬、马、鸡生角，犬与猪交，猪入居室，牛生五足，雄鸡自断其尾，雌鸡化为雄等，即犬妖、豕妖、牛妖、马妖、鸡妖。此外，还有火妖、草妖，就连话说得不对头了，也可称妖，即所谓诗妖、妖言等。而社会上若出现身份错置、性别颠倒之类的奇装异服，就是服妖了。

假如“妖”只被认为是某种反常也就罢了，可古人认为，各种反常现象都非同一般，不可忽视，只因“妖”相常常都是厄运、败势、动乱的征兆。

汉桓帝元嘉年间，京都妇女突然刮起一股奇怪的时尚风，“愁眉、啼妆、堕马髻、折腰步、龋齿笑”。所谓愁眉，是把眉毛修得细而曲折；啼妆，在眼睛下方涂脂，好像哭泣一样；堕马髻，把头发松松地挽向一侧，像要随时坠落的样子；折腰步，是指摆动腰肢，扭捏而行，好像腿足无法支撑身体；龋齿笑，是指笑的时候好像牙痛一样，显得不快乐。

据说引领这一怪异时尚的是一名叫孙寿的女子，此人貌美，乃当时的大将军梁冀之妻。这梁冀身份非同一般，出身世家大族，其妹嫁给汉顺帝做了皇后，属于典型的外戚权臣，位高势盛，不可一世。顺帝驾崩后，两岁的太子刘炳登基，是为汉冲帝，顺帝的皇后梁氏被尊为皇太后，梁冀开始把持朝政。冲帝即位不到半年就死了，遂又立质帝。汉质帝年幼却早慧，曾暗对群臣说梁冀是“跋扈将军也”，梁冀耳闻此话，大为不满，遂将质帝毒杀，另立新君桓帝。汉桓帝即位时仅十余岁，梁冀仍当权。十余年后，汉桓帝终于找到机会把梁家诛杀九族。

梁家覆亡后，坊间议论纷纷，均认为，此前梁妻孙寿引发的怪异时尚正是家族厄运的预兆，为典型的“服妖”。

妖由人兴

古人讲究天人感应，各种外物的变化都和人事密切相关，妖相归根结底是人有问题，所谓人失常则妖兴。《左传·宣公十五年》云：“天反时为灾，地反物为妖，民反德为乱，乱则妖灾生。”服饰的改变，小则关涉个人命运起伏，大则连着国运兴衰，是要保有警惕的。《汉书·五行志》云：“风俗狂慢，变节易度，则为剽轻奇怪之服，故有服妖。”翻阅中国史书，“二十四史”中多有“五行志”，其中就讲了很多“服妖”的事件。

南宋后期世事多变，出现各种“奇装异服”。比如女子束身的对襟衫子不施纽带，穿着时两襟微开，露出里衣和长长的粉颈，时称“不制衿”。南宋人本喜欢轻薄的纱罗，“薄纱衫子轻笼玉，削玉身材瘦怯风”（赵长卿《鹧鸪天》）。外衣轻飘微敞，作为内衣的抹胸就露出来，抹胸上方开口很低，显得风流妩媚。此风出于宫掖，很快即流遍全国，遂被指为“服妖”，后来也没听说什么事变与此相关。（岳珂《桯史》卷五“宣和服妖”条）

五代至唐宋，妇女都流行簪花，遇到喜庆节日男女老幼一律戴花，而戴什么花大都随着节令来，比如五月五日是端阳，戴茉莉；九月九日重阳，插茱萸、簪菊花。春戴桃杏牡丹，夏戴石榴花，冬天怎么办？幸好还有梅花呢！朱敦儒就说：“玉楼金阙慵归去，且插梅花醉洛阳。”鲜花都是应着季节开的，所以，按节令簪花实在是又自然又方便。

唐敦煌壁画《乐廷瓌夫人行香图》局部。进香的贵妇和众侍婢面目姣好，乌发蛾眉，发式各异，但多以簪花为饰。

但北宋靖康年初，京师妇女流行花冠，这花冠上的花“皆备四时”，意思是把一年四季的花都戴在头上，当季的鲜花采来就好了，反季花自然是假花，是用罗绢通草、金玉玳瑁做的。一时间，桃花、杏花、荷花、菊花、茶花、梅花，皆顶在头上，并成一景，这花冠就称为“一年景”。

然而，这“一年景”虽好看却不是个好兆头。靖康（1126年9月—1127年4月）是宋钦宗的第一个年号，也是北宋的最后一个年号。北宋使用靖康这个年号一共两年。但实际算下来，从头年九月到来年四月北宋被金所灭，还不到一年时间。

陆游《老学庵笔记》记录了这一服饰变化，认为这“一年景”即预示靖康年号只维持一年时间，“靖康纪元，果止一年，盖服妖也”。

明清以后商业发达，服妖现象就更多了。清末民初李岳瑞著有笔记小说《春冰室野乘》，说自光绪中叶以来，京城的王公贵族“皆好作乞丐装”。他亲眼见一少年面色黧黑，光着膀子，下身仅着一“犊鼻裤”（一种有裆的肥大短裤，形似犊鼻），长不及膝，且破烂污秽不堪，几乎挡不住私处。脚下蹬一双破旧的草鞋，大家都以为是乞丐。

可谁承想，此人身边还跟有一群侍从，其中竟有“戴三品冠者”。后来洗了一把脸，这人又现出真面目——“白如冠玉”，原来此人居然是某王府的贝勒爷。他煤灰涂面，正是时髦的“烟灰妆”，当时称为“时世妆”，是京城贵人中广为流行的打扮。

此后不久，即爆发庚子之乱，几十万号称刀枪不入的义和团团员围攻各国使馆，不久，八国联军攻占北京，慈禧太后弃都而逃。次年，李鸿章被迫与各国签订耻辱的《辛丑条约》，赔偿白银四亿五千万两，分三十九年付清，是为历史上有名的庚子赔款。身经庚子之乱的李岳瑞不禁感叹，这“时世妆”乃“服妖”，实为神州陆沉之预兆。

现代人眼里也有妖服

服饰对个人而言是门面，对世态风俗而言就是风向标，在神秘主义信仰的时代，“服妖”就成为世事兴衰成败的一种解释。

服饰本有两大功能，遮体避寒、个性审美，如果加上“服妖”的说法，就是第三大功能了。

二十世纪八十年代，年轻人流行蛤蟆镜、喇叭裤，时人多斥为“二流子”，又流行红裙子，也多遭侧目而视，认为是世风败坏的表现。这说明，“服妖”的观念那时还多少有些影响力。

近几年，年轻人也常有穿乞丐牛仔裤的，好好的牛仔裤愣要剪出几个破洞窟窿，丝丝缕缕，露着白肉，引得人们不免多看两眼。不过，见的多了，也就没人感兴趣了。

据说，这乞丐牛仔裤并不是拿刀子划几道口子那么简单，要出效果，需要增加很多工序，是极为费工费料的，所以，从环保的角度而言，这流行趋势不跟也罢。

不过，假如自己的牛仔裤穿破了，就势改装成这乞丐服，倒不失为好法子。自制乞丐装，DIY，才是真正的时尚又现代呢。

头 巾

头巾属于“首服”，在古代使用相当普遍，可防止男性头发散乱，也有御寒作用。

头巾最简单的戴法是用一块方形布帕蒙盖于头顶，先将两角在脑后扎紧，再将前面两角绕到颅后扎紧。头巾一般裁成方形，长宽和布幅相同，故又称幅巾。古代织机幅窄，汉代仅二尺二寸，折合今尺，不过五十厘米，如此扎法，也就勉强包头吧。

后来头巾有很多变体，但无论怎样，简洁、实用都是其根本特点。直到今天，一些男子，尤其是搞艺术的还喜欢扎头巾，头巾花色也多，显得很时尚，这当然是出于审美了。

黔首和苍头

扎巾习俗出现最迟不晚于商周。据周礼，士以上的贵族需戴冠，根据身份级别，冠也有不同，但平民百姓则裹头巾。普通百姓大概多用黑巾，故称为“黔首”，黔，即黑。或称为“黎民”，也是和头巾有关。《说文解字》“黑”部：“黔，黎也，从黑，今声。秦谓民为黔首，谓黑色也，周谓之黎民。”

春秋战国时期，为了齐整，兵士统一用青巾裹头，称“苍头”。史书里说某国君有“苍头”二十万，说的就是有二十万士兵。由于这些兵士出身大都是奴隶、庶民，后来就用苍头指称百姓。

直到汉代，头巾还是庶民、农夫的常服，观其穿着打扮即可辨识身份。东汉时长安城附近有个叫韩康的隐士，隐遁于霸陵山中，以采药卖药为生。他卖药近三十年，口不二价，声望颇高，名声就传到宫里。汉桓帝遂派人备下高礼，安车蒲轮诚招其入朝做官。当地官吏得知，赶紧组织人力、畜力筑路修桥，以便让他顺利通行。

哪知韩康无意仕途，假意答应，但辞公车不坐，自驾牛车逃遁。半路上恰好遇到亭长征牛修路，见韩康头戴幅巾，以为农夫，遂拦下，要征了他的牛去。不过韩康倒并不在意，自己亲自把牛解了下来。不久使者到，众人才知实情。不过最终，韩康还是中途逃遁，得以寿终。后来，韩康入《高士传》，“柴车幅巾”也成为作风简朴、有隐士之风的代名词。

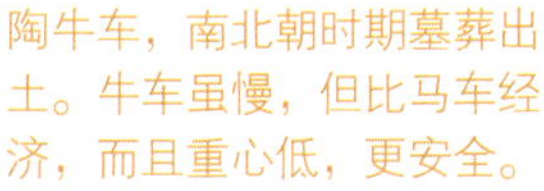

陶牛车，南北朝时期墓葬出土。牛车虽慢，但比马车经济，而且重心低，更安全。

人心返璞归真

东汉末期，扎头巾的身份就开始发生改变了，文人士子、达官贵人都开始用它来束发，甚至朝会宴饮等隆重场合也不例外。究其原因，主要是汉末社会动荡，传统儒家礼教管制力度松散，士大夫阶层普遍对虚饰的礼制规矩产生厌倦，老庄思想影响越来越大，文人士子崇尚扎巾的轻便自然，视戴冠为累赘，于是，幅巾就上上下下流行开来，扎巾也变为落拓不羁、放浪形骸的表征。

南京南朝墓曾出土有名的壁画砖《竹林七贤与荣启期》，共绘八人，一人散发，三人梳髻，另四人扎巾，没有戴冠的。

在中国古代，服饰的创制、改变和流行一般都是自上而下的，所谓“楚王好细腰，宫中多饿死”，上有所好，下必甚焉。但男子头巾却正好相反，这反映了人心返璞归真的一面，也是服饰求便利、实用的自然表现。

头巾的材质

头巾材质丰富，植物纤维、丝带编织都可。还有一种白鹭巾，据说原料最初来自白鹭翅膀上的长羽，后来大概鹭羽不易得，就用白色织物取代。材质不同，使用的季节也有差异。比如纶巾，就是用比较粗的丝带编织而成的，因此质地柔软厚实，适合冬季。

《陈书》记载有位叫贺德基的儒者世代传授《礼》学，很

南京南朝墓出土砖画《竹林七贤和荣启期》。画上八人，一人散发，三人梳髻，另四人扎巾，没有戴冠的。头巾充满平民趣味。东晋时代，文人潇洒自在的姿态，逐渐成为绘画主题。

有名。他少时游学于京邑，积年不归，衣资匮乏，盛冬腊月仍穿着单衣。一次他路过白马寺，一贵妇人把他叫过去，摘下自己的白纶巾送给他御寒，可见这纶巾不分男女老幼尊卑贵贱皆可以用。

还有一种头巾适合夏季戴，即葛巾。葛是一种藤本植物，利用其茎皮纤维制成布，类似粗麻布，质地坚韧，纹路疏松，最适合做夏服。据说陶渊明隐居山林，常戴的就是这种头巾。有一次，郡太守拜访他，正巧陶家米酒刚酿熟。陶遂摘下葛巾滤酒，用毕仍戴于头上，真是很放达的。

后世文人诗词里常提到“漉酒巾”，就是从这里出的典故。如唐代牟融《题孙君山亭》：“闲来欲着登山屐，醉里还披漉酒巾。”李白《戏赠郑溧阳》：“陶令日日醉，不知五柳春。素琴本无弦，漉酒用葛巾。”白居易《效陶潜》诗之十三：“口吟《归去来》，头戴漉酒巾。”等等。明代陈继儒《小窗幽记》整理了很多处世格言，其第一四七条曰：“旧无陶令酒巾，新撇张颠书草。何妨与世昏昏，只问吾心了了。”也表达了这种旷达无为的人生态度。

苏轼《念奴娇·赤壁怀古》词云：“遥想公瑾当年，小乔初嫁了，雄姿英发，羽扇纶巾，谈笑间，樯橹灰飞烟灭。”描绘了面对强敌从容镇定的风度和悠闲自若的神态。然而，这“羽扇纶巾”到底指的是诸葛亮还是周瑜，学界一直争论不休。有人说，结合上文，应该是周瑜；但也有人说，其他史料谈到诸葛亮，一般都说他乘素舆，葛巾，持白羽扇，指挥三军，不是头戴纶巾。

其实，苏轼是文学表达，大可不必以考据对之。更何况，纶巾也好，葛巾也罢，都是那时男子们的常服，可能只是使用季节略有差异。诸葛亮也可以冬天戴纶巾，夏天戴葛巾，这都不影响他的风采吧。

缠　足

缠足是中国古代妆饰陋习，残忍变态，怎么批判都不为过。

小脚一双，眼泪一缸

缠足过程极痛苦，民谚云：小脚一双，眼泪一缸。缠足是通过强力将女子两脚的跖骨脱位或骨折并将之折压在脚掌底，再用缠脚布一层层裹紧固定。自然，年龄越小脚越软越容易裹小，所以女孩儿四五岁就要裹脚了，至大不能超过七八岁，否则脚骨长硬，更痛苦。

从宋代到清末民初，裹脚习俗持续几百年，形成一些特定的技法步骤：

首先是“试缠”。将双足用热水洗净擦干，趁热将大拇趾外其余四趾尽量朝脚心拗扭，在脚趾缝间撒上明矾粉防止感染，再用长条布依次缠裹，裹好后用针线缝合固定，这一过程可持续几天到两个月。

其次“试紧”。将双足再缠，逐渐收紧，将脚趾依次勒弯，使脚向下略卷，这一过程也须数天到两月左右，此次裹脚布浆得较硬，捶去皱折，就能增加压力，更紧地缠在脚上。

第三步“裹尖”。顾名思义，是为了裹出一个小“尖”来，更“美观”，否则脚趾头挤在一起，前面是钝粗的。每次缠裹要让脚趾更多弯下去压在脚底，同时将四个蜷曲的脚趾，由脚心底下向脚后跟一一向后挪，让趾头间空出一些空间来，就不至于前面“齐头钝足”了。一直缠到小趾压在脚腰底下，第二趾压在大趾趾关节底下才可以。

“裹尖”是裹足中的“优化”步骤，让四个趾关节最大程度扭曲，因此痛苦难当。不仅如此，为了让幼女熟悉适应这种感觉，还要用针线把裹布缝紧，再将脚硬挤进尖头鞋里，然后迫其下地走动，以增加重压让关节扭曲得更厉害。这一过程常令脚趾严重扭伤甚至脱臼，皮肤瘀肿变紫，痛苦至极。因为走路，脚趾还经常长鸡眼，晚上用针挑去后接着裹紧。

白天双脚痛到寸步难行，晚上也不可拆开，还要套在睡鞋里防止挣开。双足血液淤塞，像炭火烧灼，只能把脚放在被子外，或整夜把脚贴在墙壁上取一点凉。为此，幼女常常夜半嚎哭，哭累了勉强睡着，待一早醒来，又得再解再缠得更紧。

缠足令骨断筋摧，没有女孩儿是心甘情愿的，故家长们必须“严词厉色，凌逼面端”（郑观应《盛世危言·女教篇》）。整个过程如同酷刑。

这还没完，最后还要“裹瘦”。

经过前面几个步骤，四个脚趾都已蜷回到脚掌底下，可未必熨帖，所以还要把小趾跟处的骨头尽可能贴向脚心内侧，乃至将外侧骨缠倒，足趾自然压入脚心，整个脚型就瘦削了。“裹瘦”特别着力在小趾跟部位，往往因血液循环不畅而生疮溃烂化脓。因此缠好后痛到不能走路，勉强挣扎着用脚后跟垫着走几步，坐下也痛得抽筋。早晨解开裹布，溃烂处和裹布紧紧粘连，勉强撕下来，血肉模糊，这一过程差不多得用六个月。

若还要进一步“美化”，还要“裹弯”，即把脚掌裹到下弯成弓状，也就是俗称的“裹脚面”，脚底掌心裹出一道深深凹陷，凹陷越深越好，有时能达四五厘米。

经过上述奋斗，双脚由平直拗成马蹄状，脚尖、脚跟紧靠在一起，脚弓缩得无可再缩的时候，“金莲小脚”就成功了。有时，因为错过时间或者脚型不理想，还要将竹片、碎瓷片、铜钱一并缠裹以固定脚型。

一些青楼老鸨给买来的幼女裹脚，还拿石板、石磨或洗衣服的砧板等重物压脚，更有甚者，用棒槌将脚骨打折脱臼以利于缠裹，其过程之惨烈，笔不胜记。

缠足之风如何兴起？

中国历史上怎么就出现这么变态的风俗呢？一种说法是，缠足起于五代南唐后主李煜，他有个叫窅娘的宫嫔，纤丽善舞，遂着人做金莲，高六尺，饰以宝物细带璎珞，让窅娘用帛将脚缠成纤小的新月形状，舞动于金莲花之中，其步态轻盈、优美，婀娜多姿，“回旋有凌云之态”（《南村辍耕录》）。此后人们开始效仿。不过，窅娘缠脚是为了跳舞的圆滑便利，并未折骨缠裹，和缠足还是有天壤之别的。

很多史料以及墓葬文物证实，缠足之习其实始于宋代，也并非偶然的产物。千百年来，中国妇女一直处于从属地位，未嫁从父，既嫁从夫，夫死从子，三从四德、男尊女卑等观念把妇女压在社会底层。宋代理学思想发达，形形色色的道德观念和礼教规则更是像枷锁般牢牢困住妇女手脚，女子大门不出，二门不迈，仅仅是男性的附属和玩物，裹小脚只是一个极端的

明杜堇《仕女图卷》局部，上海博物馆藏。该图卷是以宋摹五代周文矩《宫中图》卷为基础创作而成。唐代女子蹴鞠风行，且达到较高的水准。但缠足恶俗出现后，就渐渐走向没落。庭院中，几位女子围立蹴鞠，裙下伸出的，似乎已是金莲小脚。不知这些“女足”们，感觉如何？

表现罢了。

元代伊世珍的《琅嬛记》说：

吾闻圣人立女而使之不轻举也，是以裹其足，故所居不过闺阁之内，欲出则有帏车之载，是以无事于足也。

意思是，女子足不出户，即便偶尔外出也可坐车，要那双脚有什么用？那时有《女儿经》云：

为什事，裹了足？不因好看如弓曲；恐她轻走出房门，千缠万裹来拘束。

用的是三三七言的民谣形式，是为广泛传播的。

此外，缠足的大肆铺开就和封建士大夫病态的审美观密切相关了。如苏东坡《菩萨蛮（咏足）》词云："纤妙说应难，须从掌上看。"意思是金莲美不美，要托于掌心把玩才知。他制定小脚美的七个标准：瘦、小、尖、弯、香、软、正。又说小脚有"七美"：形、质、资、神、肥、软、秀。

明清时代文人更是一窝蜂地嗜好金莲小脚，甚至花高价买"抱小姐"。顾名思义，脚缠得过小乃至寸步难行，每行必须人抱。也留下许多咏小脚的浓词艳句："瘦欲无形，越看越生怜惜。""柔若无骨，愈亲愈耐抚摩。""第一娇娃，金莲最佳，看凤头一对堪夸。新荷脱瓣，月生芽，尖瘦帮柔绣满花。"

更有甚者，以妓鞋行酒。酒宴中从陪宴妓女脚上脱下一对小鞋，一只小鞋内放一杯酒，另一只小鞋放在盘子里，将盘子端到距离酒客一尺五寸的地方，由酒客们用拇指、食指和小指撮取莲子、红豆或榛松类，对准盘中小鞋投五次，根据投中多少罚酒，所罚饮的即那杯“鞋中酒”。

明代学者李渔也嗜好小脚，甚至著文立说讨论对小脚的赏玩技巧。不过，和迷恋“抱小姐”们相比，李渔自有一套鉴赏心得。在他看来，缠足最可贵的，不只是脚的尺寸，而是能否保持动作的灵活度。如果把双脚缠得过小而变为跛足，那么反而成为一种累赘（“累”）；反之，要是缠得适宜，脚虽小而仍有其功用，则既可改变步履姿态，又能凸现女性的优雅气质。（《闲情偶寄·选姿》）

李渔这些想法，无疑是相对自然主义的审美观念，对当时文人畸形的偏好不失为一种矫正。只不过，二者相比，也是五十步笑百步吧。

恋足癖与“恶之花”

有学者试图从现代生理学和心理学角度解释这一现象，认为嗜好小脚可归入性心理中的“恋足癖”。如精神分析学家弗洛伊德认为，女性的脚，尤其是在中国，是直接和性爱相关的。因为男性通过偷窥女性的脚，可以获得愉悦满足。

也有精神分析学家认为，某些男性潜意识中有“阉割恐惧”，无法进行正常性生活。为了获得性欲满足，就会寻找替代物。

还有学者认为女性的脚部和阴道一样均会发出特殊的气味，令异性产生性欲上的刺激。这一点从当时一些“金莲狂”者的自述中倒是能获得印证：初闻略带皂香，待唇舌接近后，绝似幼童苹果之颊，佳人莲藕之臂，似香非香，耐人寻思。比之为牡丹，牡丹有其艳而无其香；比之为寒梅，寒梅胜其香而逊其艳；惟莲花略似，香远益清，近嗅淡如，不冶不凡。

在现代社会，恋足癖有属于个体的动因，也是属于私人领域的性嗜好，倒也无可非议。但中国近千年的缠足习俗早就超越了这一范围，终致成为“恶之花”，这是一个时代文化思想畸形导致的。

从文化审美角度考虑，在人为和自然之间，总要找到一个平衡的区间，超过这个限度，不是畸形，就是太过荒蛮。良好的文化，都是平衡的结果。

大清入关时，曾下过一道令：旗人不许裹脚，汉人也要放足。那时，大清朝正在势头上，但势头再大、再凶，也没大过、没凶过小脚，到头来，汉人照裹不误，甚至很多旗人女子也偷偷拿裹脚布缠脚，由于年龄大，只能缠成“瓜条儿”。

思想和审美的畸形一旦成为风尚，就会紧紧钳住人们的头脑——然后裹手、裹鼻子、裹耳朵、裹舌头，这比裹脚给人带来的伤害还要大呢。

行旅

世界：想象的？行走的？

我们经常用“衣食住行”四字来概括日常生活，但对于古人而言，对衣服、饮食倾注更多心力财力，而对于出行则持有一定的消极抵触情绪。这主要是由于古代中国长期以来一直以小农经济为主，强调自给自足，文化传统是相对封闭的。

隔绝的生活态度

老子这样描绘理想社会：“安其居，乐其俗。邻国相望，鸡犬之声相闻，民至老死不相往来。”别说周游世界了，隔壁也不去。陶渊明《桃花源记》里有“与外人间隔”的桃花源，同样也表现出这种彼此隔绝的生活态度。所以，淡漠交往，畏厌出行，躲进宅居成一统，这种心理和风尚在传统社会中有很大的影响力。

最明显的就是形成中国人特有的“世界”观。当然，汉魏之前人们不说“世界”（“世界”是佛教词语，汉末随佛教的传入才开始使用），而说“天下”，是“溥天之下，莫非王土”的“天下”，也就是天底下的这个世界。这个世界是什么样子的呢？

战国时期成书的《山海经》有很详尽的描述，最具代表性。书中采用旅行记的方式，叙述各处山川地理：中心是中山，往外扩展，依次为东西南北四方之山、四方之海，海有海内、海外，四方的最边缘就是大荒，分别是大荒东、大荒西、大荒南、大荒北。然后分别记载这些地方都有何等川河物产、神怪鸟兽，又有何等异能，等等。如《南山经》：

南山经之首曰䧿山。其首曰招摇之山，临于西海之上。多桂，多金玉。有草焉，其状如韭而青华，其名曰祝馀，食之不饥。有木焉，其状如榖而黑理，其华四照，其名曰迷榖，佩之不迷。有兽焉，其状如禺而白耳，伏行人走，其名曰狌狌，食之善走。丽麂之水出焉，而西流注于海，其中多育沛，佩之无瘕疾。

又东三百里，曰堂庭之山。多棪木，多白猿，多水玉，多黄金。

又东三百八十里，曰猨翼之山。其中多怪兽，水多怪鱼。多白玉，多蝮虫，多怪蛇，多怪木，不可以上。

……

所以有人说，“山海经”之“经”，是经历之“经”，亦即山海之所“经”。（袁珂《山海经校注》）只不过所“经历”的这个世界不是脚步丈量出来，而是神游想象出来的。作者仿佛眼见身历，笔调写真，态度严肃诚恳，真诚中带着朴拙，也有些动人之处。这些出自想象的见闻，当时是作为知识传布的。

《山海经》的作者是谁？鲁迅说该书是“古之巫书”，是“巫师用的祈禳书”（《门外文谈》）。他说这类书有两个特点，一是根柢在巫，一是多含神话，是巫风炽盛、文字不发达的时代和民族的遗存。人们一般认同这个看法。

《山海经》：人类儿童时期对世界的想象

而从另一个角度看，《山海经》也可以说体现的是人类儿童时期的想象。有美国心理学家曾做过调查，63% 七岁以下美国儿童发明过想象中的玩伴，他们与“他（她）”互动，甚至郑重其事告诉大人，“他（她）”怎么怎么了，甚至打电话给“他（她）”，然后无奈叹气：“唉，他今天没空！”成年人很担心，这是孩子有幻听幻觉，或者活在幻觉里出不来吧？还是因为太寂寞了，渴望玩伴，所以才去发明创造一个“他（她）”？其实都不是。

心理学家认为，“想象同伴”不是任何心理创伤的标志，而是儿童自信到懂得用故事来组织经验的表征。这些想象为什么重要？因为我们的认知和经验间，永远存在着落差：我们知道的很多事，是无法经验的；许多切身的实在经验，又无法用理智来解释。当认知和经验兜不拢时，那就想象，讲故事，用故事来说服自己或者暂时满足自己。

这种带有一定程度“自欺”的想象似真而非真，故事和现实若即若离。故事不能太假，太假使得我们不能“进入”故事，故事就失去了帮助我们组织世界的功能；然而故事也不能太真，真到变成现实，故事就失去了流动性，故事就会僵化，不再容纳新的认知和经验。

《山海经》描绘了一个想象中的天下地理，有着这种儿童般的粗朴和稚拙。不过，这个地图日后略加发展，就成为古代中国人的世界观：我们所在的地方是世界中心，也是文明中心。大地像一个回字形，由中心向外不断延伸，第一圈是王所在的京城，第二圈则是华夏，第三圈就是荒蛮之地。地理空间越靠外延，越荒芜，住在那里的民族也就越野蛮，文明等级越低。

《礼记·王制》对这四方的荒蛮地域做过这样的解释：

> 东方曰夷，被发文身，有不火食者矣；南方曰蛮，雕题交趾，有不火食者矣；西方曰戎，被发衣皮，有不粒食者矣；北方曰狄，衣羽毛穴居，有不粒食者矣。

大意是，东夷民族披发纹身，多吃生食；南蛮则额头刻纹，两脚向里勾，也是多生食；西戎披头散发，穿兽皮，不吃谷物；北狄之民则穿禽兽羽毛，洞内穴居，也不大吃谷物。

《礼记》讲这些的时候，态度还比较宽和，说这些人和中原人不同，但各有自己的生活习惯，各安其所。但后来，这些称谓却越来越成为穷山恶水、不开化的代名词，含着地域歧视，比如春秋时期，南部的楚国就被中原各诸侯鄙夷地称作“蛮荆”，彼此有很多隔阂。

用现在的眼光看，对蛮夷戎狄的轻蔑属于典型的“地域黑”。

古人“地域黑”，情有可原。他们认知程度有限，很多知识领域都还处在蒙昧状态，不能客观对待不熟悉的人和事，加之还有氏族社会观念的遗存，“非我族类，其心必异”，所以，常常会以自我为中心，有较强的排他性。

但后来，“中国”的边界和国际环境不断变化，可遗憾的是，人们的观念却没有太大改变，反而固执于传统的中央四方的“天下”观，坚持以自我为中心的朝贡体制，觉得周围都是落后的民族，需要我们用“中央”文明去度化，这就使得中国社会一步步走入封闭的困境。

利玛窦来了，世界“变”了

上述有关世界的想象和认识、有关天朝帝国的想象就这样延续了几千年。直到四百多年前，一个来自欧洲的传教士利玛窦（Matteo Ricci）来到中国，带来一张地图《山海舆地全图》，明代的精英们才意识到，原来地球是圆的，是一个庞然世界。

地图中，中国被画在一个不起眼的角落，非但不是中央，而且看着也不大，这颇令人沮丧甚至令人不满。利玛窦感受到这种情绪，后来再绘制地图时，就把子午线从中间向西移动 170 度，中国被挪到世界中央了。

利玛窦是位耶稣会士，他把这份地图带到中国，最初也只是想取悦当时好奇的士人和官员，并非有意普及地理知识。佛教、基督教等外来宗教最初进入中国的时候，大都想尽各种取悦民众和官方的法子，以便享有更大的传教自由。

利玛窦不是地图学家，他的地图是根据欧洲人奥代理（Ortelius）的世界地图绘制出来的，所以很精确。比利时安特卫普现在还保留着当年印制奥代理地图的工厂，保存着当年出版的各种地图。

世界很大，地球是圆的，而不是一个大平盘，地球有东西半球，中国只是东半球上欧亚大陆东边的一个国家，这些常识，现在受过小学教育的人就都知道，但在明代，这是难以想象的。因此，这张有意无意中带到中国的世界地图虽然令当时的人们隐约意识到，我们中华并非那么大，也并非那么“中”，然而，从接触这些知识，到从心理上接受这些知识背后的观念，仍然是一个漫长而艰难的过程。

葛兆光先生曾写过一篇短文《古人的“世界观”》，就根据历代所绘制的《职贡图》谈及上述歧视和偏见的深远影响。

所谓《职贡图》，指的是古时外国及中国境内的少数民族上层向中国皇帝进贡的纪实图画。用大白话讲，“职贡图”就是“看外国人”，这是我国绘画史上重要的主题和传统。它一方面记录了自己周边来朝贡的不同民族和国家，另一方面也记录了中国当时的自我和周边疆域是什么样子。

最早的一幅是梁元帝萧绎所作《职贡图》，记载了三十五个国家，反映了公元 6 世纪的南朝梁代外交状况。后来有宋代李公麟《职贡图》，记载了占城、浡泥、朝鲜、女真、三佛齐、罕东、

唐阎立本《职贡图》局部，台北故宫博物院藏。画中描绘的是唐太宗时“外国”使者千里迢迢前来朝贡的情景。左边伞盖下穿长袍、手托珊瑚的是婆利国使者，右边白衣虬髯骑白马的是罗刹国使者，他们身后有仆从打伞执扇，抬着礼物。

西域、吐蕃等国。元代、明代也都有画家画职贡图，一直到清代还有苏六朋画的《诸夷职贡图》。这些职贡图一半写实，一半带着偏见，最典型的就是图像描述中有意强调四夷民族的丑陋、野蛮和怪异。

比如宋代刘克庄给李公麟《职贡图》写跋时就说，一方面，尽管有的外邦远在万里之外，李公麟所画也非随意虚构想象，至少关于日本、越南、波斯画得还是很准确的；但另一方面，他也还是把异国人想象成野蛮人，把他们的王画成下面这样。

其王或蓬首席地，或戎服踞坐，或剪发露骭，或髻丫跣行，或与群下接膝而饮（没有君臣之分，大家坐在一起喝酒），或瞑目酣醉，曲尽鄙野乞索之态（好像是很野蛮的样子）。

所以有人讽刺说，明明四夷都和你分庭抗礼了，你还是自大，说得好像仍然“万邦协和，四夷来朝”似的。

直到清代，中国人的外部接触和世界知识已经越来越多，官方的“职贡图”把西洋人也画进去了，里面所画的英、法、荷、意这些人，也比较写实，但观念还是没有变，清代仍然在想象自己是天下中央，四夷来朝，所以，“职贡图”最后也是最有名的作品，就是乾隆年间的《万国来朝图》。

这种文化上的自负和固执，使得古人失去很多认识世界的机缘。

出行宜忌

出行是大事，所以要选良辰吉日，这在古代直到近世仍是民间十分普及的风习。如何选择良辰吉日？过去用黄（皇）历，里面明确规定某日“宜出行”，某日“忌出行”。现在人们所用的日历，但凡内容详尽些的，或者比较传统的，除了标明阴阳历，也大都同时标注上述内容，只是各地习俗讲究不同，黄历里的说法也不尽一样。

比如我手头有本《香港谦和正宗通胜皇历》，略查了一下，按照农历（阴历），2016 年腊月（农历十二月）只有 7 天“宜出行”，有 5 天“忌远行”；2017 年正月（农历一月）则有 25 天注明“宜出行”，只有正月初十和正月二十二“忌出行”。所以，阿弥陀佛，幸好正月有那么多天可以出行，否则怎么串亲、访友、旅游呢？

“有限”的出行自由

看黄历再决定是否可以出行，今天看来，已经近乎玩笑了。可在神秘主义信仰的时代，生老病死、衣食住行都有各种约束和

唐敦煌45窟壁画“商人遇盗图”。出行在古代是大事，虎害、盗匪都是古人出行大患，大概因此而增加了许多出行禁忌。

禁忌，依照黄历行事确是相当严肃的事儿。

湖北云梦曾出土秦简《日书》，类似今天的黄历，里面有关行忌的内容有十四种，“不可以行”的日数超过355天，排除可能重复的行忌，全年行忌多达165日，占全年日数的近一半。假如严格按照书本行止，难免要畏首畏尾的。

《汉书·游侠传》就曾记载一个很典型的例子，说西汉末年王莽败亡时，兵祸频仍，乱兵所到之处，大家纷纷避走。有个叫张竦的人本来事先已经得知家里会遭兵祸，按理应赶紧随大家一起逃离，然而，恰逢那天是“反支日”，是当时人们忌讳出行的日子，便执意不走，最终死于乱兵刀下。史载张竦曾为京兆史，且博学通达，可见，出行宜忌对人们生活影响之深，也并不是只有文化水平低的普通老百姓才会“迷信”的。

假如恰逢良辰吉日，适合出行，古人也要做一番功课，那就是祭祀“路神”，这种仪式被称作“祖”，也叫“祖道”。

祖道作为一种出行礼仪，非常古老。《诗经・大雅》中就有两首诗记载了这一活动，《烝民》：“仲山甫出祖，四牡业业，征夫捷捷。”诗中讲到，宣王命樊侯仲山甫筑城于齐，出行前进行路祭。朱熹认为这首诗的作者卿士尹吉甫也在送行之列，故作此诗。诗中描绘车马高大，征夫精神愉快，铺叙送行场面的壮观。

又如《大雅・韩奕》：“韩侯出祖，出宿于屠。显父饯之，清酒百壶。”韩侯是周王近宗贵族，韩国国君。诗中叙述韩侯离京时朝廷卿士饯行的盛况。出行祖祭是礼制，大臣衔命出京，例由朝廷派卿士在郊外祖道饯行，这也是礼制。祖祭后出行，祭礼用清酒，所以饯行也“清酒百壶”，这仍是礼制。一切依礼制进行，又极尽宴席之丰盛。这些描写都反映出韩侯政治地位的重要及其享受的尊荣。

从后来的各种史料看，祖道仪式全程如下：先堆土台象山形，树草木为神主，叫作軷（bá），之后，用萧草、牲脂等祭品来献神，待路神享用过之后，再以车骑碾过軷坛，被称为“犯軷”，以示一路无险难。

所祈求的神灵也是有名有姓的。一种说法是黄帝之子，名累祖，因好远游，死于道路，故祀以为道神；还有一种说法是共工之子，名修，相传此人极好旅游，只要“舟车所至，足迹所达，靡不穷览”，故祀以为祖神。

仪式的心理暗示

从心理学角度看，仪式具有强烈的象征意义，其气氛庄严、程式规范、意蕴丰富，能产生心理暗示，可对心灵产生慰藉，因此，祖道仪式在某种程度上是可以缓解人们出行的紧张心理的。

祖道时，以美酒饮食奉献神灵是祈求神灵福佑，而以车骑碾过軷坛的“犯軷”行为似乎又有一定威慑的意思，这也是民间信仰的特点：对待神鬼常常恩威并施，既有请求和报谢，亦时有命令和威胁。与之相配套的，还有一系列祝辞咒语。

比如战国末期睡虎地秦简《日书》简文就记录早期祝祖仪式，有的是给神灵说好话，祝曰：“勉饮食，多投福。”好好吃喝，多多赐福。也有的借助巫师巫术咒语的力量以示威慑，如另外一则说祖道时，法师先行“禹步三”，再大声呼号威慑：“皋，敢告曰：某行毋咎，先为禹除道。”

禹步是一种巫术步法，即模仿大禹走路的姿态。相传大禹当年治水，忙于疏河决江，生“偏枯之病”，即半身不遂，故走路与常人不同，半步半步挪动，后来人们就称这种步法为“禹步”。在民间仪式中，巫师道士们就常常模仿这种步伐，以表明体内已经附着了大禹的神力，可以发号施令了，所以祝辞大意为：某人即将出行！各路妖魔鬼怪皆不可祸害！大禹在此！

祖道仪式是古人对未知世界的干预活动。古人畏惧出行，所以出行前后的各种现象都会令人们疑神疑鬼，也常常看作是未来的征兆。比如《汉书》记载临江闵王刘荣，在太子位第四年时，因扩建宫殿侵占了文帝庙外的矮墙而获罪。皇上召其入都，出发前，在江陵北门行祖道仪式。仪式结束后上车，哪知刚一上车，车轴就折了。江陵父老皆流涕窃言："吾王不反矣！"后来，刘荣果然受庭责，畏惧自杀。

在这样的文化氛围中，人们对形式表象、仪式规矩就格外重视。仪式是一种相对稳定的严肃形式，它对未知提供某种权威解释，一定程度上减缓了人们对出行的犹疑或畏厌情绪。当人类对自然、对人自身的认识还停留在一个相对低下的阶段，来自自然的威慑和人们心理、情感上的变化都得不到"正确"的解释，仪式便有了存在的意义。

折柳涕泣

中国传统观念讲究“静”“定”而“安”，这种观念给古人出行造成不小的心理阻力，所以也演化出相当丰富的出行仪式。仪式注重形式和象征，还有一定的时间延续，可以疏导情感，起到心理安慰剂的作用。

摆酒送行

前面曾经谈到古人的祖道仪式，是出门前对路神烧香、叩头、进贡，以求得保佑。事实上，除此以外，祭祀之后，还常常在路边摆酒设宴，以便亲友会聚饮酒，为之饯行，抒发行旅离别之情，前文所引《诗经》中的两次祖道仪式都同时包含着饯行活动。因此，祖道也称作祖饯。饯行者，以酒食送行也。

祖饯需要一定开销，出行多备资财也可应对不测，故送行者通常不会空手而至，这也是人际交往、表达情感的正常方式。从考古资料看，汉代一般百姓常例为“十钱”，但也不一定，《史记》记载刘邦因徭役赴咸阳，“吏皆送奉钱三，（萧）

何独以五”。比较之下，萧何送的还是比较多的。东汉时会稽太守刘宠获得升迁机会，五六位七八旬老翁约好一同来给他祖饯送行，每人都拿出百钱，表达对这位地方良吏的褒奖，这当为厚礼了。

秦汉注重人际关系，当时很多流行的谣谚均显示出人们对交往的认知和重视，比如“贵易交、富易妻”“结交莫羞贫，羞贫交不成”“衣不如新，人不如故”“结交在相得，骨肉何必亲”。而祖道这一本为缓解出行紧张心理的祭神仪式，在汉代则明显发挥着社交功能。参加仪式人数之多寡、饯行宴会之地点、规模、获赠财物之多少，都成为出行者地位和社会影响力的直接反映，祖道仪式也就成为一种交际仪式。

早期的送别仪式中，祭祀路神是核心内容，饮酒饯行是配角。但和古代诸多仪式相似，最初虽以“敬神”“娱神”为目的，但随着神秘主义信仰逐渐减淡，给神灵的酒越来越薄，敬奉行客的酒反倒愈来愈淳厚了。

所以，祖饯仪式的宗教意味逐渐减淡，世俗性的“自娱”功能却渐渐加强，甚至有时成为单一性的目标活动。送别时的庄重遂变成热闹的游宴，饯行也就演变成社交活动，这和今天我们在酒店设宴饯行已没有太大区别。

这种转化是从东汉末开始的。曹魏时，祢衡才华横溢，但性格怪诞倨傲，很多同僚不喜欢他。一次他出门远行，众人依礼在城南为之祖道饯行，并约好，一旦祢衡到，大家均坐定不起，以此羞辱他。祢衡一到，见众人皆坐不起，立刻坐下大声嚎哭。众人面面相觑，都傻眼了，问祢衡何以大哭？遂答道："坐者为冢，卧者为尸，尸冢之间，能不悲乎？"众人哭笑不得，无以答对。欲辱祢衡，反遭其辱，祖道仪式成为一次有趣的社交游戏。

此外，《吴书·朱桓传》引《吴录》也记载了祖饯宴会时的一个细节：孙权遣朱桓回中洲，亲自祖送。朱桓奉觞曰："臣当远去，愿一捋陛下须，无所复恨。"意思是我很想捋捋你的胡子，如此可以了却心愿。孙权于是双手拄着案几，探到席前，朱桓遂进前捋须曰："臣今日真可谓捋虎须也。"孙权大笑。

这段叙述细节笔法似小说，亦可见祖道仪式已经转变为世俗活动。

灞桥折柳，涕泣送别

娱神变为娱己，与神灵交流转而为人群间的社会交流，各种表达别离情感的艺术和风俗形式也就应运而生了。

比如灞桥折柳，李白《忆秦娥》写道："年年柳色，霸陵伤别。"王维《送元二使安西》："渭城朝雨浥轻尘，客舍青青柳色新。劝君更尽一杯酒，西出阳关无故人。"都描绘的是这样的生活画面。杨柳纤长柔美，"因风结复解，沾露柔且长"（沈约《咏柳》），正与离情的悠然缠绵相近似，故而成为别情的象征。

明唐寅《金昌送别图》。画面描绘江南景色，远山归帆，柳溪水岸，江边四人正揖手道别，船上舟子持桨等待。卷末题诗云："金昌亭下送人行，天际残阳对酒倾。重祝珍调无别语，依依杨柳不胜情。"

灞桥，又作霸桥，西汉时在长安城东。记述秦汉时关中地理的《三辅黄图》一书中，卷六"桥"条有这样的记载："灞桥，在长安东，跨水作桥。汉人送客至此桥，折柳赠别。"长安城是汉唐时政治文化中心，灞桥处在东向的交通要道上，人员往来频繁，长久以来就是礼送行旅之人、抒发别情的特定处所，所以，后人又称之为"销魂桥"。离别何以"销魂"？南朝江淹有《别赋》云："行子肠断，百感凄恻。"又云："黯然销魂者，唯别而已矣。"算是给这桥作了极好的注脚。

离别伤心，搅动愁肠，故古代生活习俗里，甚至一度把离别"涕泣"作为送行的礼节。送人却不流泪，是严重的失礼行为。南北朝时，梁武帝的兄弟王子侯被委任到东郡做地方官，临别时，梁武帝说，我已年老，却要与你分别，甚为难过，于是"数

行泪下”。然而，王子侯却流不出眼泪，只好羞愧而出，甚至还因此受到责难，百余日漂行于江渚之间，不能离行赴任。

这个故事记载在《颜氏家训·风操》中，作者颜之推对此习俗颇不屑，认为“人性自有少涕泪者，肠虽欲绝，目犹烂然（眼睛炯炯有神）”，对于这样的人，不可强责。

他还注意到南北风俗的不同，认为“北间风俗，不屑此事。歧路言离，欢笑分首”。北地民风健朗，离别下泣有时会被认为是作小儿女态，过于多愁善感，所以绝不会有临行必哭的俗规。

不过有时，临别时哭不哭大概也和审美有关。初唐诗人王勃《送杜少府之任蜀州》云：“无为在歧路，儿女共沾巾。”王勃大概是欣赏刚健铿锵的，觉得临别涕泣终究有些纤巧柔弱，故有此说。但读诗的人都看明白了，王勃内心有诸多感慨：感慨与好友离别，感慨同为宦游之人。（“与君离别意，同是宦游人。”）也念此去千里烟波，不知何时能再相聚。（“海内存知己，天涯若比邻。”）他的眼里、心里，也是含着热泪吧。

礼本出于情，假如过于重视形式，背离人情人性，就多了些虚饰，少了诚朴，仪式也就失去了存在的土壤。但反之，假如一切出于真情，是不是合理，是不是合礼，也就都不重要了。

死亡也是出行

中国古代，还有一种特殊的出行，那就是死亡。

人死向何处去?

走，离开，是我们对于死亡的讳称。自古及今，人们讨论生死，也是想追问自己究竟从哪里来，要到哪里去。从哪里来（生），似乎有现成的答案，十月怀胎，呱呱坠地，可触可感。而要到哪里去（死），则没人能真正说得清。

畏惧死亡，避谈死亡，归根结底源于一种恋家情结，这种“恋家”又和与生俱来的恐惧感密不可分：任何陌生地域都会引起恐惧，而看不见摸不着的死亡世界就更令人恐惧而有意躲避了。所以，人们会通过模拟和美化现实而为死者提供一个理想化的世界，比如天堂。

基督教的天堂可以是天上的神国，佛教的“天堂”则是净土和极乐世界，而中国早期本土的信仰中也有个天堂似的所在，那就是仙界。此仙界不在天上，也不在地下，而是在遥远的昆仑神山，或是在茫茫大海中的蓬莱仙岛，那里有灵芝仙草、奇异巨

东汉仙人骑鹿画像砖，四川省博物馆藏。画面右端为一双髻女子骑在鹿上，正伸手后顾。左端是仙人，头长双角，身布羽毛，赤臂袒胸，右手托盘，盘内有丹丸三粒，左手前伸，其间有一株灵芝。

东汉西王母画像砖，四川省博物馆藏。画面正中瓶形龛内，西王母笼袖坐于龙虎座上，周围有直立而舞的蟾蜍和九尾狐，有持灵芝的玉兔、执戟的“大行伯”、三足乌及拜谒者。

枣，服之不老。此外那里还有西王母和诸位仙人，想想也还是挺热闹的。

然而，仙境并不容易找到，成仙必须离家冒险，向西横跨茫茫戈壁沙漠，或向东飘洋渡海。而即便如此，假如没有“超越”的本领，也难以抵达。所以，秦汉时期的方士们一面四处游说蓬莱仙岛的好处，“其物禽兽尽白，而黄金银为宫阙”，一面也表达出无法轻易抵达的焦虑和困惑，“未至，望之如云；及到，三神山反居水下；临之，风辄引去”。神山仙岛仍是飘渺变幻的海市蜃楼。

无奈之下，古人觉得，还是现实一点儿，既然大家不得不去那个地下家园，而地下世界不过是人间的翻版，死亡不过就是一种特殊的迁徙和出行，这也就足以令人欣慰了。所以，在所有传统礼仪中，丧葬仪式是最为复杂

汉代T形帛画，长沙马王堆汉墓出土，湖南省博物馆藏。T型帛画出土时覆盖在墓主棺盖上，帛画内容分上、中、下三部分，分别代表天界、人间和黄泉地府。地府图中绘有赤身裸体的男子鲧，他正托举着大地，脚踩两只鳌鱼，传说中只有鲧才能稳住兴风作浪的鳌鱼，防止山崩地裂。

隆重的，出殡时送行的队伍也要尽可能浩荡。日常出行不是要祭祀路神么？丧者出殡落葬，同样也是远行，当然也要祀路神，所以，古时丧者出门仪式也称“祖”。

《礼记·檀弓上》引子游曰：“殡于客位，祖于庭，葬于墓，所以即远也。”古代另一部礼书《仪礼》讲到葬间守丧哭丧的仪节，也专门讲到这个仪程。要出殡时，“有司请祖期，曰：日侧”。侧，即昃，指日头西斜或日过中之时。现在一些地区民间传统的丧葬仪式，出殡也一般选在中午十二点以后，这都是古礼。

故祖道有二义，仪式亦有相似处。按照《礼记·檀弓》里的记载，出殡的“祖”仪大概是这样的：“及葬，毁宗躐行，出于大门，殷道也。”毁宗，即毁庙门之西而出，因为路神之位在庙门之外。将葬，柩不从庙门出，而是毁掉庙门西墙，并践踏行神之土坛而出，恩威并施，以确保路上平安。

至魏晋时，“死者将行曰祖”仍是流行的说法。陶渊明曾写过一篇《祭从弟敬远文》，其中就有“乃以园果时醪，祖其将行”的文句。嵇含《祖赋序》亦谈及这一流行观念，并对两种出行都称为“祖”特别加以说明：

> 说者云：祈请道神谓之祖。有事于道者，吉凶皆名。君子于役，则列之于中路；丧者将迁，则称名于阶庭。

之所以要做这样的说明，大概是因为日常生活中，出行祖道较之亡人出祖要频繁得多，很多人怕也不太分辨得出两者区别吧。

路祭是送别，也是社交

日常出行有送别仪式，亡者出行，也有送别，这种观念也延续至今，后来人们把这个仪式称作“路祭”。出殡时，亲友在灵柩或丧车经过的路旁设香烛、纸钱、供品祭拜。如果举行路祭者是在出殡队伍中随行的人员之外，那此人此举就表达出对亡者及其家族莫大的敬意。

比如《红楼梦》讲到秦可卿出殡，就有镇国公、理国公、齐国公、治国公、修国公、缮国公六家都派儿孙前来祭送，这六公与宁荣二家，当日所称“八公”，都是顶尖的豪门贵府。余者更有南安郡王之孙、西宁郡王之孙、忠靖侯史鼎、平原侯之孙、定城侯之孙、襄阳侯之孙、景田侯之孙等诸王孙公子。来客算来有十来顶大轿，三四十小轿，连家下大小轿车辆，不下百余十乘。连前面各色执事，陈设，百耍，浩浩荡荡，一带摆三四里远。各家在路旁高搭彩棚，设席张筵，和音奏乐，哀悼吊唁。书中特别提到，第一座是东平王府祭棚，第二座是南安郡王祭棚，第三座是西宁郡王的，第四座是北静郡王的，都是依礼行路祭的。秦可卿本是贾府年轻的儿媳，要说个人，哪里当得起这个排场，可见当时贾家的地位实力。

所以，路祭也含着社交，死者倒是个幌子了。也正是在这个场景下，北静王与宝玉才很自然地见面。北静王名水溶，年未弱冠，形容秀美，性情谦和。因祖上与贾府有世交之谊，同难同荣，故从未以异姓相见，更不以王位自居。秦可卿出丧，他特设路祭，又专请贾宝玉相见，见识了那块通灵宝玉，夸奖宝玉果然如宝似玉，乃龙驹凤雏，并把皇上亲赐之鹡鸰念珠一串赠与他。贾宝玉素厌官僚权贵，但平日闻得北静王风流潇洒，不为官俗国体所缚，每思相会，所以相见之下，彼此都有惺惺相惜之感。

《红楼梦》虽是小说，细节却是很实在的。一个好的小说家，一定注意针脚的细密，让作品里的人和情，都安放在非常真实的物质外壳里。

鲁迅为《李大钊全集》写题记，说到人们为李大钊送丧，“在报章上，又看见北平当局的禁止路祭和捕拿送葬者的新闻”，为这位被害的革命先驱鸣不平。可见，到民国时，路祭还是有着深厚的文化基础的。

想象的地下世界

路祭是为死者送行，当然，既然是出行，行李盘缠、吃穿用度以及亡者生前所有喜欢的东西都要尽可能带上，这一点倒是更多和死者相关了，这也是传统厚葬习俗的信仰来源。

河北满城汉墓墓主为中山靖王刘胜，生前嗜酒，便随葬了30余个大酒缸，盛酒一吨以上。出土时，部分大缸里还有残酒。甘肃武威一座东汉古墓中随葬了很多治疗疾病的药方，墓主大概是个医者或者医药爱好者，料想到了新地方是不是可以靠瞧病谋生呢？或者通过翻读生前爱物，以解异乡的孤独。早期的人们对将去的地下世界是深信不疑的，态度也极为诚恳。

然而，把所有人间器物都搬进墓室终究是不现实的，人们最终也只好妥协，开始用各种象征性的明器来替代真实的器物。更何况，假如都带了真的去，盗墓贼会紧随其后，这地下生活怕也不宁静吧。人们想象着那些纸人纸马纸车纸钱，只要烧化成灰，会飘到亡者手里，然后就会像神话一样，全都鲜活可用了。

所以，我们隆重地为死者送行，年复一年地定时祭奠，想象着亡者的艰辛旅程和异乡生活，替他们操心饥寒冷暖，其实也是在安慰我们自己呢。

生死的问题，困扰了人类千百年，并还将困扰下去。面对亡者，我们最终只能说：一路走好。

春游的巧立名目

中国人对于春游有着特殊情感，迎面的风刚有点暖意，柳枝儿还没现绿，人们就按捺不住地嚷嚷了：哪里可以看桃花，哪里可以看樱花，哪里的油菜花也快开了……现代化的交流工具把各种图片以及各种好心情传递，放大，没两天就扩散、传染得人心里痒痒的。抽个空儿出门转转，哪怕在当街树下站一会儿，留心脚下，果然，枯草间有嫩芽冒出来，心情就好了许多。若真能在野外山间走一走，捎带着再挖两棵野菜回来，甭管吃不吃，整个人似乎就翻新了。

春游就是灵魂散步

这种对春天的渴慕来自人的本能，但也受地域文化影响，北方尤甚，因为北方春天太短，慌里慌张的，只能说是冬的尾，或夏的头。因此，和南方相比，北方的春天不从容，缺少些水气，似乎也不那么丰腴。可正因如此，北方人才对春天依稀透出的各种征兆敏感得很。

有位在北京生活的南方作家就写文章感叹说，一到春天，突

宋《春游晚归图》局部。一位士人正在敲门，庭院中有个仆人提着灯笼前来应门，显示“晚归”之义。伸出墙外的树枝，几只桃花，都透出“春天”的气息。

然哪天迎面的风暖起来，于是，北京人就解开棉袄扣，倾巢出动，急慌慌的。黄河流域四季分明，整个冬天冰天雪地，一旦风和日暖，自然就像打开了监狱门，灵魂都要出来散散步的。

中国文化里，历来对于漫无目的的出游，或者没有正当理由的出行，都不太支持，觉得不务正业，所以，春游最好有些堂皇的理由。因此，传统节日中有些安排在春天的，虽原本都有各自的名目、功能，但一来二去，明里暗里也就变成游赏踏青了。

比如三月三，最早只是为祭祀先祖，“二月二，龙抬头；三月三，生轩辕”，轩辕就是黄帝。后来三月三又加了祓濯去秽的功能，再往后，就演变成水边宴饮，郊外春游的节日了。著名的《兰亭集序》说：“永和九年，岁在癸丑，暮春之初，会于会稽山

宋《春游晚归图》局部。一老臣骑马踏青回府，众侍从或搬椅，或扛兀凳，或挑担，或牵马，忙忙碌碌。老人持鞭回首，意犹未尽。

阴之兰亭，修禊事也。”说的就是这个三月三。不过，文中所描述的群贤毕至，流觞曲水，终究还是一件文人雅事，一般人是玩不来的。

民间更多是观风景、开眼界，甚至观美人。唐代《秦中岁时记》曾载：“上巳（农历三月三），赐宴曲江，都人于江头禊饮，践踏青草，谓之踏青履。”杜甫《丽人行》诗亦云：“三月三日天气新，长安水边多丽人。”旧时男女有别，是不能随便相见的。但假如有节日的名目，就可名正言顺外出。男人观丽人，但女人们未必没有揣着小九九。

莫言在小说《檀香刑》中有过一段描写：清明那天，眉娘撑着一把画着许仙游湖遇白蛇的油纸伞，把自己打扮得花枝招展，就为了“要和高密城里的女人们好好地赛一赛”，让男人们“看吧看吧看吧看”。

借墓游春

相比而言，清明节原为扫墓祭祖，而墓地常在山野，故更

清竹丝编黑漆彩绘人物纹腰圆形盒，安徽博物院藏。盒顶描绘的正是文人游春题材：山野郊外，桃花初开，流水绕堤，万物缤纷。三位士子手摇折扇，相对交谈。侍从怀抱古琴等物，也在闲谈。俩童子一怀抱包裹，一藏身人后，似在嬉戏。画面情调悠然闲适。

多带着踏青的意思。丰子恺在《清明》中讲述幼年在老家桐乡过清明：

清明三天，我们每天都去上坟。第一天，寒食，下午上杨庄坟。……正清明那天，上大家坟。这就是去上同族公共的祖坟。坟共有五六处，须用两只船，整整上一天。同族共有五家，轮流做主。白天上坟，晚上吃上坟酒。……第三天上私房坟。

三天时间，每天都去上坟。可日后回忆起来，清明那几日的心情却和上坟无关：

我们终年住在那市井尘嚣的低小狭窄的百年老屋里，一朝来到乡村田野，感觉异常新鲜，心情特别快适，好似遨游五湖四海。因此我们把清明扫墓当作无上的乐事。

所以，他把这种踏青称作“借墓游春”。

周作人也称扫墓是“片刻的优游”。他在《山头的花木》中写道：在旧时代里，上坟时绝顶高兴的是女人，其次是小孩。清明一到，妇女儿童欢天喜地，穿得漂漂亮亮去上坟，无形中构成一道亮丽的风景。他在《上坟船》中详细描写过绍兴扫墓的风俗：“至三月则曰上坟，差不多全家出发，旧时女人外出时颇少，如今既是祭祀，并作春游，当然十分踊跃。”

他还在《故乡的野菜》中写道：“扫墓时候常吃的还有一种野菜，俗称草紫，通称紫云英。”又作诗云：“牛郎花好充鱼毒，草紫苗鲜作夕供。最是儿童知采择，船头满载映山红。”扫墓捎带采摘野菜野花，堆在船头，红的绿的紫的，这扫墓的船倒像是游船了。对于孩子来说，更是如此，清明与怀念逝者没啥关系，反倒是借此获得一次释放的理由，跑到大自然中疯玩一圈吧。故周作人《儿童杂事诗》揣摩儿童心理，写道：“灯笼蟹鹞去迢迢，关进书房耐寂寥。盼到清明三月节，上坟船里看姣姣。”

诗和远方

人们喜欢出游，不论时间长短、距离远近，都是为摆脱常规生活，体验超越尘俗、进入他界的感受。游者暂时摆脱了原有

清陈枚《月曼清游图》册之《杨柳荡千》。图册描绘的是宫廷嫔妃们一年十二个月的深宫生活。此为二月，春日园中荡秋千也是一种释放吧。

的社会关系，角色发生变化，游览让人们重新体验生活，重新观察世界，借此亲近自然，释放心理压力，获得新的生命感悟。所以，有个姑娘才写了辞职信：世界那么大，我想去看看。这句话，撩拨得人心都沸腾了。

超越常规，出离凡俗，诗和远方，其实是所有人内心的冲动。

途中遇虎

古人对于出行有畏难情绪，其实是有很多客观原因的，除了路况不佳，或因交通工具简陋而时常出现的车折船翻外，虎患也是行者的大灾难，对此，我们今天已很难想象了。

虎患的心理阴影

从秦汉开始，就有大量的文献记载各地虎害，称“驿道多虎灾，行旅不通”。这种状况一直持续到清代。《水浒传》讲到武松上景阳冈，见有官府警告来往行人注意虎患的告示：

阳谷县示：为景阳冈上新有一只大虫伤害人命，现今杖限各

> 乡里正并猎户人等行捕未获。如有过往客商人等，可于巳、午、未三个时辰，结伴过冈；其余时分及单身客人，不许过冈，恐被伤害性命，各宜知悉。

这虽是小说家之言，但应是明清山东虎患的真实记录。其实，不仅是山东，陕西、四川、贵州、福建、广东等地方志资料中都有大量相关记载，称虎伤人甚多：或曰虎暴，食樵薪者四人；或曰有虎伤人，行旅绝迹；或曰群虎噬人，死百余六人；或曰被虎吞噬者，不可屈指。等等。

老虎是猛兽，人在其面前简直不堪一击，所以虎患就很容易给人们留下心理阴影。《本草纲目》引《格物论》的一段话，颇能见出旧时人们对虎的态度。

> 虎，山兽之君也。状如猫而大如牛，黄质黑章，锯牙钩爪，须健而尖，舌大如掌（生倒刺），项短鼻齆。夜视，一目放光，

汉车骑出行画像石。车队行进间，一只猛虎突然从后方扑上来。殿后的武士正张弓搭箭，向虎口射击。

一目看物。声吼如雷，风从而生，百兽震恐。……其搏物，三跃不中则舍之。人死于虎，则为伥鬼，导虎而行。

此段文字文笔有些夸饰，不仅描摹了虎作为百兽之王的威猛，也渲染了恐惧。特别是最末一句，“人死于虎，则为伥鬼，导虎而行”，意思是，人若被虎所吞噬，变成鬼也摆脱不了虎的威慑，只有做仆从的份儿。

当然，除了渲染虎的威猛外，该书还提及了老虎的几个弱点：“虎食狗则醉，狗乃虎之酒也。闻羊角烟则走，恶其臭也。”不过，真要这样，倒省事了。事实上，没听说谁用犬肉把老虎吃醉，或用羊角烟把虎熏晕而趁机制服它们的。又说：“虎害人、兽，而蝟、鼠能制之，智无大小也。”赞叹老鼠虽小却能制虎。这大概就好像说老鼠钻进象鼻以制服大象一样。两种东西本不在一股道上，老鼠挑战老虎、大象，纯属自己转迷糊了。

老虎的威严无处不在，所以，老子在谈到人如何避害时也拿老虎打比方：“盖闻善摄生者，陆行不遇兕虎。”至于如何才能做到“善摄生”，韩非子解释说：要像圣人那样，没有害人之心，也就不会有什么能加害于他。这样的解释显然是哲学的，不是实用的。老虎扑过来，口念避虎咒都是没用的。不过，古人认为得道的高僧就有此本领，他们在山林间穿行，虎豹皆避之而去。

令人畏惧的事物常常会转变为崇拜敬畏之物，认为其有崇高的威力，也有驱邪护佑的法力，甚至可变为祥瑞。虎即如此。如金磁州窑黄褐釉芦雁图虎枕，河北省博物院藏。卧虎缩颈低头、双目圆睁，前肢垫于颔下。腰圆形枕面用双线勾出边框，内绘芦雁图。两只大雁口衔芦叶，比翼齐飞。

四灵中有白虎，调兵遣将用虎符，十二生肖中有虎，孩童要穿虎头鞋，夜晚用虎枕助眠，等等。

打虎也是五味杂陈

对于虎患，古人也想尽各种办法，官方一般是发告示示警，树栅栏，筑城墙，严禁夜行、独行，再招猎户英雄即时射杀。而民间有时也自发组成小团队设机关捕杀。当然，若能如武松般威猛，喝几碗酒，三拳五脚就将那吊睛白额的大虫打个半死，也是一个法子，只不过这种情况，怕只有小说里才有吧。小说是讲故事，有些愿望在现实生活中难以实现，就借小说来圆梦。历来人们对武松打虎津津乐道，就是现实中难有这样能和老虎抗衡的人才。

不过，清光绪年间吴友如《点石斋画报》讲过一个“村牛搏虎”的故事：

陕西汉中府西乡县出一猛虎，伤人无算，猎户与官兵莫能制之。……时村家养牛数十头，正在山上，见此虎至，群牛皆退缩。惟一牛独前，与虎熟视者久之，忽奋力一角，正穿虎喉，虎立毙。报之县官，遂将此虎赏畜牛之家，并以银五十两奖之，一县称快。

那牛为了自保，生出些勇猛之气，竟将猛虎一角挑死，这在自然界，倒也不是什么太令人惊艳的事儿。比如非洲大草原上，对于这些体格庞大、头顶“利刃”的大型草食动物，狮子也要畏惧三两分的。只是，这事儿发生在村子里，又是些看似温顺的老牛，就显得不寻常了。

不过，这个故事还有更多情节：

越数月，畜牛之家偶将虎皮出晒于石磨上，牛卧其旁，醒而见之，以为真虎也，又奋力一角，力尽而死。

这个故事，可叹可笑，都属于虎患的副产品。

按照老虎的自然习性，人并不是它们的天然食物，虎吃人习性的养成，既有环境的关系，也有人为因素。如果某地环境适于老虎生存，自然生态未遭破坏，野生动物数量丰富，虎觅食容易，一般不敢去攻击人。虎天性谨慎多疑，只有在找不到野食的情况下，迫不得已才会冒险接近居民生活区，盗食家畜乃至袭击人。因此，虎患说白了是人和虎在自然界中的平衡被打破，形成了对抗性的矛盾，这其实是不正常的。

中华人民共和国成立后，发起打虎运动，加之近些年来经济发展对自然环境的破坏，野外栖息地碎片化，老虎已经变成弱者，成为珍稀濒危物种了。而世界上其他地方的老虎也是类似的命运，老虎已位列《世界自然保护联盟》（IUCN）红色名录，为一级濒危动物，彻底变为人类保护的对象。2016 年调查显示，全球野生虎的数量为 3 890 只。

假如谁出行还能遇到老虎，或许第一反应是赶紧掏出手机拍照上传微信、微博，因为实在是撞上大运了。前几年曾出现一个华南虎事件，一位看林员声称拍到华南虎的照片，证明华南虎还未灭绝，引得大家兴奋不已，最后却被揭出，他只是翻拍了一张挂历年画而已。

虎患彻底没了，我们应当欢呼雀跃呢？还是应当暗自神伤？

徒步与骑驴

徒步是一种时尚的旅行休闲和健身方式。不过，与其说它时尚，不如说它返璞归真，因为步行本来就是人类最早的出行方法，此后条件改善，才借助舟船车马、火车飞机。其实，很多所谓时尚生活方式，说白了都是旧物翻新，迁地为良。徒步如此，其他如极简主义生活方式亦然。

物质令生活富足，但过多则难有喘息空间，重回简朴，心灵和日常就增加许多留白。交通工具让出行变得轻松，但也令肌肉萎靡，借助徒步，可以重新感受人自身的力量。因此，这些时尚生活方式，满足了人们的心灵需要，更何况还都挺节能的，何乐而不为？

徒步是古人最大众的出行方式

古人徒步，一般都是不得已。《山海经·海外北经》载夸父逐日的故事："渴欲得饮，饮于河渭，河渭不足，北饮大泽。未至，道渴而死。弃其杖，化为邓林。"夸父逐日，执杖奋然行于大野，渴饮河渭，正是我们古代早期行旅生活的实况。

汉代彩绘木轺车，甘肃省博物馆藏。据汉代制度，此车为六百石至千石的官吏所乘坐。

早期人们出行，没有那么多便利的交通工具，更多只能徒步而行，渴饮溪涧塘池，夜宿山穴树下，还得时时提防虎豹虫蛇的侵袭。这种载渴载饥、步步丈量前行的艰辛，与夸父是一样的。

因此，车辆的发明和畜力的开发就是人类的大进步。据《说文解字·车部》：“车，舆轮之总名，夏后时奚仲所造。”这个奚仲在夏代任“车正”之官，以“巧”著称。乘车改变了以往艰辛的行旅方式，然而，早期车轮为木质，没有橡胶轮胎的弹性，加之路况坑坑洼洼，坎坷难行，若是长途，乘车出行仍不是一件轻松的事情。为此，古人也想了一些法子应对，比如“安车蒲轮”，即在车轮上缠扎厚实的蒲草叶，这就能起到不小的减震作

东汉轺车骑从画像砖，四川省博物馆藏。车上乘坐二人，一骑从举手扬鞭，紧随车后。

东汉斧车画像砖，四川省博物馆藏。车上树一大斧，车厢两侧斜插两长矛。车上乘坐两人，右为御者，左为吏人。

用，故也叫安车软轮。

安车蒲轮是减震车，也是高档出行工具，因此古时皇帝封禅出行，走远路，最好用。此外，此车也常用来迎纳贤士，以示礼敬。汉代初年，枚乘是有名的赋家，汉武帝做太子时就心仪他的赋作，待即位后，便遣使以安车蒲轮征邀。然而，枚乘此时年老体衰，禁不住颠簸，竟然病死于道中。又闻听鲁地申培公善传《诗经》，便再次遣使安车蒲轮束帛加璧以征召。“束帛加璧”，是古时聘请或探问时奉送贵重礼物。鲁申公乘坐专车安稳抵达长安，开创了《诗经》传授系统里的鲁诗学。

然而，即便是发明了车马，乘车出行在很长一段时间里都不是大众出行方式，所以，有没有车马可以骑乘，车马的品质、装饰如何就都变成区分社会等级的重要因素。

孔子晚年时，他最喜欢的弟子颜渊去世。颜渊家贫，其父恳请孔子卖掉自己的车乘以置备棺椁，却被孔子拒绝了。孔子解释说："以吾从大夫之后，不可徒行也。"意思是，当时具有一定身份的人出行须乘车，已是礼制规范，若自己"徒行"，是违礼行为。再有，《礼记·王制》云："君子耆老不徒行。"即年长者乘车也是合礼行为，因此，要求孔子卖掉车乘，也是为难他了。

如果有头小毛驴

借助车马出行，车要维护，马要饲喂，还要雇用车夫，终究是较为昂贵的。妥协之下，不愿徒步，还可以驴代步。驴价廉，但也有把子力气，驮个把人还是可行的。人们常说一句俗话，叫"骑驴找马"，意思是，假如暂时没有更好的，就退而求其次，先凑合着用，待找到好的再调换。

这个俗语的出现大概就和过去人们选用出行工具有关。现在"骑驴找马"则大都用来说找工作、找对象、查资料等，和交通工具没啥关系了。其他俗语，如"骑驴看唱本——走着瞧""倒骑毛驴——往后瞧"以及"就坡下驴"等也都是过去骑驴时代才会生出的语言。

骑驴比起徒步，要舒服得多，但终究仍是比较低级的交通工具。古代文人大都寒酸，出行常常骑驴，但骑驴一旦和诗人发生联系，就渲染成雅事了。

比如唐代李贺经常骑驴带小童出外寻诗。每每有所观感，心

魏晋双驼图壁画砖，甘肃省博物馆藏。骆驼耐饥渴，是旧时北方重要的长途交通工具。图中有大小骆驼，左侧绘大树一棵，大骆驼正昂首吃树叶。

明徐渭《驴背吟诗图》局部。唐代时，有人曾询问诗人郑綮近来是否写有新诗，郑回答道："诗思在灞桥风雪中的驴子上，此处何以得之？"此后，表现诗人骑驴游山涉水寻诗觅句的题材逐渐为画家们所青睐。

生诗意，就写下一句，放进随身的口袋里。回家后顾不上吃饭，紧着把口袋里的断章零句倒出来，补写成诗。他如此刻苦，家人很是担心，怕他把心都呕出来了。李贺被称为"鬼才"，他构思创作的方法也与众不同。

陆游也写过骑驴诗，诗中情态也很复杂。《剑门道中遇微雨》云：

衣上征尘杂酒痕，
远游无处不销魂。

此身合是诗人未?
细雨骑驴入剑门。

他自问：难道我是诗人么？为何骑驴奔剑门关而去？陆游生于金兵入侵的南宋初年，自幼志在恢复中原，写诗只是他抒写怀抱的一种方式。然而报国无门，年近半百才得以奔赴陕西前线，过上一段“铁马秋风大散关”的军旅生活。这首诗是作者由陕西前线被贬往四川成都，途经剑门关时所作，是到后方去充任闲职，重做纸上谈兵的诗人了。所以他心中有些困惑，说到骑驴，也含着自我调侃的意思。

对于普通人而言，骑驴就是骑驴，可诗人、艺术家却常常要在其中寻出些意味来。清代有幅《骑驴图》，旁有小赞：

他人骑马我骑驴，仔细思量我不如。回头看，推车汉，比上不足，比下有余。

骑驴终究不那么高大上，那就只好自嘲宽心了。

徒步、骑驴、骑马，或是乘车，原本都是出行方式，然而，物质和工具背后，历来都包含着复杂的文化心理。如今，汽车普及，各种快速公共交通方式也辐射各方，工具也就越来越还原到其本质上，附加意义也愈发少了。若此时还有人以车炫富或耀地位，那恐怕就是刚从古墓里钻出来的吧。

负笈游学

每年九月是开学季，一批新晋大学生离家远行，负笈求学。远方以及即将获得新鲜知识的预期，都会令沉溺应试生活多年的学子们对大学生活充满美好的企盼。

游学之“游”

以读书、学习为目的出行，古人叫“游学”，“负笈”常用来形容这种出行的状态。“笈”是一种竹编器具，用来盛装书本文具。古代交通条件落后，学人背负行李、书籍和文具，跋山涉水，远道寻师问学，往往要经历许多艰辛，贫寒学子尤其如此。

白居易《相和歌辞·短歌行二首》就描述道：“负笈尘中游，抱书雪前宿。布衾不周体，藜茹才充腹。”这样的旅程，身心是都要经历考验的。游学之“游”强调地理空间的转换，但同时也包含时间的延续，而正是在此过程中，游学之人往往能获得许多独特的人生体验。

中国古代大规模的游学活动始于东汉。据《后汉书·儒林传》记载，汉光武帝刘秀兴办太学，“诸生横巷，为海内所集”；

汉明帝刘庄当政时，甚至亲自临众讲学。上有所好，下必从焉，当时的太学“济济乎，洋洋乎”，学生数量是很多的，甚至匈奴贵族子弟也前来洛阳就读，学习儒家经典。到汉顺帝刘保主政，又扩建太学 240 房，1 850 室，规模可谓宏大，学生人数多时竟达到三万余人，这相当于如今一个省属大学的规模了。

与此同时，私学也较为发达，经师大儒凡是不能从政或没有得到博士机会的，多归隐避世，专心私人讲学。也有很多名儒身居官位，仍收录弟子，退休后还家讲学授徒，如董仲舒晚年就在家著书讲学。私家教学者当中，有许多教学世家，师徒相传，父子承继，吸引万千学子远道而来。

汉代的人才选拔制度也给游学提供了极大动力。汉代官吏选拔采用察举征辟制，察举的主要考察科目为孝廉和明经，这都是以通经学为基础的。孝廉是“孝顺亲长、廉能正直”的意

东汉讲经画像砖。汉代有官学和私学，官学发达，太学生群体数量庞大；经师大儒凡是不能从政或没有得到博士机会的，多归隐避世，专心私人讲学。

思，本是针对一个人的道德品质，但被举人的资历，大多为州郡属吏或通晓经书的儒生。据《后汉书》，汉顺帝时州郡推举孝廉还明确要考试儒经，即“诸生试家法，文吏课笺奏”。这种选官制度要求文人士子必须具备两个条件：一是通经；二是有一定知名度。而游学既能求知，又扩大了社会交往，故为入仕创造了良好的条件。

负笈追师的风气

汉代四方求学的游学之士就成为一类重要的流动人口，他们在城镇乡间、田野林莽负笈行走，对整个社会向学的风气产生很大影响。在这种氛围感召下，无论是平民儿女，还是官宦子弟，许多年轻人都加入到游学行列中。

比如《后汉书》记载李固之父李郃时任司徒之官，是当时最高官僚“三公”之一，然李固自幼好学，后来索性“改易姓名，杖策驱驴，负笈追师三辅，学五经，积十余年”。三辅，就是今天的西安、咸阳、宝鸡一带，也就是国都长安及周边地区。李固最终学有所成，成为四方有志之士倾慕的偶像。

汉代崇尚经学，虽然有很多终身只钻研一部经书的腐儒，但还有很多经学家是广泛涉猎，又专又博的。博者，广也、深也、远也、大也，一切外物、各种现象都属于关注的内容。因此，很多人除专通一经外，还在术数、方技、风角、星算、灾异以及养性之术等方面有很深的造诣，这些内容就包含着如今所说自然科学的内容。中国古代有很多表达“博学”含义的词汇，比如“博洽”“博通”“博达”“博喻”“博闻”“博赡”“博敏”“博雅”“博极”“博综（纵）”等，这些词汇大都是汉代出现的，用以称颂博学之人，可见当时游学风气之炽。

游学之士广泛追师学习，凭借自己学得的渊博知识，游学中广交师友取得的社会声誉，很快脱颖而出，取得社会的承认，踏入仕途，或为君王出谋划策，成为卓越的行政领导；或任职地方官，造福一方；或成为博士，私人教授、传播文化；或著书立说，钻研学问，成为有名的学术专家，推动了汉代学术文化的发展。

日本佚名《玄奘负笈图》。画中僧人体态壮硕，赤足芒履，背负经笈，正匆匆前行，略显疲惫。但前悬的灯盏，似表明他日夜兼程的决心。不过，有人认为，其大耳环等略带“胡味”，似非玄奘，大约是丝路上行脚僧的形象。取经、云游，也是游学。

两位著名的“背包客”

古人深信，经过艰难的行旅生活以追师游学是成就人生的必由之路。一个人当读万卷书，更要行万里路，用时间和空间的延展来获取心灵体验，获得直接经验，以增加人生厚度，因此，游历中广开眼界也是很重要的，在这方面比较典型的是汉代司马迁和明代徐弘祖。

司马迁在二十岁时有过漫游的经历，到过许多地方。他曾游历韩信故里，听当地人讲，韩信年轻时胸怀大志，尽管家境贫寒，仍把故去的母亲埋葬在高敞地。司马迁遂到实地探访，果然墓地地势开阔，旁可置万家，证实了传说的可信。他到孔子故居，亲见孔子庙堂车服礼器以及各种还在恭谨实施的礼仪，遂感慨徘徊不忍离去；还曾亲临屈原沉渊处，垂泪想见其为人。长期的漫游，大大拓展了他的视野，后来，这些真切的体验和感受都一并写入《史记》当中。

徐弘祖即徐霞客，他在二十二岁时开始游历各地名山大川、险峻奇峰，历时三十多年，足迹遍及现今十九个省区。他一路漫游，一路记录行旅见闻，最终写成《徐霞客游记》，成为一部著名的地理学百科全书。这部书今本六十余万字，是中国最早一部详细记录所到之处地理环境的游记，被后人誉为“世间真文字、大文字、奇文字”。可见，行路生活大大激发了徐霞客的才智。

现如今交通便利，异地求学已经没有了太多游学的意味，倒是有些较为小众的旅游方式在精神层面与之接近，比如“背包客”（俗称“驴友”）。这种游历活动提倡花最少的钱，走最远的路，看别人难以看到的风景，强调整个过程的自助和体验，自有其独特的魅力。

何以多“客愁”？

古人出行、旅居，特别爱伤感，总觉得独在异乡为异客。“异”区别于“常”，“客”区别于“主”，所以就会满身满心不自在，这也是中国行旅文化中特别突出的现象。

客愁和乡愁

异地异乡的风景名物、世态人情本可以带来令人喜悦的新鲜感，而古人却常感局促不安、孤独伤感，其他感觉都似乎变得很迟钝了。所以古代有一类诗歌就被称为“客愁诗”，比如杜甫就说：“眼见客愁愁不醒，无赖春色到江亭。”（《绝句漫兴九首》）春色秀丽，赏心悦目，

清周乐元《玻璃内绘行旅图鼻烟壶》，台北故宫博物院藏。玻璃鼻烟壶口径往往不到半公分，内壁作画，非常困难。要先以金刚砂和小钢珠倒入壶内摇晃，使得表面粗糙能附着颜料，再以特制有弧度的弯头细尖竹笔伸入壶内描绘。此品绘制的乡野景致人物非常精致。茅屋草舍的“老客店”虽然简陋，但如果店家体贴，也许能缓解行者的客愁。

可杜甫眼里，独在异乡，即便是春天也是故意捉弄他，让他不快活。仇兆鳌评曰："人当适意时，春光亦若有情；人当失意时，春色亦成无赖。"

有人说，杜甫一生饱尝离乱之苦，所以他这种感受才如此强烈。其实，客愁很早就已成为一种思维和情感惯性，倒未必源于具体事件。

比如孟浩然《宿建德江》："移舟泊烟渚，日暮客愁新。野旷天低树，江清月近人。"就很难说是有何历史事件做背景的。宇宙广袤、旷野辽阔，更觉人之渺小；江面平静澄澈，月影似亲近可触，却倍觉孤独。泊舟夜宿于雾气迷蒙的江渚，整个人都被这寂苦与乡愁所笼罩了。客愁、乡愁、伤春、悲秋等情绪，显然已是某种集体无意识，只要有一点外界的撩拨，就忽地冒出来，把人瞬间淹没了。

中国古代很早就产生了成熟的农业文明，这种文化强调稳定的土地、稳定的人口族群，这就对出游产生很大的心理牵制力，出游甚至牵扯到"孝"的伦理问题，孔子说："父母在，不远游，游必有方。"因此，传统世俗观念都对"游子""游民"等持排斥甚至歧视态度，认为理想的社会应当是"国无游人"(《后汉书·荀悦传》)，"乡无游手"(《晋书·食货志》)。

户籍对人身心的约束

这种观念的形成当然和很多具体的制度、措施有直接关系，如秦汉时期就已形成的严格的户籍制度。户籍关系到徭役、赋税，管理者势必格外重视。秦国商鞅变法，富国强兵，创立名为“占”的登报制度，即每人须如实亲自登报户籍，只有未成年人才可由家长代为占报。假如其间有所隐瞒，自己不报，或不报全，即所谓“匿不自占，占不悉”，就要受到严厉惩罚。为此商鞅还立法，“生者著，死者削”，即出生登报户籍，死时削籍，如果匿户，按秦律处罚极重。

刘项楚汉之争进行了四年拉锯战，到汉初户口散亡，十存二三，高祖五年即皇帝位，第一道诏书即令民“各归其县”，重新登报户口，限期三十日，逾期不报，即判三年徒刑，沦为奴仆，这都是很严苛的。

秦代在登录户籍的时候有比较复杂的人事注记，相当于现今户籍和人事档案内容的结合。首先要立户，确立户主，写明籍贯，某县某乡某里。一户是一个以父家长为核心的小集体，其他人口必注明与户主的身份关系，包括家内身份关系，如主奴或血缘亲属关系。还要注明社会身份，如是否为士伍或有无具体爵位。

此外，秦律还规定，假如赘婿为父，或有市籍即商人，亦当特别注记。这两类社会身份，在当时都属于被轻视的。“赘婿”也就是“倒插门”的女婿，如果有了孩子，也是不随父姓的，这就相当于男方要换姓。所以，即便如今，很多地方对“倒插门”也还是颇有不屑的。而商贾为人轻视，是因为从秦汉时就施行

“重农抑商”政策，凡在籍的商贾及其子孙，与罪吏、亡命等同样看待，都要服役。汉时又规定凡有市籍的商贾不得坐车和穿丝绸衣服，其子孙不得做官。

汉初晁错写过一篇《守边劝农疏》，文中说当年秦朝欲发兵到北地戍边，以防范胡人，因为九死一生，谁也不愿去，官府就派吏抓丁，先抓有贬谪之罪的以及赘婿、商贾，再抓无户口的，再抓年迈的无户籍的，后来，还是不够，就直接入室抓人了。过去社会等级森严，登记社会身份是有实际作用的。

除此以外，对户籍中所填报的人口还要进行详细描述，如自然体状，包括性别与貌状、年纪，年纪分大、老、小，有时也要标明年龄。大，标志成年；老，为免役的标识；小，又可分为“使”与“未使”两个阶段，前者是可以服较轻的劳役，后者指年龄幼小，不能役使。此外如果有疾患及侏儒，按照秦法确定为病残者，即注明“癃”，可免除相关劳役。另外，家中田数、租赋徭役完成情况、有无违法犯罪记录等也一并记录。

这种复杂的户籍制度此后历朝历代都沿用，一直到明朝朱元璋时达到高峰。他甚至规定，若有包办作弊，或者隐瞒人口不报的，经手人员“一体处死。隐瞒人户，家长处死，人口迁发化外”。因为当时户口册的封面用黄纸，所以称为黄册制度。

不仅如此，这项制度还强调职业世袭制，将全国人口分为农民、军人、工匠三大类，在三大类中再分若干小类，比如米户、茶户、囤户、菜户、渔户、窑户、酒户、蛋户、站户、坛户、女户、丐户等，计八十种以上。管理者希望治下的百姓都像庄稼一样有根，长在地里，代代不变。即便发生灾荒，跑到外地要饭谋生，造黄册时被发现，“所在有司，必须穷究所逃去处，移文勾取赴官，依律问罪”(《明会典》卷二十，黄册)。

人本是崇尚自由的动物，身体自由，精神方能自由。而一个户籍严苛的社会，很多自由都被压制了。当人们的行旅受到各种客观物质条件和主观文化心理约束而不得自由时，愁绪就自然产生了。好在，诗歌，抑或文学以及其他各种艺术给了古人一个表达的通道，如此，才能获得些许平衡吧。

题　壁

魏晋驿使图壁画砖，甘肃省博物馆藏。驿馆是古代供传递公文的官吏或信使中途休息和换马的地方。砖上所绘信使，左手持棨传文书，正跃马疾驰。棨传为通关凭证。中国邮政曾据此发行纪念邮票（小型张）一枚。

外出旅行，随处刻字以示“到此一游”，这种行为如今已被看作陋习，至少是缺少修养的表现，偶有出现，肇事者多为小孩儿，或行为不检点的莽夫，这两类都像是在如来手心里撒尿画字的孙猴子，是需要戴个紧箍的。不过，刨根问底，这习惯却是古代文人雅士留下的遗产。他们旅行寓居驿馆寺庙，在墙壁上题写诗句，把它看作一种特殊的文学发表方式和交流方式，这就是被后人称道的驿壁文学。

题壁就是“发个朋友圈”

驿壁文学唐宋最兴盛，几乎和诗词盛行同步。墙壁往往空间有限，书写也不便，不宜长篇大论，而诗词文字精简，含蓄蕴藉，题壁诗的出现便很自然了。题壁诗记录文人行旅心境，表达自由，往往真情流露，多有佳句。

如唐代有个叫寒山的诗僧，写过一首无题诗，题于石壁上：“一住寒山万事休，更无杂念挂心头。闲于石壁题诗句，任运还同不系舟。”宋代苏轼《题西林壁》则写在寺庙壁上：“横看成岭侧成峰，远近高低各不同。不识庐山真面目，只缘身在此山中。”其他如题于邮亭壁者：“山月晓仍在，林风凉不绝。殷勤如有情，惆怅令人别。”（唐王缙之诗）题于殿壁者：“人皆苦炎热，我爱夏日长。薰风自南来，殿阁生微凉。”（唐柳公权诗）

古代诗人何以喜爱题壁，大约还是兴之所至，遂因利就便罢了，相当于现在的拍照发朋友圈。《水浒传》第三十九回讲到宋江在浔阳楼墙壁题“反诗”一事，大概就是古人写题壁诗的状态。

（宋江）独自一个，一杯两盏，倚阑畅饮。不觉沉醉，猛然蓦上心来，思想道：“我生在山东，长在郓城，学吏出身，结识了多少江湖好汉，虽留得一个虚名，目今三旬之上，名又不成，功又不就，倒被文了双颊，配来在这里。我家乡中老父和兄弟，如何得相见？”不觉酒涌上来，潸然泪下，临风触目，感恨伤怀。忽然做了一首《西江月》词，便唤酒保索借笔砚来。起身观玩，见白粉壁上多有先人题咏，宋江寻思道：“何不就书于此？倘若他日身荣，再来经过，重睹一番，以记岁月，想今日之苦。”

乘着酒兴，磨得墨浓，蘸得笔饱，去那白粉壁上挥毫便写道：

自幼曾攻经史，长成亦有权谋。恰如猛虎卧荒丘，潜伏爪牙忍受。

不幸刺文双颊，那堪配在江州。他年若得报冤仇，血染浔阳江口！

宋江写罢，自看了大喜大笑，一面又饮了数杯酒，不觉欢喜，自狂荡起来，手舞足蹈，又拿起笔来，去那《西江月》后再写下四句诗，道是：

心在山东身在吴，飘蓬江海谩嗟吁。

他时若遂凌云志，敢笑黄巢不丈夫！

宋江写罢诗，又去后面大书五字道："郓城宋江作。"……

从文化生成的角度考虑，信笔涂鸦是人的本能，心有所感，禁不住手之舞之足之蹈之，歌以言情，书以写志，都是极正常的。只不过，早先会写诗的人少，写几笔成不了灾，而如今时移势迁，判断的尺度也就随之变化了。当然，从题刻内容看，古今还是有很大差异的，这一点，还真是今不如古。

超越时空的对话

题壁诗蔚为大观，也成为一道风景，引得行旅者驻足品鉴。宋代周煇有《清波杂志》，称自己旅行住店，常在诸多题壁间留连，甚至有时能看到亲朋好友的题字，表达途路艰辛的苦况。他还发现，有些文字笔画柔弱，语言哀怨，判定都是好事者戏为妇人女子之作。

这个判断也未必对，宋代有个叫幼卿的女子就曾客旅题壁《浪淘沙》，还附有小序表达初衷，称自幼与表兄同窗读书，意趣相投，表兄欲结婚姻，却遭到父亲婉拒，理由是表兄尚未取得功名。而来年表兄科考登甲科，幼卿却已被迫另嫁他人了。此后，在陕馆偶遇，表兄竟策马而过，略不相顾。意思是看都不看她一眼，这令她极为感伤，“因作《浪淘沙》以寄情”，词云：

目送楚云空，前事无踪。谩留遗恨锁眉峰。自是荷花开较晚，孤负东风。　　客馆叹飘蓬，聚散匆匆。扬鞭那忍骤花骢。望断斜阳人不见，满袖啼红。

词作缠绵哀婉，令过往读者唏嘘感叹。

驿壁题诗是一种特殊的对话方式，实地实景呈现当时的写作情境，来往行人驻足观看时，颇有代入感，是很特殊的体验。

宋代以后，题壁之风日盛，举凡邮亭、驿墙、寺壁，到处可见题咏，由于量多而频繁，有些寺庙僧人面对被涂写的墙壁，也苦不堪言。

宋人张表臣著《珊瑚钩诗话》，谈及自己和友人游甘露寺，题近作小词于壁间，一僧人见了，就站在一旁愁眉苦脸，口中嘟嘟囔囔道：“我刚把墙壁涂抹得平展展的，又写上字了。”二人自恃文人雅趣，觉得寺僧耳背愚钝，遂相视大笑，戏称，刷了又

清陈枚《月曼清游图》册之《围炉博古》。图册描绘的是宫廷嫔妃们一年十二个月的深宫生活。此为十一月，天寒地冻，遂围炉欣赏古画。后人看题壁，也和她们一样，都是穿越时空的对话和交流。

题，题了又刷，循环往复，这便是甘露寺的“祖风”啊。可见，当时名胜古寺的墙壁频频被涂抹已不是一天两天了。

不过，也有寺庙、邮亭专门准备题板，将题壁的名家优秀之作拓刻，或直接让游客在题板上写诗，这既便于留存，也给墙壁一点喘息之机。

据王定保《唐摭言》卷十三记载：蜀路有飞泉亭，亭中诗板百余，然非作者所为。后来薛能佐、李福两人路过，觉得所题诗大都不好，悉打去诸板，惟留李端《巫山高》一篇。

如今，一些名胜古迹管理部门专设涂鸦墙，也是聪明的疏解法子。疏好过堵，是不是？

接风洗尘

长途旅行之后抵达目的地，当地亲友常要设宴招待，为之“接风洗尘”，这在古代既是习俗，也是礼仪，今人亦如此。

“接风”就是“接到了”风?

“接风”一词最早见于元曲。石子章《竹坞听琴》第一折有言：“便安排酒肴，与孩儿接风去来。”元曲是俗文体，里面保留了很多口语，可见“接风”一词是当时的俗语。

为什么叫“接风”？大概行旅者一路“风尘仆仆”“风吹雨打”，甚至“风餐露宿”，最后“风雨无阻”地到达，这行旅过程始终与“风”同行，那接到了“风”，自然也就是接到旅行者了。当然，这个注解，属于顾名思义的乱发挥，只能入“魔鬼词典”。

“洗尘”一词比“接风”出现得早，也称“洗泥”。相比“接风”，“洗泥”“洗尘”就很好解释：长途跋涉，自然灰头土脸，抵达后洗脸洗头濯足沐浴，洗除旅途尘泥的同时，也一并去除跋涉的乏累，这个词倒是很实在的。

《大宋宣和遗事》是宋元笔记小说，里面讲到宋代名妓李师师一度受宠于宋徽宗，然而，她私下又与另一爱慕者贾奕相好，时常约会小酌。一天正饮酒中，恰被高俅撞见，惊慌之下，李妈妈上前打圆场："这人是师师的一个哥哥，在西京洛阳住。多年不相见，来几日，也不曾为洗尘。今日办了几杯淡酒，与洗泥则个。"稀里糊涂的，就把这事暂时瞒混过去了。李妈妈又说"洗尘"，又说"洗泥"，其实都是一个意思，但避免了重复，语言就活泼生动了许多。

苏轼《和钱穆父送别并求顿递酒次韵诗》云"伫闻东府开宾阁，便乞西湖洗塞尘"，是把"洗尘"拆开说的。

明戴进《风雨归舟图》。行旅者一路"风尘仆仆""风吹雨打"，甚至"风餐露宿"，最后"风雨无阻"地到达，这行旅过程始终与"风"同行，那接到了"风"，自然也就是接到旅行者了。

接风又称“洗尘”“洗泥”，事实上却不是打盆水洗脸洗脚这么简单，大都要设宴饮酒招待，当然招待规格的大小、简丰也没有定例。

接风“浴”和接风“宴”

《水浒传》第三十三回，宋江来到清风镇花荣驻地，彼此拜见后，花荣“请宋江更换衣裳鞋袜，香汤沐浴，在后堂安排筵席洗尘”。香汤沐浴，就是调进各种香药的洗澡水，这就正式得很了。只是不知花荣家这“香汤”用的什么料。

按传统，香汤多用“五香”，即从兰香、白檀、白芷、桃皮、柏叶、沉香、鸡舌香、零陵香、青木香等若干种香料中，选取五种予以调制。香汤沐浴不仅洗净身体、涤尽尘垢，还可通经开窍、舒经活血，是十分解乏的。另外，芳香之气令人神清气爽，也适合缓解长途跋涉后精神上的倦怠。当然，洗濯都是铺垫，重心还是筵席，俗称“接风酒”。只不过，经济状况不同，远近亲疏有异，这接风酒的场面也自然不一样。

《红楼梦》第四回，薛姨妈带薛蟠、宝钗等人投奔荣国府，“喜的王夫人忙带了女媳人等，接出大厅，将薛姨妈等接了进去。姊妹们暮年相会，自不必说悲喜交集，泣笑叙阔一番。忙又引了拜见贾母，将人情土物各种酬献了，合家俱厮见过，忙又治席接风”。荣府这里接的是至近的亲戚，接风酒自然要隆重些。

《水浒传》第二十六回，武松出差回来后，为弄清武大死因，特请邻居们吃酒，邻居们说："小人们都不曾与都头洗泥接风，如今倒来反扰。"邻居们白吃一顿酒，多少有些不好意思，便寒暄致歉。假若真为武松洗泥接风，大概也就是粗茶淡饭略加些酒肉而已，和贾府里的接风宴比较，就是刘姥姥进了大观园。

同样是接风，这酒席上的气氛也是各有差异的。《红楼梦》第十六回贾琏护送林黛玉扬州奔丧归来，凤姐摆酒接待。在家里"迎接"远归的丈夫，接风酒自然就可随意些。因房内别无外人，凤姐便笑道："国舅老爷大喜！国舅老爷一路风尘辛苦！小的听见昨日的头起报马来说，今日大驾归府，略预备了一杯水酒掸尘，不知可赐光谬领否？"贾琏笑道："岂敢！岂敢！多承！多承！"两人一本正经地官话应答，其实眉眼飞动，接风酒不过是年轻小夫妇打情骂俏的引子。

《水浒传》第五十回，宋江率队打祝家庄得胜回山，"寨里头领晁盖等众人擂鼓吹笛，下山来迎接，把了接风酒"，这酒筵一定是粗豪实在的，大口吃肉，大碗喝酒，喝到兴处，喧闹逗骂。

如今，交通日益便利舒适，人们对出行的态度也越来越从容，风尘仆仆渐渐变成象征性的修饰语，接风宴也简化了。不过"接风洗尘"的含义没变，几千年前，孔子说："有朋自远方来，不亦乐乎？""接风洗尘"也同样表达了这久别相逢的欢欣。

草木

春　韭

对于季节的更替，鸟兽草木总比人来得敏感。这边还围着火炉瑟缩着，那边河里的野鸭已知春江水暖了；这里春寒料峭，那里枯叶之下，新生的草叶则肥嫩多汁了。所以，翻着日历数来的春天，远不如眼耳鼻舌口感知的春天来得踏实。踏春挖野菜，园中剪春韭，与其说是生计所需，倒不如说更是心理满足的需要。

韭菜终究还是“巨划算”

俗语云：三月三，韭菜鲜；六月六，韭菜臭。人们认为韭菜以春季为佳，夏季韭叶生长迅速，水分易流失，口感不好，故却之甚远。其实，六月韭菜虽不如春天的鲜嫩，但也并非“臭”不可食，实在是那时餐盘里有太多选择，口舌傲娇起来，也确实可以大大地挑剔一下。

早春韭菜属于时鲜，头茬韭更鲜美。“头”是首要，第一，最上端，常用来指称茎芽最嫩的部分，如豌豆头、马兰头、枸杞头等。头刀韭金贵，据说蒲松龄就消受不起。他说：“二寸三寸，与我无份；四寸五寸，偶然一顿；九寸十寸，上顿下顿。”等到韭菜已老，长及盈尺，价格便宜，巨划算，才上顿下顿地吃吧。

人人喜吃鲜嫩之物，文人更显得嘴馋，吃还不算，还要写诗表白，杜甫诗云：“夜雨剪春韭。”辛弃疾也学舌：“夜雨剪残春韭。”不过，能把馋嘴写成诗，也是诗人的本事，馋嘴也就变成雅趣了，甚至还成了口耳相传的典故。

比如李商隐有诗云：“嫩割周颙韭，肥烹鲍照葵。”“周颙韭”出自《南齐书·周颙传》，说当时的名士周颙清贫寡欲，终日以蔬菜为食，虽有妻子，独处山舍。人问他在山中都吃什么？颙曰：“赤米白盐，绿葵紫蓼。”又问菜蔬哪些最好吃？答曰：“春初早韭，秋末晚菘。”菘即白菜，春韭，晚秋白菜，都是时鲜，是很美味的。而前面所说的“赤米白盐，绿葵紫蓼”，其实就是白水煮青菜加点儿盐，配赤米饭。不过，他把这几种对称排列，强调赤白绿紫色彩的搭配，多了视觉的体验，很细腻，感觉就不一样了。

赤米，即红米，俗称红霞米、桃花米，外皮紫红，芯儿也是红的，现在稀有，很金贵，但早期属于糙粮。《国语》里说到吴国大饥荒，“市无赤米”，就是说连糙米都没有卖的。绿葵，是冬葵菜，叶片碧绿而大，像圆圆的扇面；紫蓼，蓼草的一种，生长在水边，叶紫色，味辛，可做菜羹，亦可做调料。而“鲍照葵”说的是晋宋时的诗人鲍照，他曾写《园葵赋》，极尽夸饰铺张赞美之辞。

鲍照喜欢葵菜是有道理的，因为葵菜看着像块大手帕，烹煮后，肥嫩柔滑，口感极佳。不过，赋中歌咏葵菜，实际上是歌咏田园生活，拭藜杖、制田畦、布蔬种，闲适安逸，故“鲍照葵”

才成为田园隐逸生活的象征。日日以蔬食过活，而又盛赞早韭晚菘的至美至甘，实际想表达的还是一种生活态度吧。故陆游《村居书事》云：“白盐赤米已过足，早韭晚菘犹恐奢。”

春盘用韭和韭花酱

旧时立春吃春饼，又叫春盘，韭菜是不可少的。苏东坡诗云：“渐觉东风料峭寒，青蒿黄韭试春盘。”春盘，又称“辛盘”“五辛盘”，早先，因盘中装有五种辛辣蔬菜，以合五行，代表东西南北中五方神灵，以此驱邪避讳。

初春时节，五脏六腑经冬积攒了恶浊之气，要借辛辣之物驱除，至于哪些辛辣蔬菜可登堂入室，倒没有一定之规。一般说来，蒜苗、青葱、韭菜、芫荽、萝卜等都可以担纲。今天人们吃春饼习惯裹豆芽菜，如果从“辛”字看，豆芽实在算不上正宗，确属鸠占鹊巢了。

韭菜含挥发性精油，有独特的辛香味，又含硫化物，具有杀菌作用，其根叶捣汁，有消炎止血止痛之效，所以，韭菜作为蔬食，作为调料，也是医食同源。古人很早就利用这点，将韭菜制成调料，以杀菌，并遏制肉食的腥膻。

《礼记·内则》称：调和切细的肉，春用葱，秋用芥酱；调和猪肉，春用韭菜，秋用辛菜。调脂用葱，调膏用薤。薤（xiè），叶似韭而阔，也是葱韭类的调味菜。这样用料，已十分讲究了。按《周礼》，当时调料酱品有“七菹”，指的是用秋葵、芦笋等腌制的酸菜或咸菜，其中就有“韭菹”和“菁菹”，前者是腌制的韭菜，后者即韭花酱，菁即韭菜花。

韭菜花做调味更是美味，因为地道的腌韭花只有合着时令，才美味。韭菜一年可吃多茬，但韭菜开花却仅在夏末秋初，相较而言就算珍品了。腌韭花选料很讲究，要在欲开未开时采摘，此时花朵完整，未结籽，营养味道保存完好。过早，花籽未成，水分大不说，也缺了籽的清香；过时，则花朵枯老发黄，品相不好，口味也差多了。韭花洗净，晾干剁碎，加盐搅拌入坛，两三日后就有令人垂涎的鲜香味，即便当小菜也是极下饭的。有些人家，加入秋梨以及新鲜的蒜姜，味道就更浓郁了。

老北京有涮羊肉，是出了名的美食，羊肉要选内蒙古草原的肥羊，经过整个夏季丰美水草的滋养，羊肉肥美鲜嫩。而此时，也正是韭菜开花结籽的时候，新做的腌韭花就成了地道配料。这种韭花酱配羊肉的吃法，应当是极为古老和经典的。五代时有位书法家杨凝式，陕西华阴人，农历七月十一日，初秋，他午睡后腹饥，恰有人馈赠韭花，大喜，遂修书相谢：

昼寝乍兴，朝饥正甚。忽蒙简翰，猥赐盘飧。当一叶报秋之初，乃韭花逞味之始，助其肥羜，实谓珍羞。充腹之余，铭肌载切。谨修状陈谢，伏惟鉴察。

谨状

七月十一日（凝式）状

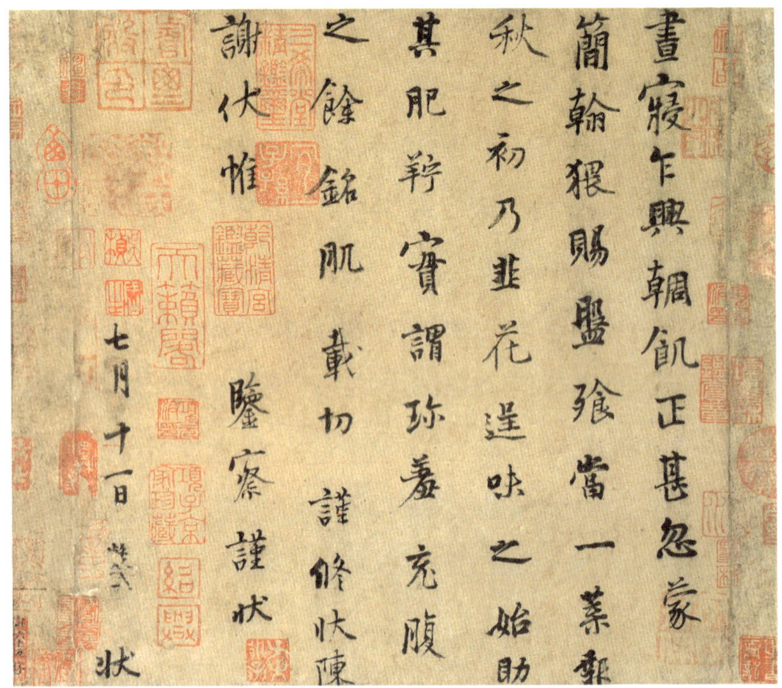

五代杨凝式《韭花帖》。书法家杨凝式午睡后腹饥，恰有人馈赠韭花，大喜，遂修书相谢。地道的腌韭花只有合着时令，才美味。韭菜一年可吃多茬，但韭菜开花却仅在夏末秋初，相较而言就算珍品了。

大意是：

午睡刚起来，腹中正感饥饿。忽然收到来函，还辱承赐我盘飧美食。在这一叶报秋之时，正是韭花酱异常鲜香可口的时候，用它来佐食肥嫩的羔羊肉，实在称得上是珍馐呀。饱食之后，尤为铭感！恭恭敬敬写下回信致谢，敬请察知。

全文六十三字，七行，文字书法极疏朗，恰与当时萧散闲适的心境相配，这就是书法史上有名的《韭花帖》。

香　椿

北方传统人家庭院里，院边墙角常有一两棵香椿树。庭院植物，有些是出于形态之美，让人有了栽种欣赏的意趣，但绝大部分可兼做食材、药材，最不济也要能遮阴纳凉，是要考虑多重价值的。香椿树得入庭院，除了遮阴外，大都为了摘椿芽儿。

雨前椿芽嫩如丝

每年清明至谷雨时节，是采摘椿芽儿的好时期，俗云："雨前椿芽嫩如丝，雨后椿芽如木质。"这段时间，香椿树渐渐吐出紫茎绿蕊的嫩芽儿，至十几厘米就可采摘了。过长则老而柴，过短虽嫩，但采摘麻烦，量少不经济。

不过，长短还不是唯一标准，如果是懂行的吃主儿，还会特意选择萌发在主枝条上的椿芽，这些椿芽营养足，芽茎粗壮，最为肥嫩，所谓"母大子肥"。这样的椿芽采摘也极容易，只需轻轻一掰，或用钩子一钩，芽体就从母干上脱落了，其截面粗壮，外层还长着肥厚的三角形萼片，若不摘，这树芽儿是可以长成一根粗壮枝条的。

椿芽入馔，对于食家来说，是极美的享受。汪曾祺曾说起香椿拌豆腐：嫩香椿头，芽叶未舒，颜色紫赤，嗅之香气扑鼻，入开水稍烫，梗叶转为碧绿，捞出，揉以细盐，候冷，切为碎末，与豆腐同拌（以南豆腐为佳），下香油数滴，“一箸入口，三春不忘”(《豆腐》)。

其实，椿芽烫过之后切末凉拌，或当面码儿、炒鸡蛋，怎么着都好吃。老点儿的椿芽裹上鸡蛋面糊入油锅炸脆，是为香椿鱼儿，也是令人垂涎的美味。

香椿可先后摘芽三次，头茬味道最鲜美，摘过之后新发的树芽儿更旺，但味道则一茬比一茬淡，三茬过后，树芽儿纤维增多，口感渐差，也就很难引起人们兴趣了。

采摘椿芽抑制了香椿树养分的积聚，所以庭院里年年采摘的椿树很少见到开花结果的。但若有些多年的椿树长得高，想摘芽儿够不着，到六月份，就会开满白花，也是院子里的一景。大棵的椿树常常从树根底下钻出枝条来，有时贴着树干，有时隔着好几米远，有两年就长得挺挺直直的，这时候谁家要想种香椿树，就把它连根起出来，移过去，过两年就可以采摘了。

香椿香，臭椿臭

香椿有异香，不招虫，树下纳凉也不必担心“吊死鬼儿”，所以是极皮实的树。《庄子·逍遥游》云：“上古有大椿者，以八千岁为春，八千岁为秋。”这是言其长寿，故一棵香椿树是可以伴着老宅，伴着几代人成长的。而香椿芽这一最朴素的家乡食物，也每每在春天撩拨着众多“吃货”的味蕾与乡愁。

其实，香椿名中有“香”，但这种香味属于比较小众的香型，并不是人人都爱。有人就受不了香椿的味道，言其“臭”，这和人们对待臭豆腐、酸豆汁儿、榴莲、香菜等态度是一样的。

对此，香椿树们自然不服，因为要说臭，还有一种树，和它们长得很像，大名就叫臭椿，顾名思义，后者有异臭。不过，单凭气味，一般人也很难区分这两种树，倒不如“眼见为实”。

以目测，香椿和臭椿有两点大不同：一是树皮，臭椿树表面光滑不裂，香椿树皮则是条块状有裂纹的；二是叶子数量，臭椿每一枝叶片数目为奇数，它总是在几对之外，上端再多长出一片来，形成六对半、七对半、八对半等，而香椿则总是双数，如六对、七对、八对等。据说果实也有很大不同，香椿果实是椭圆形的，属于蒴果，臭椿则属于翅果，果实边上呈羽翼状，便于种子随风散播到稍远的地方。这种区别人们一般不太注意，也注意不到，因为很少有把臭椿种在院子里，院子里的香椿树也少有开花结果的。

臭椿古称“樗”，香椿古称“椿”，在植物种属上不同科，但都是中国古老的树种。《庄子·逍遥游》借惠子之口谈及无用之大树，就拿臭椿树做例子，他说：“吾有大树，人谓之樗。其大本臃肿而不中绳墨，其小枝卷曲而不中规矩。立之途，匠者不顾。”云云。但根据中药文献，臭椿有“小毒”，可供煎汤外洗；

又据清代吴其濬《植物名实图考》，樗根、荚皆入药，其木稍坚，可作器，可见并非一无是处的。

据说，印度、法国、德国、意大利、美国等国常将臭椿作行道树用，甚至称之为天堂树。臭椿树干通直高大，树冠圆整如半球状，叶大荫浓，秋季红果满树，颇为壮观，或观赏，或做庭荫，也是很好的。

不过，以香臭区分植物并命名，以有用无用来谈论草木，都是人类功利主义植物观的某种体现。其实，对自然而言，哪有香臭美丑，哪有有用无用之说，所以庄子才嘲笑惠子：

> 今子有大树，患其无用，何不树之于无何有之乡，广莫之野，彷徨乎无为其侧，逍遥乎寝卧其下。不夭斤斧，物无害者，无所可用，安所困苦哉！

意思是，那大树觉得没用，其实正可以乘凉啊，寝卧其下，优哉游哉，若如此，这两种长寿之木也就都可安享天年了。

野菜与救荒

每年三、五月是挖野菜的好季节，此时野菜鲜美肥嫩，若赶上一场春雨，野菜褪去灰头土脸，就更诱人了。此时，提篮挎镰，携妻带子，林间旷野，暖阳和风，着实心满意足，篮子是否装满倒是其次的。荠菜、蒲公英、马齿苋、青蒿、枸杞头、马兰头、蒌蒿……采了回去，焯水凉拌、蒜蓉清炒、细切做馅，简单的做法就能将春日搬上餐桌，怎么也要多下几箸吧。

挖野菜，为果腹，也是过节

一种活动能带来心意的满足，就容易让人乐此不疲，也很容易成了节日，春日踏青采野菜也是如此，故从唐代起，就把农历二月二定为挑菜节。挑菜，也叫拾菜，其实就是挖野菜。

白居易有诗《二月二日》："二月二日新雨晴，草芽菜甲一时生。青衫细马青年少，十字津头一字行。"此日仕女出郊拾菜，士民游乐其间，流赏春光。青年们着青衫、骑细马，在津头堤岸徐徐前行，游赏谈笑，田野中的"草芽菜甲"反倒成了点缀了。

假如遇雨，就扫兴了，宋代张耒有诗名曰《二月二日挑菜节大雨不能出》，诗中感叹“佳节泥深人未行”，着实郁闷呢。

不过，虽然五谷为上自帝王下至百姓所重，但年景歉收时，野菜对于大多数人就不再仅仅是生活的点缀，更多还是为了果腹。青黄不接时，要以野菜充饥，若遇灾荒，更得靠此活命了。甚至正常年景，吃糠咽菜也是平民百姓的常态，不是神农氏，也尝遍百草。所以，代代手传口授，就积累了大量有关野菜的经验和知识。

因此，历代农书都间有涉及救荒植物的内容，只是记录较零散，反倒是医书对野菜记录的多些，但其重心又仅放在医药价值，直到明代，才开始把野菜作为天然食物资源加以考录研究。

清焦秉贞《历朝贤后故事图·禁苑种谷》。图中人物为曹太后，宋仁宗皇后。其性慈俭，重稼穑，常于禁苑中种谷养蚕。

人们记其特性、产地、异名、可食部位、吃法、滋味和药性等，配上图录，形成一套野菜名物辨析的方法。

朱橚的仁心

朱橚《救荒本草》开风气之先。朱橚是明太祖朱元璋第五子，曾被封为吴王，后改封为周王，藩地就在河南开封。河南地区自古灾害多发，黄河决堤引发水灾，加之旱灾、蝗灾，民不聊生。朱橚性宽厚，凡利民之事，莫不关注留意。他感慨植物之生于天地间，各有所用，但因不见诸载籍，虽老农老圃亦不能尽识，如此，天地造化给人们的馈赠，却只有牛羊鹿豕得以享用，实在是可惜。于是他搜购可食野菜四百余种，专门找了个园子集中栽种。自己每日亲自查看研究，观察植物们的生长、开花、结籽。他还聘请画工逐一绘图，将“花实根干皮叶之可食者，汇次为一帙”（《救荒本草》序），这即为《救荒本草》的来源。

关于朱橚的植物园，明代后期《如梦录·周藩纪》有载，称周府有草场、菜园、百花园（名寿春园）、龙窝园，有供浇灌的龙井，后宰门里有土山，名曰亭辇庄。这些园子、草场、土山应当就是朱橚观察植物的地方了。为研究野菜而建立一个植物园，这是前所未有的。

居安思危的“野菜谱”们

明初有务实学风，《救荒本草》后，尚有多部记录野菜的本

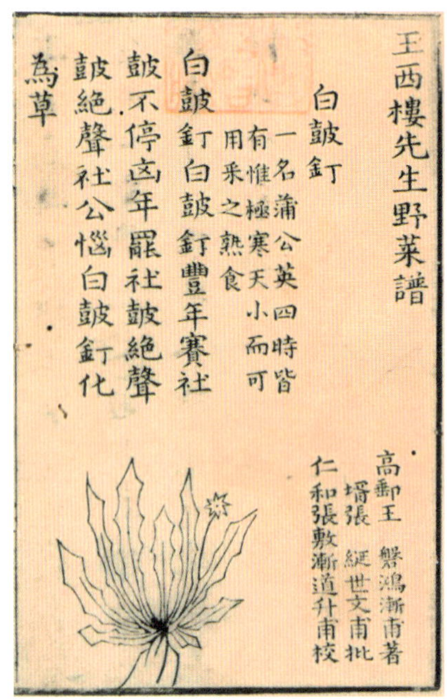

王西樓先生野菜譜

高郵王　磐鴻漸甫著
壻張　綖世文甫批
仁和張敷漸道升甫校

白鼓釘

一名蒲公英四時皆有惟極寒天小而可用采之熟食

白鼓釘白鼓釘豐年賽社鼓不停凶年罷社鼓絕聲鼓絕聲社公惱白鼓釘化為草

王磐《野菜谱·白鼓钉》。以歌谣的形式记录了蒲公英的救饥作用，并绘以图形。

草著作。

王磐《野菜谱》，收野菜六十余种。王磐看到江淮一带连年灾荒，灾民采野菜充饥，担心误食中毒，遂将这些野菜“取其象而图之，俾人人易识，不致误食伤生”，可以说就是一本采摘野菜的实用手册。书中每种野菜后都有“救饥”一项，说明采摘季节、食用方法等。同时还“因其名而为咏”，所咏歌诀用的是民间通行的谣歌形式，也利于传唱记诵，如第一首：

白鼓钉（即蒲公英），白鼓钉，丰年赛社鼓不停，凶年罢社鼓绝声。鼓绝声，社公恼，白鼓钉，化为草。

通俗上口，充满忧民情怀。

周履靖《茹草编》，收野菜一百种，亦有歌，有图，有说明。如“蒲公英”：

春山明，春水平，黏天芳草夹岸青。蒲公英，蒲公英，春日易阴晴，江乡社鼓鸣，黄蜂粉蝶时轻盈。

言辞清雅，颇有闲情逸致。

屠本畯《野菜笺》，记录家乡浙江鄞县常见的野生植物二十二种。如百合：“似莲有根如蒜”，描述是植物形态。芋头：“甬芋青青，田芋软，田家借作凶年饭”，强调了芋的形态和备荒用途。香椿：“香椿香椿生无花，叶娇枝嫩成杈枒。……嚼之竟日香齿牙”，说明要在开花前摘取其嫩芽方鲜美可口。也是很实用上口的。

此外，还有鲍山《野菜博录》、姚可成《救荒野谱》等。

人在饱食暖衣之际，多不以冻馁为虞，一旦遇祸患，则不知所措。古人作野菜录，念生民万一有患，居安思危，不亦善哉？

豆　话

俗谚云："夏天多脾虚，食豆胜吃肉。"是说豆类有两大好处：一是营养丰富，可替代肉制品；二是物性温和。肉类食多体燥，豆类做粥食，做豆腐，或磨粉与其他粮食掺和做面食，抑或发芽苗菜，对各类体质都是很适宜的。

豆子家族

豆类是我国最早种植的农作物之一，早先叫"菽"。《诗经·生民》说周人始祖后稷先天通稼穑，"艺之荏菽，荏菽旆旆"，说他种植的大豆枝叶茂盛。而"豆"则指一种盛肉的高脚盘，也是礼器，孔子少时"过家家"就爱摆弄这些器物，模仿礼仪中摆放器具的样子，《史记·孔子世家》载："孔子为儿嬉戏，常陈俎豆，设礼容。"秦汉以后，"豆"渐渐代替"菽"，专指豆科植物，原来的器物义就不怎么用了。

在古代农书里，豆是归在谷类的。按吴其浚《植物名实图考》所录，除了人们熟悉的大豆、绿豆、蚕豆、豇豆、豌豆、扁豆等外，还有赤小豆、白绿小豆、白大豆、黎豆、山黑豆、山绿豆、苦马豆、山扁豆、云扁豆、回回豆、胡豆、刀豆、龙爪豆、乌嘴豆、黑药豆、蝙蝠豆、山黄豆等，种类繁多。

南宋任仁发《大豆图》。豆类是我国最早种植的农作物之一，早先叫“菽”。

豆类有根瘤菌，可自产氮肥，故耐贫瘠，薄地、山地、边边拉拉的地块上撒上豆种，不用多加照顾，也能有些收获。陶渊明有诗云：“种豆南山下，草盛豆苗稀。”他一介书生，不擅农事，又无多少肥田，农艺也得从种豆起步吧。但他的豆，出苗稀稀拉拉，好像也种得不太好。

不过，上面所说的那么多种豆类，现在恐怕农夫也不一定说得全，因为大多数豆类已很少有人种了，这是现代农业、也是商业化种植的特点。现代农业技术先进，选优育种，甚至能改变基因，选来选去，大面积种植的就剩那么几种，这几种多属于产量高，虫害少，好管理保存的。我们餐桌的食材越来越趋同、集中，比如，粮食类我们常吃的就是大米和白面，苹果就只吃红富士、黄元帅、红星等几种，梨常见的也就只有鸭梨、雪梨、白梨了。

梨子和枣子的花样

其实各地都有很多古老品种，比如有一种香水梨，也叫老梨、软梨，主产地为甘肃、河北北部，东北也有，品质、口感极好。尤其特殊的是，这种梨子不怕严寒冷冻，不仅不怕，而且冷冻之后，口感奇佳。以往当地人就把部分梨子存放在天寒地冻的院子里，任由它们冻成一个个冰疙瘩。吃的时候，拿进屋来，放入冷水中，半个来小时，再看，梨子外面褪出一层冰壳，这个过程有的地方叫“拔一拔”，有的地方叫“出汗”。“拔”过之后，其颜色由鲜亮的清黄色转为棕黑，果瓤全化成了果汁，秋天采摘时还略有些酸涩，这时则甜美可口。捧到嘴边，猛吸一大口，甘凉透心。再看，就只剩下果皮和残核了。冬季干燥，香水梨最为润肺清火。

宋佚名《扑枣图》，台北故宫博物院藏。院角枣树果实累累，一群小孩攀扯枝桠，边玩边吃，兴高采烈。

清代康熙年间的《重纂靖远卫志》就记载甘肃靖远的这一特产：“香水梨，即消梨也。他处不多见，深秋成熟，咀嚼无渣，至冬春间冻释成汁，天然甘美，诚珍品也。”但这些年，香水梨不敌其他作物的商业化种植，大多只留下些老株，生长在沟坎、边坡和林间等不占耕地的地方，处于野生或半野生状态。

还有很多作物也是这个命运。王敦煌曾写过一篇《枣树》，回忆小时候北京人家庭院里的枣树，品种就很多，如马牙枣、梨枣、葫芦枣、大枣、小枣等。(《吃主儿二编——庭院里的春华秋实》)前三种恐怕现在没几个人听说过。现在除红枣外，到北方可能还能找到黑枣。黑枣学名君迁子，又称野柿子，分有核、无核两种，品质、营养也是极佳的，但产量低，有核的更是肉少核多，种的就比较少了。

农业技术发展，商业化种植，养活了更多的人，却也渐渐冷落甚至灭掉了更多的物种，是喜是忧呢?

追求齐同，语言也是受害者

追求齐同，就像过滤器，滤掉差异，筛选出大小匀称、产量质量均一的产品，这其实也是目前普遍的现象，影响到各个领域，并不仅仅限于农作物。

比如推广普通话，虽便于交流，但普通话是用一些通行的词汇语音来概括或者代替其他方言语汇，也属于对异质语言简略而粗糙的滤洗。作家韩少功很早就曾写过一本小说《马桥词典》，他虚构了一个湖南村庄马桥镇，用当地一百一十五个词条描述乡村生活，就想引起人们对这一文化现象的注意。

在后记里，作家还谈到自己在海南的经历。海南有全国最大的海域，有数不胜数的渔村，历史悠久的渔业。海南人关于鱼的词汇量应该说是最大的。真正的渔民，对几百种鱼，包括鱼的每个部位，以及鱼的各种状态都有细致、准确的表达和描述，有特定的语词，足以编一本厚厚的词典。但这些，绝大部分无法进入普通话。即使是收集词条最多的《康熙字典》，四万多汉字也离这个海岛太遥远，因此，方言词汇里大量深切而丰富的感受就被排除在视野之外，排除在学者们御制的笔砚之外了。

所以，当作者用普通话问鱼贩："这是什么鱼？"鱼贩被迫使用他们不太熟悉的普通话来回答，而普通话里没有对应的鱼名，只好说是"海鱼"，追问得紧，也就拿"大鱼"来含糊对付。这不是他们语言贫乏，而是我们无法穿过这道语言屏障，他们的"鱼"就这样隐匿在了普通话无法照亮的深海里。

本打算说"豆"的，可说来说去，却说了一大通别的，也算物伤其类吧。不管是物种的，还是人种的，还是文化的，失去多样性，终究不是太美好的事儿。

瓜的命名

夏季阳光、雨水充沛，各类瓜菜渐渐成熟，是食瓜的好时节，且可一直延续到秋后。《诗经·豳风·七月》云：“七月食瓜。”夏历七月，大火星渐向西下，暑退将寒，这就是瓜菜最后的成熟季节了。应季瓜果味道纯正，营养丰富，是可以大快朵颐的。

顾名思义

我国瓜类品种极多，其名称也体现出汉语构词的典型特点，即用旧有词汇组合构成新词，比如西瓜、南瓜、北瓜是按照方位命名的。汉代张骞凿空西域后，西瓜才渐渐传入内地，故名“西”。北瓜据说原在北方生长，南方引进栽培，水土不同，口感独具特色，才又被称为南瓜。

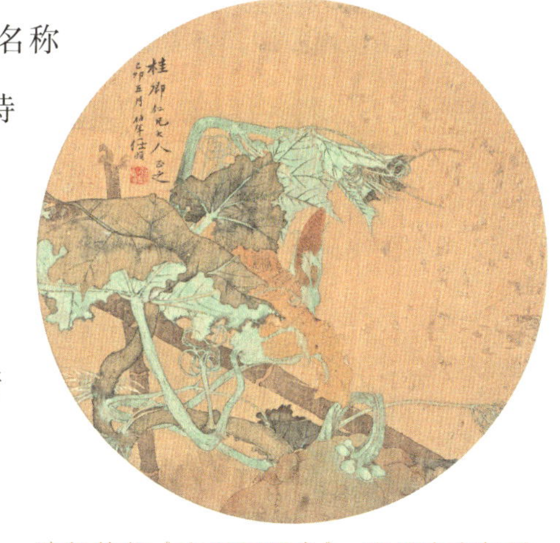

清任伯年《南瓜图团扇》。南瓜皮实好种，高产，味道营养都不错，是画家钟爱的绘画题材。齐白石曾为自己的《南瓜图》题识云：“瓜瓣多且甜，不怪人垂涎。”

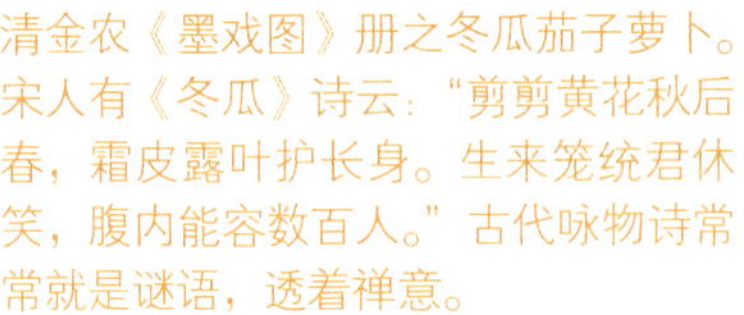
清金农《墨戏图》册之冬瓜茄子萝卜。宋人有《冬瓜》诗云："剪剪黄花秋后春，霜皮露叶护长身。生来笼统君休笑，腹内能容数百人。"古代咏物诗常常就是谜语，透着禅意。

清恽寿平《丝瓜图》绢本。丝瓜老后，内瓤纤维状如丝络，晒干，磕掉表皮和内部成熟的种子，就是丝瓜瓤儿，民间常用来刷锅洗碗。

其他还有以形状命名的，如葫芦瓜、佛手瓜、飞碟瓜；以色彩命名的，如白兰瓜、黄金瓜；以口感命名的，如苦瓜、甜瓜；以产地命名的，如哈密瓜。哈密瓜其实本是甜瓜的一种，主产地在新疆，因为哈密地区种植最多最有名，遂得名。哈密瓜味道甜美，可算是蜜瓜一类，故有时也被误写作哈"蜜"瓜。

其他如丝瓜得名，是因为其老后，内瓤纤维状如丝络，晒干，磕掉表皮和内部成熟的种子，就是丝瓜瓤儿，民间常用来刷锅洗碗。还有冬瓜，成熟后，表皮覆有一层粉状物，好似初冬白霜。这些命名都是很形象的。

南方有一种砍瓜，是南瓜的一个变种，个体长大，因为自身含有植物愈合素，伤口愈合速度快，故食用此瓜不必整个摘下来，一个时期内，吃多少，砍多少，随砍随吃，随吃随鲜，故称为“砍瓜”。砍瓜比南瓜脆甜，比冬瓜细腻，皮薄肉嫩，炒食、炖汤、做馅儿，都很好。据民间说，手要是破了，滴上一滴“瓜汗”，也能迅速愈合，不知是真是假。

上述命名方法给人们认识事物提供了便利，如法炮制，便可为很多新事物、新物种命名了，如比照旧有的牛车、马车，就有了汽车、卡车、摩托车、自行车，这些名称也大致指示出相关事物的归属类别。

汉语可以搭积木

事物的命名透着人们的思维习惯和观念，所以语言文字本身就是文化。比如黄瓜原来的名称叫“胡瓜”，和胡萝卜一样，也是汉代从西域传过来的。但五胡十六国时，后赵皇帝石勒很忌讳这个“胡”字，汉臣襄国郡守樊坦就将其改为“黄”瓜，这取其谐音，或许也取其色，因为黄瓜有一种就是色泽黄绿的，和深绿色的黄瓜（南方称青瓜）不同，口感更脆嫩，在北方一些地区还有种植，菜农说是老品种，那时的胡瓜大概就是这种，只是没史料证明，只能算作推测吧。

汉语很多日常词汇都像搭积木，新词含着常词，包含了事物特性类属的提示信息，就可以很轻松地猜出意思来，所以人们不需要太多的原生词就能满足日常交流。按照现行教学要求，小学识字量为两千四百,九年义务教育达到三千八百,就能读懂 90% 以上流行于社会的读物,这在英语世界是很难想象的,因为英语的特点是,有个新事物,就要造个新词儿,日积月累,词汇量可谓“汗牛充栋”。

比如英语有 pork(猪肉)、beef(牛肉)、mutton(羊肉)、venison(鹿肉),《现代汉语词典》却一概查不到,词典里只有猪、牛、羊、鹿和肉。再如英语有星期一(Monday)、星期二(Tuesday)等,《现代汉语词典》则仅收录“星期”和“星期日”,其他照理一推就可以了。同理,一月到十二月英语里都有固定词汇,但《现代汉语词典》也没有一一收入。

编者不收这些词,使用者也不会认为收词“不全”;相反,一部英语词典,若少了这些,那就肯定是重大疏漏了。按照《牛津英语大词典》初版,收词汇四十万,篇幅最大的《韦伯斯特大词典》收词达一百万之多,而对比《现代汉语词典》,仅收字、词、词组、熟语、成语等约五万余条。所以,对于中国人来说,学英语背单词是令人头疼的事情。

文化只有差异,没有优劣

汉语词汇多由单字组合而来,这些词汇是举一反三、触类旁通的产物,是无需收入词典解释的。不收入词典,并不是否认这些词的存在。汉语讲究“记字不记词”,只要在大脑里储存必要的字,如上述猪、羊、牛、肉、月、一、二、星、期等,用时招之即来，临时排列组合，用毕挥之即去，各归原处，这样的语言不也是极为巧妙独特且方便的么？假如把各种组合词汇也一一纳入词典，那数量可能就大到无法统计了。

所以，很多东西都不能单纯拿数量来比较，否则，区区五万对上百万，汉语词汇真是贫乏得可以。拿数量比较，是最简单的比较，只适用于同类同型的事物，一旦超出，再比，就有问题，就好像拿五根竹笋和二十颗青豆比，谁多谁少呢？

有两人对话，甲说："这些活儿星期一就可以干完了吧？"乙发牢骚："星期一？星期八也干不完！"这里的"星期八"当然是个新词汇，可是，有必要进入词典么？

语言是文化，文化只有差异，没有优劣。

见过世面的土豆和红薯

时令入秋，各种根茎类的植物经过一个夏天的成长，膨大成熟，在入冬之前就要收获了。俗话说："春吃花，夏吃叶，秋吃果，冬吃根。"这是强调一年四季饮食都要跟着季节来。秋后收获的根茎类食物，如土豆、红薯、山药，营养丰富，耐储存，历来是百姓过冬的重要食物。

汪曾祺的土豆

作家汪曾祺曾写过一篇散文，说他有过一段吃土豆的特殊经历。当时他在河北北部的沽源县下放劳动，那里有土豆培育基地，他当时负责的，是把各个品种的土豆画出图谱作资料。他先是画花，土豆花是伞形花序，有一点点像复瓣水仙，颜色是白的或淡紫的。等土豆花一落，土豆块成熟了，他就又开始画土豆块。他说，土豆块相当好画，想画得不像都不太容易，大概是土豆长得就没有一定之规，怎么画都像。每画完一种，他就把它丢进牛粪火里烤熟吃掉，全国像他那样吃过那么多种土豆的人大概也没几个。

土豆不“土”，是“洋”芋

土豆不是本土植物，据布罗代尔《15至18世纪的物质文明、经济和资本主义》一书，土豆最早产于美洲，智利的农业专家认为智利的奇洛埃岛是原产地，随后逐渐在全世界推广种植。然而，秘鲁的一位土豆专家威利安·罗加则认为土豆产于秘鲁，因为秘鲁本地的土豆种类远多于智利。争来争去，至今仍是悬案。

不过，一般认为土豆传入欧洲大概是在十六世纪，这应该是哥伦布发现新大陆之后了，十八世纪以后才开始大规模种植。土豆什么时候移民中国的？似乎也没有明确记载。有人认为是在明代，大概和郑和下西洋有关，郑和七次下西洋，到过三十七个国家和地区，不知在哪儿就和土豆结了缘。

总之，土豆显然是从外国传入的，所以有些地方至今管土豆还叫“洋芋”。西北人有一句土话，说一个人有点儿傻，没见过世面，土得掉渣，就说他是个洋芋。其实，人家洋芋来自外洲外国，才是见过世面的呢。

土豆可以炒、炖、蒸、煮，既可作主食，亦可为蔬菜，大概根茎类的食物里还没有一种能像土豆一样，在人们的日常饮食中占有如此重要的地位。东北大炖菜若没有土豆，似乎就不地道。其他如酸辣、醋溜土豆丝，似乎也没见几个不爱吃的。西洋饭里有土豆泥，洋快餐里炸薯条也是年轻人的最爱，此外还有罗宋汤也要有土豆。

罗宋汤是发源于乌克兰的一种浓菜汤，在东欧、中欧很受欢迎。一般以甜菜为主料，也有用卷心菜的，常常要同时加上土豆、红萝卜、菠菜和牛肉块、奶油等一块熬煮。罗宋汤浓稠味美，与土豆里丰富的淀粉有密切关系。罗宋汤何以得名？是姓罗和姓宋的发明么？当然不是，“罗宋”是俄罗斯（Russia）的音译，据说是上海人翻译的，用了百家姓，真是好记得很，就是容易引起误解。

红薯从“番国”来

还有一种根茎类食物在人们日常食谱中担纲，那就是红薯。

红薯太普及，别名也多，番薯、朱薯、红山药、金薯、白薯、红苕、地瓜、山芋等。红薯也是外来的，时间大概也是明代。比较早的记载见于万历壬子（1612）黄士绅所纂《惠安县续志》，卷一“物产续纂”云：

> 番薯，是种出自外国。前此五六年间，不知何人从海外带来？初种在漳……今改名朱薯，从其名，夷物而中国，则中国之；曰番薯，不忘旧也。

这里的惠安、漳（州）都是福建地名。红薯从外引进，为“夷”物，故名“番”薯，和胡萝卜从西域引进，要带个“胡”字是一个道理。

明清时期闽、广地理位置特殊，海外移民多，对外贸易发达，所以它们在外来作物的引进与传播方面具有得天独厚的优势。据记载，明万历年间，有一位福建长乐籍华侨名陈振龙，多年在吕宋从事贸易，发现当地“朱薯被野，生熟可茹”，觉得红薯生熟都可以饱肚，又这么野蛮生长，肯定很好种，假如把薯种引进国内，人们就不用饿肚子了。

可是，想引进，并不容易。当时吕宋为西班牙殖民地，当局禁止番薯外传。无奈，陈振龙只好先向当地人学了栽种方法，再伺机而动。万历二十一年（1593）的一天，他私下购买几英尺薯藤，偷偷“截取其蔓尺许，挟小盖中”，大概是把藤蔓盘在容器盖子里，携子陈经纶乘船回到福州。番薯远渡重洋，却非常适应中国的水土，便四处开枝散叶了。

物种大交换改变世界文明

近些年来，很多学者都在讨论一个问题，就是大航海时代“物种大交换”如何改变世界文明，以及它给中国带来的影响。我们知道，欧亚大陆和美洲大陆本是各自独立的生态系统，动植物体系全然不同。但1492年，哥伦布航行抵达美洲大陆后，欧洲商船开始将大量物种带到大洋彼岸安家落户，同时也将彼岸的物产带回，由此，生物开始了跨洲流动，全球的生态系统也开始交错融合。

比如马就从欧洲到了美洲，桉树被带到了欧洲，阿拉伯咖啡和印度胡椒被移植到印度尼西亚，南美洲的土豆被移植到北美洲，其他如玉米、辣椒、烟草、可可等更是从此成为全球性的产物。

当然，还有些肉眼看不见的生物，比如欧洲人带去的天花、麻疹、流感、斑疹伤寒、白喉、疟疾、肺结核和黄热病等传染病，使北美洲印第安人口在一两个世纪之内减少了 95%，几乎是灭顶之灾。这种生物迁移的速度和规模远远超出自然状态下物种的迁移状态，这也被称为“哥伦布大交换”。

大航海时代，虽然中国采取的是消极守势，但“哥伦布大交换”和世界贸易依然对中国产生了巨大影响。在食物系统中，除了土豆、红薯外，玉米、南瓜、辣椒等几乎同时也从南美洲进入了中国。这些作物，尤其是土豆、红薯和玉米，给中国带来的影响是巨大的。

在此之前，中国人的主食是稻米和小麦，而这两种作物对环境要求高，只有长江、黄河流域才适合种植。相比之下，土豆、红薯、玉米就皮实得多，贫瘠的荒地、山地也都能耕种，所以，这些作物的引进，让明清两朝解决了饥荒问题。据统计，从明末到清初的 100 年间，中国人口增长了 10 倍，成为当时人口最多的国家。

穿越到先秦可以吃什么？

了解我们餐桌上食物的来源，会意识到，与后来相比，早期中国真的算不上“地大物博”，先民曾被束缚在一张匮乏的食品单上。网上曾流传一个段子，说某人穿越到先秦，途中进店吃饭，与店小二有了下面的对话：

“里边请，请问客官是打尖还是住店？”

“打尖！来碗西红柿鸡蛋面。”

“抱歉，客官，面条要到宋朝才能成形呢。西红柿现在南美洲才有，明朝末年才传入中土。小店目前只有鸡蛋，要不您点一个？”

“什么鸟店！连碗面都没有，馒头包子总有吧？上一屉！”

“这位爷，也没有。馒头包子得等到诸葛丞相讨伐孟获的时候才有，抱歉了您呢。”

“嘿！你们不会只供应白米饭吧？”

“瞧你说的。咱是在关中，水稻原产亚热带，得翻过秦岭才能种，咱也没有。”

“要死了！那就来个大侠套餐吧，半斤女儿红，二斤熟牛肉……你捂我嘴干嘛？”

“客官，小点声！官府严禁私宰耕牛，被人告了可是充军流放的大罪，万万不敢啊！再说女儿红是吴越才有，咱是在关中！”

“得得得，酒我也不喝了，茶水总有吧？”

“茶？那玩意儿到汉朝才有，哪怕到唐朝也是士大夫喝的，咱也不可能有。”

“我的天！那就不吃饭了，来根煮玉米吧！看电视剧大秦帝国里不是有玉米地吗？”

“那是导演瞎拍。玉米现在还在墨西哥呢，要等明朝末年才传入中国。”

“那上点水果吧。大热天的，来半个西瓜。”

“呃，西瓜是非洲特产，要到北宋末年，才从契丹传到汉地……”

“没有西瓜，苹果总有吧？”

“真抱歉，西洋苹果十九世纪才从欧洲传入中国。客官，您别点水果了，我可以负责任地告诉您，像什么葡萄啦，芒果啦，石榴啦，草莓啦，菠萝啦……您现在都吃不到。”

“你他娘的店里到底有什么？”

“粟米的窝窝饼，您蘸肉酱吃，我还可以给您上一份烫白菜。”

“敢情你开的是麻辣烫啊？”

“瞧您说的，辣椒到明代才引进呢，我想开麻辣烫也开不成啊！”

“没有辣椒，用大蒜代替也行。”

“真不好意思，大蒜的种子是西汉张骞出使西域后带回来的。小店只有花椒，只麻不辣。”

“那你就不能炒个青菜？非要开水烫白菜？”

“您有所不知，铁锅到宋朝后期才能生产，所以没法炒菜。况且炒菜要用菜油，菜油得等到明朝后期普遍种植油菜花以后才有。”

“好吧，其实你们可以用花生油……”

“花生现在还在美洲，哥伦布发现新大陆以后才开始传播。直到乾隆末年，花生都还十分罕见。”

“那就来份烫白菜吧，多加点香菜。”

“嘿嘿，香菜原产地中海，张骞出使西域后……”

“去你大爷的！我真恨不能一黄瓜拍死你！”

“黄瓜？黄瓜原产印度，也是张骞出使西域带回来的。”

“没有黄瓜，我就用茄子捅死你！”

“嘻嘻，茄子来自东南亚，晋朝时传入中国的。隋炀帝就特别爱吃……

“……”

“客官您还要什么？”

“……”

“喂，客官……客官您别走啊！”

这个段子所说各种食物的引进时间和途径，未必都很准确，却用一种谐趣的方式提醒我们，我们的很多“想当然”并不“理所当然”，中华美食其实也是“全球化”的产物。

从古到今，很多食物名称都透露出它们来自异域，如“胡”系列，胡萝卜、胡瓜（黄瓜）、胡葱、胡蒜（大蒜）、胡荽（芫荽，俗名香菜）等，大多是两汉魏晋时期由西北陆路引入的；“番”系列，番茄、番薯、番椒（海南某些地方对辣椒的称呼，四川一些地方称海椒）、番石榴、番木瓜等，大都是南宋元明时期由“番舶”（外国商船）带入的；此外还有“洋”系列，洋葱、洋芋、洋白菜（卷心菜）、洋姜等，大都是清代乃至近代引入的。

所以，“哥伦布大交换”也好，物种大交换也好，大概都在提醒我们要有一种全球联系的视角，而且，人类也不能妄自尊大，因为一些物种其实一直在人类社会的进程中扮演着极为重要的角色，我们看到的很多历史结果还是由它们暗暗操控的。

菘葵当家

古人的餐桌上最早有什么常备菜?

大白菜为王

菘，即大白菜，人们称之为百菜之王，很大程度上是因其口感甚好。《南齐书》有一段记载非常有名。说南朝宋时，周颙于钟山筑隐舍，终日长蔬，颇以为适。人尝问:“卿山中何所食?”颙曰:“赤米，白盐，绿葵，紫蓼。”又问:“菜食何味最胜?”颙曰:“春初早韭，秋末晚菘。”霜降以后，白菜去了青涩味，口味偏甜，最为鲜美，故赞美其“秋末晚菘”。南宋诗人范成大也有诗云:“拨雪挑来踏地菘，味如蜜藕更肥醲。”

也正因为这个特点，《本草纲目》这样解释“菘”的得名:“菘性凌冬晚凋，有松之操，故曰菘，今俗谓之白菜。”不知有没有道理，也许是附会吧。

白菜受到青睐，还在于其适于贮藏，可应对蔬菜淡季的需要。冬至前后，白菜入窖，可以吃一整个冬天。过去在北方，白菜是冬天唯一的水菜，也是口味最美的水菜。入冬前，家家户户

清石涛所绘白菜。题诗云："何必秋风想会莼，菜根无乃是灵根。写来澹墨清泉里，留于肥甘作孟邻。"

搬运、存储大白菜是一项重要工程，往往全家总动员，清理烂叶，一棵一棵在凉屋里码好，覆盖，或是窖藏，一切就绪，冬天才算开始。储存白菜的过程好像一个入冬仪式，成为普通人家初冬风景的点缀。

葵菜曾是当家菜

事实上，白菜是在宋元以后才成为中国百姓餐桌当家菜的，在此之前，则是葵。

葵，即冬葵菜，俗称冬寒菜、冬苋菜，白菜引进之前，曾被称为百菜之主。葵菜叶片碧绿而大，像圆圆的扇面，上面还有一层细细的茸毛。握在手里像手帕，入水烹煮，口感柔滑，白居易《烹葵》诗中说"绿英滑且肥"，"滑"正是冬苋菜叶的口感，确是甘美柔滑的。

葵菜上餐桌，历史久远。《诗经》中提到的蔬菜不下三十余种，其中便有它。《诗经·豳风·七月》云："七月烹葵及菽。"说的就是初秋烹煮葵菜和豆子以为食。那时候，葵菜大约还是野外采摘的。到春秋战国时代，开始普遍种植。

据《管子》记载，当时齐桓公觉得北城有很多贫民，大都靠编制草鞋、种菜为生，可生活拮据，衣衫褴褛，问管仲有什么办法没有。管仲就提出一个扶贫政策，即“禁百钟之家不得事鞒（草鞋），千钟之家不得为唐园，去市三百步者不得树葵菜”。“百钟之家”，“千钟之家”，指的是家中有百钟、千钟存粮的富裕人家；“唐园”，即菜园。管仲以行政手段干预市场，不许有财力的进入草鞋、蔬菜行业，以保护“小微”商户，还不许市场附近居民自种葵菜，免得影响菜农的生意。

无独有偶，据《史记·循吏列传》所载，春秋时鲁国相公仪休也曾“食茹而美，拔其园葵而弃之”。他觉得家中园子里的葵菜好吃，就命令全都拔了；又“见其家织布好，而疾出其家妇，燔其机”，意思是家中媳妇织的布好，就休了她，还一把火烧了织布机。问原因，原来是怕自家产品太好妨害菜农、织户的生计。这么极端，也许是民间传的，但也未可知。

因此，很长时间，葵菜在菜蔬中占有很重要的位置。《黄帝内经》提到“五菜”，即葵、藿、薤、葱、韭，葵居首位。西汉时期，史游编纂了一部字典，把当时人们常用的词汇编成顺口溜，其主要的蔬菜种类就被概括为“葵韭葱薤蓼苏姜，芜荑盐豉醯酢酱。芸蒜荠芥茱萸香，老菁蘘荷冬日藏”，葵菜仍居首。

葵菜味甘性滑，口感好，又皮实易生。地不论肥瘠，只要气候适宜，一年四季都可以种。夏种秋采者为秋葵，秋种冬采者为冬葵，正月复种者为春葵。到五月初，再种，此时“春者既老，秋叶未生，故种此相接”（《齐民要术》）。故王祯《东鲁王氏农书》说：

> 葵为百菜之主，备四时之馔。本丰而耐旱，味甘而无毒，供食之余，可为菹腊，枯枿之遗，可为榜簇。子若根则能疗疾。咸无弃材，诚蔬茹之上品，民生之资助也。

意思是说，葵菜味美可食，还可做干菜。葵菜枯干的杆茎还能编做晾晒工具，所以，葵是蔬菜中的上品。

那葵何以被菘取代？人们分析可能有两个原因：一是中国人日常蔬菜消费量很大，需要蔬菜品种高产，大白菜亩产可达五千公斤以上，葵菜相比不及一半；二是葵虽四季可种，鲜食爽滑，但似并不适合贮藏。

《齐民要术》说：“世人作葵菹不好，皆由葵大脆故也。”菹即腌菜，大概葵菜质地嫩软，纤维少，故不宜腌制。旧时腌菜是百姓重要的菜品，这就成了葵菜的弱项。相比，大白菜既可鲜储，腌渍之后也极美味，所以，取代葵就很正常了。当然，这些情况主要针对的是北方，在南方，蔬菜则是各有千秋的。

反季菜也来亮个相

中国人饮食结构早就形成“南人饭米，北人饭面”的格局，相比之下，副食中的蔬菜变化却要大得多。为了改变盘中菜食，人们想尽各种办法，反季节栽培也是早就开始尝试的。

据《汉书》，冬天在宫廷园中种葱韭等菜蔬，覆以屋庑，“昼夜燃蕴火，待温气乃生”，这是有关温室栽培最早的记载。到唐朝，宫廷里利用温泉灌溉进行反季节栽培，这样，每年二月中旬便能尝到新鲜的瓜果，故唐人王建有诗云：“内园分得温汤水，二月中旬已进瓜。”

明代徐光启将这种反季节栽培称为“煨艺”，煨本意为火盆中的火，作动词有烘烤之意。煨艺往往要在炕洞内进行，所以培育出来的萝卜、黄瓜、韭黄等蔬菜瓜果，又被称为“洞子货”或“窖菜”。

还有一种应对蔬菜淡季的办法即“黄化”，史载宋代就用此技术培育了豆芽和韭黄。如今河北深州西安庄栽培韭黄很有名，当地人说始于明永乐年间，最早是一位老人将韭根当柴烧，无意中放在烧火的炕上，十余天后，竟长出黄韭芽，遂恍然大悟，就在炕头堆粪，捂上被子试种韭菜根，代代相传，不断改进，便成了如今的韭黄。韭黄不见阳光，色泽黄嫩，没有辛辣感，做汤、清炒，怎么都好吃。韭黄肉丁馅的饺子，更是冬季佳肴。

白菜也有人黄化培育，据《本草纲目》菜部卷二十六“菘”记载，燕京圃人以马粪入窖壅培，白菜不见风日，长出苗叶，皆嫩黄色，脆美无滓，谓之黄芽菜，豪贵以为嘉品，这大概是仿韭黄之法。但书中说：“其菜作菹食尤良，不宜蒸晒。”也是有缺陷的。

松公与柏伯

冬季风凛气寒，万物萧索，唯松柏保持青翠不凋，故孔子云：“岁寒，然后知松柏之后凋也。”

松柏何以四季常青？今天的科学是这样解释的：松柏叶片尖细，角质（蜡质）层发达，表面积与容积之比小，气孔下陷，厚壁组织充分发育，所以叶绿素不易在低温下分解。而普通的落叶树木则因叶片较大，表面又没有蜡质薄膜，水分散失快，不易存活，故秋冬季变黄陨落。

这种解释推究事理本原，对则对矣，却并不合中国传统的观察习惯。岁寒时尽，草木尽凋，唯松柏傲霜挺立，此小者可以激发意志，大者可见穷且益坚，这恐怕才是孔子发此感叹的原因。

看松不是松

孔子提倡读《诗》，认为大者可兴观群怨，小者也可“多识于鸟兽草木之名”。以前人们常从实用、功利的角度来解释这句话，如清人刘宝楠：“鸟兽草木，所以贵多识者，人饮食之宜，医药之备，必当识别，非可妄施。”（《论语正义》）

对此，钱穆先生颇不以为然，认为孔子这里应该还包含有更深一层的意思，即强调万物对人们情志的感发作用，这是基于实用而又超越实用的。

《诗》尚比兴，多就眼前事物，比类相通，感发而起兴，借由《诗》熟悉和亲近鸟兽草木，看莺飞鱼跃，草木凋荣，体味其中生生不息的生命意味，亦可以感发情性，如此说来，当然就是万物一体，道无不在的。所以，孔老夫子一再感叹："天何言哉？四时行焉，百物生焉，天何言哉？"（《论语·阳货》）天地自然包含着无言之教，自然的种种物象就是人精神情感的一部分，因此中国人对物的态度，与其说是科学的，毋宁说是艺术的。

中国古人推崇"博物"，追求通晓众物，见多识广，知识渊博，但这种观念更多强调要将重心放在观察外物对人事的"作用"方面，而西方文化特别是

明文伯仁《松风高士图》。画中危崖飞瀑与苍松翠柏隔岸呼应，遮掩着草堂，高士曳杖而立，神态安闲。

现代科学将自然万物看作客体加以研究观察，两者有很大差异。

中国古人对自然万物的观察有自己独特的方式，即“天人合一”，文学中常提及的“情以物迁”“随物以宛转”“一切景语皆情语”等说法也根植于这种观察体验方式。观察方式不同，获取知识的方式就不同，自然形成不同的知识系统，因此西方（或现代）博物学分植物学、动物学、天文学、地质学等，这些学科很难在中国古代知识系统中找到一一对应的内容。

松柏驱邪

古人对松柏别有感情，认为是百木之长，种植、使用都有特殊讲究。《史记》曰：“松柏为百木长也，而守宫阙也。”宫阙是指古时帝王所居住的宫殿，因宫门外有双阙，故称宫阙。以松柏守宫阙，大概也是看到它们四季常青，傲霜斗雪，终年富有生机。大概也正因此，松柏也是墓木，用民间的话讲，属于坟头树，既庄重肃穆，也寄托着人们渴慕长生以及死后不朽的愿望。

据说，诸葛亮死后，后主刘禅亲自下诏，在他的陵园里种了五十四株柏树，象征着诸葛亮终年五十四岁，以志不朽。现今陕西勉县武侯墓，就有若干棵古柏，气质沉静平和，不知是不是当年那些。

古人在墓地种植柏树，还有一个原因，那就是认为柏树有着神秘力量，可以驱邪。据传说，有一种恶兽名魍魉，最喜盗食尸体和肝脏，每到夜半，就出来挖掘坟墓取食尸体。此兽身手灵活，行迹神速，神出鬼没，令人防不胜防。但这怪物也有弱点，就是畏虎怕柏，所以古人为避这种恶兽，常在墓地立石虎、植柏树。

虎是猛兽，人都怕，自然也可以驱邪，而柏树可以避邪，源于民间的古树崇拜心理。古人觉得，自然界中有许多动植物，都比人生命长久，就像老人，活得久就见得多，自然有识别怪异的能力，寿数高，也才镇得住邪祟。《红楼梦》里，凤姐请刘姥姥给自己的女儿起名字，其中一个原因也是说要“借”她的寿数。所以，古柏、古松等在民间观念里，都是神秘的力量，作为坟前树，是极妥当的。

不过，自古就有些人并不理会这些个讲究，比如梁代陶弘景。他是个医家，也是道学家，据《梁书》记载，此人“特爱松风，庭院皆植松。每闻其响，欣然为乐”。因为喜欢听风吹松林的音声，而打破传统习惯，在自家院子里大种特种松树。他的行为在当时一定引起很大反响，没少挨人们指点评说，也入了史传。不过，魏晋六朝时期，很多文人有识者都很有个性，崇尚特立独行，以突破常俗为傲，陶弘景对此也一定是甚为得意的。

“拆解”松柏的游戏

关于“松柏”，还有些拆字、解字的游戏，也颇为有趣。

宋代王安石曾撰《字说》一书，依据字形解释文字由来。他释“松柏”云：“松柏为百木之长。松犹公也，柏犹伯也。故松从公，柏从白。”王安石这么解释，大概是认为古代爵位有公、侯、伯、子、男五等，“公”居首；家族兄弟排序，为伯、仲、叔、季，“伯”为老大，而松柏为百木之长，故松犹公，柏犹伯，进而从造字上推，松从公，柏从白。这些解释多妄为比附，没有什么文字学的根据，属于望文生义，反贻人笑柄，所以，宋人笔记里对他就多有嘲弄。

如徐健《漫笑录》称，东坡闻荆公《字说》新成，戏曰："以竹鞭马为'笃'，以竹鞭犬，有何可'笑'？"苏东坡嘲笑王安石，今天的读者并不能很好地理解，因为这个"梗"里，有一些文字学知识。"笑"字最早的写法为上从"艹"下从"犬"，后来小篆讹为上从"竹"下从"犬"，到唐代李阳冰刊定《说文解字》，方改为从"竹"从"夭"，才有了我们现在写的"笑"字。

苏东坡按照王安石望文生义的释字逻辑来推"笃"和"笑"字的来源。意思是，"笃"本义是马行走缓慢，所以"以竹鞭马为笃"尚说得过去，但"以竹鞭犬"即和"笑"的本义就没什么关系了，所以，苏东坡才说"有何可'笑'"。

不仅如此，苏东坡按着王安石的逻辑进一步发挥："鸠字从'九'从鸟，亦有证据。《诗》曰：'鸤鸠在桑，其子七兮。'和爹和娘，恰是九个。"这就是用算数来解释"鸠"字的来源，就极为可笑了。苏东坡和王安石政治上不和，这部《字说》让苏东坡逮住机会，损了王安石一顿。

同样，宋代曾敏行著有《独醒杂志》，是一部史料笔记，也记载了有关王安石编写字书的糗事。卷五说道：王荆公作《字说》，一日，踌躇徘徊，若有所思而不得。其儿媳侍见，因问其故。公曰："解'飞'字未得。"妇曰："鸟爪反面升也。"公以为然。王安石要解释"飞"字的由来，儿媳妇帮他出主意，说鸟飞翔的时候，爪子反过来向上，自然就是“飞”字喽。“公深以为然”，这些记载大概属于引申发挥，编排故事，拿王安石打趣的。

王安石是政治家、文学家，但他大概在文字训诂方面并不精通，即便很认真编字书，终究还是缺乏专门研究，反倒成了语言学的“野狐禅”了。不过，古代本来就没有严格的专业划分，所以，很多人都是杂家，王安石编字书也无可厚非，今人大概就不敢轻举妄动了。

古代文人喜欢文字游戏，许多玩笑都和文字相关。拿“松柏”等形声字来调笑的，还有一个。据《艺文类聚》载，唐代有神童贾嘉隐，年方七岁，受到朝廷召见。太尉长孙无忌、司空李勣立于朝堂上，与之戏言。

李勣问：“吾所倚者何树？”

嘉隐对曰：“松树。”

李勣道：“不对呀，这明明是槐树，怎么是松树呢？”

嘉隐应道：“以‘公’配‘木’，则为松树。”

长孙无忌觉得有趣，也逗问道：“吾所倚何树？”

嘉隐对曰：“槐树。”

无忌曰：“咦，我俩倚的都是同一种树，你刚说是松树的，不能随便改呀？”

嘉隐应声曰：“何须更正，但取其以‘鬼’配‘木’耳。”

长孙无忌平白成了“鬼”，无言以对。我想，只能自我解嘲，仰天大笑吧。

毒草为药

大黄，《神农本草经》入下品，《植物名实图考》归入毒草类，是使用非常广泛的一种药用植物。一般在秋末茎叶枯萎或来年春天发芽前采挖，除去细根，刮去外皮，切瓣成段，串起晾干待用。此药可攻积滞、清湿热、泻火祛瘀、凉血解毒。

大黄，归入毒草类，是使用非常广泛的一种药用植物。医者用毒草，正是以毒攻毒。

以毒攻毒

古人对植物的毒性有一套独特的理解。认为，凡物之所生，就是“有粹有驳”。“粹”即完美纯全，“驳”即杂而不纯。纯粹和不纯粹的，虽有差别，但也都各有其用。《荀子·赋篇》云：“粹而王，驳而霸。”意思是修炼到德行纯全者即可称王，杂而不纯者也可做一方之霸主。如此看植物的品性，芳草、毒草就各有其用，医者用毒草，正是以毒攻毒。

比如荨麻，多毛刺，过去医书记载，盖草螫人手足，肿痛至不可忍，不知者往往为其所中，厉害的甚至上吐下泻，故人们比其毒于蜂蝎，也因此荨麻称之为螫人草、咬人草、蝎子草、防盗草、无情草。但荨麻全草可入药，采摘后用开水煮过，可以祛风去湿；叶子和嫩茎煮过后还可以当饲料喂猪，故吴其浚《植物名实图考》云："然土人采之，沃以沸汤，则可已疯（风），亦可肥豕，世固无弃物哉！"

由此，古人还将医道和治理天下之术并论，认为古之御灾害患者，多出于恶人，恶人有狠傲强固之气，正可敌恶。所以，古之圣贤皆能用恶人，而不肯轻言去恶人。当年秦国崇法尚武，秦军号称虎狼之师，也正因为有此虎狼般的凶恶悍霸之气，方结束了战国的乱世；汉末群雄并起，曹操一代枭雄，横槊赋诗，才促成了天下三分的鼎立局面。曹操曾放言："设使国家无有孤，不知当有几人称帝，几人称王？"（《让县自明本志令》）世人皆谓之狂妄，却不知他道出了实情。

猛药之后，续以温补

然而，假如去恶之后，仍以恶人当道，仍行残烈之法，那自然就是颠倒错乱，为乱世无疑了。因此，最好的办法是以恶去恶，而以善人君子继其后，温良恭俭，从容敷治，这才是治世的良方。

骑马叱咤方能得天下，但假若政权在握，却不及时转向，一味用强，用酷法，用集权，寄希望于“马上”治之，自古都没有成功的先例。所以，秦朝二世而亡，继之而起的汉代虽承秦制，却也清楚地看到秦覆亡的教训，遂改弦更张，礼法并重，方终得大汉盛世。

因此，良医不能只专于攻击之药，亦当熟稔调和之方，猛药之后，续以温补之法，方有奇效。这正是“刑新国用轻典，刑平国用中典，刑乱国用重典”(《周礼·秋官司寇》)，是要宽猛相济的。

不过，中医更深谙调和的道理，即便用毒草、下猛药，也是常常辅以调和之物。

比如毒草中有一种甘遂，古医者常将其与甘草并用，以去脚气、肿毒、腹水等，谓之有奇效。古人认为，二物相反，但若懂得使用调和之法，相济却可以成功，甘遂敷于外，甘草服于内，一逐其病，一化其病。“宽以济猛，猛以济宽，政是以和”(《左传·昭公二十年》)。治世、治人，道理皆同。

假如不懂上述道理，那自然是庸医无疑。如大黄，历来被医者认为是荡涤之要药。然而，若庸医，仅知其然而不知其所以然，无论是痁疠之疫、郁结之疾、伏热之病，抑或饮食之毒、浮游之火，一并以大黄为秘妙丹药，灌之服之，那病者不即登鬼簿，也会损耗十之二三。如此，病人却常不能自知，可叹亦可悲。

读古医方，可了解中医调和使用毒草之法。比如清代《银海指南》有“清宁丸”，以大黄为主，治疗饮食停滞，胸脘胀痛，头晕口干，二便秘结。

大黄十斤，用泔水浸透，以侧柏叶铺甑，入大黄，蒸过晒干。以好酒十斤浸之，再蒸晒收干。另用桑叶、桃叶、槐叶、大麦、黑豆、绿豆各一斤，每味煎汁蒸收，每蒸一次，仍用侧柏叶铺甑，蒸过晒干，再蒸再晒。

制后，再用半夏、厚朴、陈皮、白术、香附、车前各一斤，每味煎汁蒸收如上法，蒸过晒干。再用好酒十斤，制透，炼蜜丸如梧子大，每服一二钱，或为散亦可。

再如宋《妇人良方》治奶痈：川大黄、粉草各一两，为细末，以好酒熬成膏，倾在盏中放冷，摊纸上。贴痛处，仰面卧至五更。贴时先用温酒调服一大匙，就患处卧，明日取下恶物，相度强弱用药，羸弱不宜服。

又《昔济方》治大人小儿脾胃虚弱：锦纹大黄三两，为极细末，陈醋两大碗，砂锅内文武火熬成膏，倾在新砖瓦上，日晒夜露三朝夜，将上药起下，再研为细末；后用硫黄一两，官粉一两，将前项大黄末一两，三味再研为细末。十岁以下小儿，每服可重半钱，食后临卧米饮汤调服。此药忌生硬冷荤、鱼鸡鹅一切发物。服药之后，服半月白米软粥。

中医讲因人因地因时而用药，古方于今人未必适用，然而却可依理研究精进的。

梅的形神

梅花，又名春梅，早春二月，万物肃杀，梅却能凌寒傲放，确实是十分惹眼的。宋人王安石有诗云：“墙角数枝梅，凌寒独自开。遥知不是雪，为有暗香来。”颇能道出梅花的精神气质。

清金农《墨戏图册·梅花图》。题识云：“停琴举酒杯，笑对梅花饮。”金农为扬州八怪之一，一生未入仕，卖书画为生。画中人侧坐，举杯与梅对饮，身旁有琴一张，这正是画家自身的写照：孤诣独赏，落落如凌冬之梅。

梅的灵魂伴侣

在中国传统诗歌的植物意象里，梅花有很多经常并提的“伴侣”。如“梅柳”，梅与柳，生物种属上相去较远，形象上一花一木，把它们并置，主要作为春景的铺陈与点缀。

“倏看媚白破梅枝，更喜娇黄著柳丝。”这是表达欣喜之情。“看梅复看柳，泪满春衫中。”“梅花开后无消息，更待明年柳絮飞。”这是表达相思之苦。梅谢柳生，构成时间尺度的延伸、转折，感时伤春的情愫也就显得深长悠婉、悱恻缠绵了。

此外，梅、兰、竹、菊并称“四君子”，因这四种植物的傲、幽、坚、淡，遂成为中国人感物喻志的象征。其他如松、竹、梅为“岁寒三友”，也与此类似，都是文人诗画中最常见的题材。

不过，早期的咏梅赋梅之作中，梅花意象大都和女性相关，诗人咏梅是含着艳情的。“花色持相比，恒愁恐失时”，以梅花之香丽，拟佳人之娇美，因春花之零落，感韶华之流逝。在此类闺怨诗中，梅花多是佳人自怜的形象。而到了唐宋，文人对梅花“冷美人”形象赞美、欣赏的同时，开始不满于此前的哀怨。梅花寂寞野处，经历风欺雪压，早开早落，自然伤感，但此间诗人看来，这也不正展示其与天下争春、与霜雪竞威的风采么？

故唐代诗人韩偓《梅花》云：“风虽强暴翻添思，雪欲侵凌更助香。应笑暂时桃李树，盗天和气作年芳。”此诗艺术水准未必高，但梅花的形象却翻新了，由此，梅花就逐渐具有了人格情操。入宋之后，梅花遂稳定成为“孤傲”的人格象征了。宋代陆游《卜算子·咏梅》大概是最为脍炙人口的：“驿外断桥边，寂寞开无主。已是黄昏独自愁，更著风和雨。　无意苦争春，一任群芳妒。零落成泥碾作尘，只有香如故。”

然而，陆游这首词，还是有些自怨自艾了，倒是明代韩冕的《咏梅》诗，自有提振之气：

梅花本是神仙骨，落在人间品自奇。
宝剑锋从磨砺出，梅花香自苦寒来。

墨梅是心画

梅花有大红、粉红、白色和粉绿等几种颜色，冬春开放，万物萧疏间，怎么着都很抢眼。不过，人们常说到的还有一种墨梅，淡墨色，其实这是水墨画的梅花，现实是不存在的。墨梅之名据说出自元代画家王冕，他为自己所画的水墨梅花题诗《墨梅》：

吾家洗砚池头树，个个花开淡墨痕。
不要人夸好颜色，只留清气满乾坤。

画面中，一枝梅花横出，枝干秀挺，花朵疏朗。以淡墨点染花瓣，再以浓墨勾点萼蕊，墨色清润，高情逸趣溢于笔端。这首诗题为“墨梅”，意在述志，画格、诗格与人格融为一体，为人称道。

水墨画是中国绘画的代表，讲求以形写神，不拘泥于物体形状、色彩的肖似，而多强调抒发作者的主观情趣，正妙在似与不似之间，因此，这样的画可谓“心画”。这种传统的形成主要来自宋代文人，他们不太看重传统青绿山水，而是更多关注水墨的花卉竹石。

很多有名的文人画家都涉猎过此类主题，比如北宋画家刘梦松和阎士安，主要画墨竹和水墨花鸟，后者甚至还画水墨的草树、荆棘、土石、螃蟹、燕子以及一些水生花卉。还有一位文人画家赵孟坚，是以白描墨水仙而闻名的。而苏轼则喜欢画老树怪石，常常即兴在纸上或墙上自由挥洒。

不过，从绘画史看，在苏轼那个时期，似乎水墨花卉还未普及，他曾给一幅水墨花卉写题跋，说道：“世多以墨画山水、竹石、人物者，未有以画花者也。”（《集注分类东坡先生诗》，第五册，卷十一）真正着力描绘水墨花卉的是南宋文人，并逐渐形成典型的文人画法，尤其更青睐有关松竹兰梅的主题。

这种绘画主题的转换，如果要深究，大概还是要源于这些花草树石身上历代累积下来的文化意义，比如苏轼就曾说：“竹寒而秀，木瘠而寿，石丑而文，是为三益之友。”（《东坡全集》卷二十一）而梅兰竹菊这四种花卉当时虽尚未组合成“四君子”，但也大都是宋代文人喜爱的描绘对象，认为它们身上都有一种高

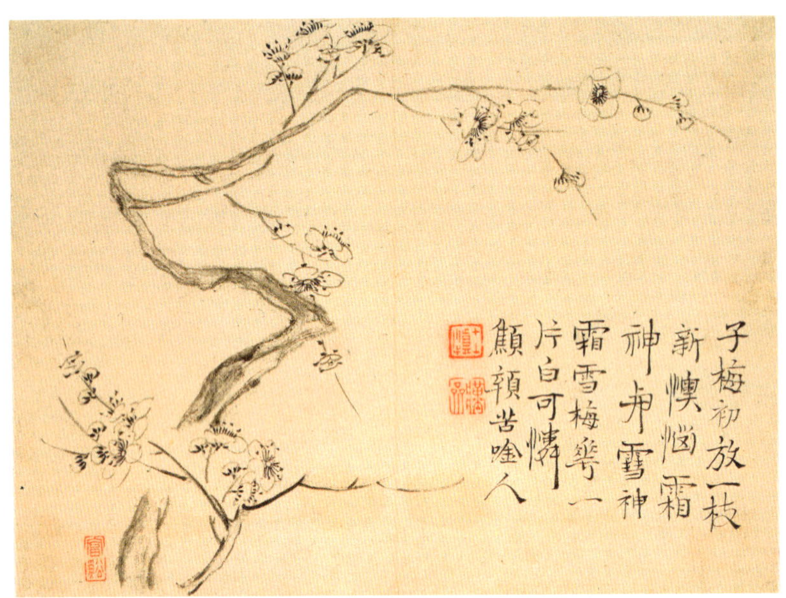

清汪士慎《梅花竹石图册》之一。题识云："子梅初放一枝新，懊恼霜神与雪神。霜雪梅花一片白，可怜憔悴苦吟人。"墨梅常与竹石"同框"，画面写意，是士大夫高洁人格的写照。

洁品格，是高人逸士的象征。

因此，墨梅、墨竹、墨兰之类，都强调"写意"，不求形似。"写意"，即"挥洒心意"，或者"写出心意"，讲的是倾吐、发抒，因此，这个术语还是强调绘画的表现性的。而"四君子"之类自带"清气"，与众不同，仅仅以水墨晕染和勾勒，反倒更容易把它们的精神表现出来，最适合表现"心意"，故元代汤垕《画论》就总结道：

> 画梅谓之写梅，画竹谓之写竹，画兰谓之写兰，何哉？盖花之至清，画者当以意写之，不在形似耳。

“墨戏”图是自由风

不过，水墨花卉的流行大概也和作画方式的便宜有关，因为只要有水、有墨、有毛笔，就可以随意挥洒。而对于毛笔的控制，是文人的优势，甚至兴致来了，也可以不用毛笔，不论什么，抄起来，蘸上水墨，就可以任性发挥。

南宋赵希鹄《洞天清录集》就记载北宋书画家米芾学画作画的细节，称米芾游历江浙，每次都要选择山水明秀之处住下。原本他并不会作画，但流连山水间，耳濡目染，竟有了感觉，日渐模仿，遂得天趣。“其作墨戏，不专用笔，或以纸筋，或以蔗滓，或以莲房梗，皆可为画。”“墨戏”，意味着一种自由的作画风格，这对于文人，对于文艺创作者，就有着极大的吸引力。

在所有墨戏花卉中，梅是最特殊的，吴太素《松斋梅谱》云：“画有十三科，独梅不在其列，为其有出尘之标格，非庸俗所能知也。”宋元以后有个很流行的表现主题，就是“月下梅花”，无论是绘画史、陶瓷史、文学史，很多作品都开始描绘这种景象。

典型的，北宋诗人林逋就有“疏影横斜水清浅，暗香浮动月黄昏”的名句。“疏影”状其轻盈，翩若惊鸿；“横斜”写其妩媚，迎风而立；“水清浅”则映衬梅的冰清玉洁。“暗香浮动”一句也极为传神，描画其不事张扬的清骨，冬寒月夜中，暗香款款而来，飘然而去，有着特殊的韵致。

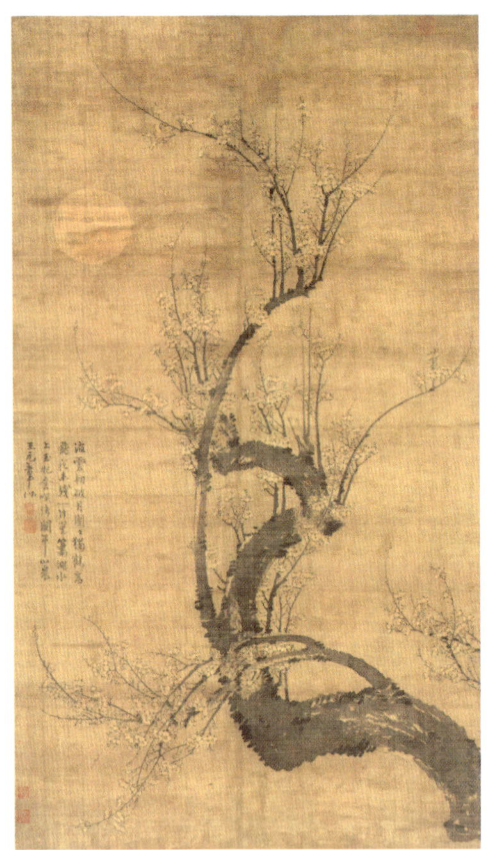

元王冕《月下梅花图》。题识云："海云初破月团团，独鹤高飞夜未残。一片笙箫湖水上，玉妃含笑倚阑干。"传统绘画非常讲究"意境"，画中题诗，诗画互补，会使意境更加深远。即清人画论所谓"高情逸思，画之不足，题以发之"。

而在元明以后的瓷器上则更多出现残月梅花的图案，称为"月影梅"，但也有人认为更准确的名称大概当作"梅梢月"，因为俪松居藏宋宣和式琴一张，上面就有"梅梢月"款。

在冬季清冽的夜风中，梅花在寂静中绽放，梅梢处，一轮残月，令人遐想无限。元代马致远《落梅风》云："菊花霜冷香庭户，梅梢月斜人影孤。"挺拔、冷峻，孤傲、凌寒飘香，这时的梅花是最清雅的，是艺术中的艺术，文学中的文学。

蒿子的文艺范儿

科学家屠呦呦从黄花蒿里提炼出青蒿素，让蒿这类极为普通的植物一下子变得声名远播。“呦呦”名出《诗经·小雅·鹿鸣》：“呦呦鹿鸣，食野之苹。”“呦呦鹿鸣，食野之蒿。”几千年前的韵语好像神秘的预言，预示着屠呦呦和蒿草的联系，如此，野蒿子竟一时高冷、文艺起来。

蒿草家族不简单

说蒿草“文艺”，倒也不假，因为古老的《诗三百》里多次提及它。能入诗，自然就变身文艺植物了。只不过，诗里变换了很多名称，如蒿、菣（qìn）、艾、苹、萧、蘱（lài）、萩（qiū）、蘩（fán）、蔏（shāng）、蒌、蔚等，着实有些迷惑人。

之所以有这么多名称，就是因为蒿草品类实在太多，多达几百种，本就是大家族。像上面说到的蒿、菣，指的是叶子背面白色绒毛不那么多的种类，即所谓“青蒿”，典型代表如黄花蒿，就是提炼出青蒿素的那种；而绒毛比较多的，一般统称“白蒿”，以艾为代表，其他如苹、萧、蘱、萩、蘩、蔏都属于此类。

《诗经·小雅·蓼萧》:“蓼彼萧斯，零露湑兮。既见君子，我心写兮。”《诗经·召南·采蘩》:“于以采蘩，于沼于沚。于以用之，公侯之事。”而蒌主指蒌蒿，如《诗经·周南·汉广》:“翘翘错薪，言刈其蒌。之子于归，言秣其驹。”我们大概更熟悉苏轼《惠崇春江晚景》中“蒌蒿满地芦芽短，正是河豚欲上时”的“蒌蒿”。

上述这些蒿草的名称，现在还在用的大概只有蒿、艾、蒌三种，而且前两种合并叫“艾蒿”，蒌也只保留在蒌蒿这个复合词里。至于它们长相的差别，除了植物学家，大概一般人都难以说出一二。

名目多，有道理

某种事物，无论是自然界的花鸟草虫，还是日常工具器物，名称越多，越表明人们对此认识越细致，也说明这个事物在人们生活中有相当重要的位置。

比如马在古代是重要交通工具，名目就多。根据优劣，有骀、驽（劣马）、骁（良马）、驵（良马、壮马）、骜（快马）等概称。而根据皮毛颜色不同，更有多个专字专名。如骃，浅黑带白色的杂毛马；骅骝，赤色的骏马；骊，纯黑色的马；駹，毛色黑白相间的马；騧，黑嘴的黄马；骍，赤色的马；骐，有青黑色纹理的马；骓，青白杂色的马；骠，黄毛夹杂白点的马；骢，青白色的马，等等。

有些名马还都有专名，如《拾遗记》记载周穆王驭八龙之骏：一名绝地，足不践土；二名翻羽，行越飞禽；三名奔宵，夜行万里；四名超影，逐日而行；五名逾辉，毛色炳耀；六名超光，一形十影；七名腾雾，乘云而奔；八名挟翼，身有肉翅。

如果说，周穆王的八骏还有些传说的成分，那唐太宗李世民打江山时驰骋疆场所驭六骏就实有其“马”了，依次为“特勒骠”“青骓”“什伐赤”“飒露紫”“拳毛䯄”“白蹄乌”，都各有故事。当年，唐太宗昭令画家阎立本先画出六骏的图形，再由刻工阎立德依形复刻于石上。唐太宗亲自书写四言赞语，由书法家撰写一并镌刻在原石上角，放在昭陵北阙，是为“昭陵六骏”。六骏中“飒露紫”“拳毛䯄”二骏于 1914 年流失国外，现存美国费城宾夕法尼亚大学博物馆，其余四块现存西安碑林博物馆。

在马匹担纲的年代，人们对各种名驹宝马宠爱有加，如数家珍，大概相当于今天爱车一族对于名牌轿车的迷恋，只是，这些宝驹大概都属于限量唯一版吧。

蒿子虽“贱”却亲人

《诗经》里屡屡提及蒿草，将其作为起兴的物象，也是因为先民对自然草木的熟稔。蒿草是俗常植物，房前屋后，山野路旁，随处可见。先民认识辨析它们，给它们命名，也是出于实际需要，采摘来，或食用，或药用，或做饲料，都是可以的。

说起来，蒿草也实在是极为皮实的“贱”草，缺水少肥的瘠

宋李唐《灸艾图》局部。灸艾即俗称的艾灸，是通过燃烧艾叶所制艾条来刺激特定部位以疗病。图中行脚医生正在为患者治疗红肿的背部，病人挣扎惨叫，旁三人则踩腿、拉手、按肩，以稳定其身体。他们的动作、表情夸张，一位年轻助手正对着膏药呵气，准备敷用，似乎忍不住偷笑。画家描绘乡间生活，笔触诙谐，颇有趣味。

坡荒地，很多植物无法生存，蒿子却大剌剌地分枝散叶，扩展领土，并且渐渐生出些对付的机能。比如叶子后面那厚厚的绒毛，不仅保暖，还防止水分散失，这在幼苗期最明显。还有就是长宿根，方便越冬，待春暖后便发芽生长。

此外，蒿草还有一个独特的生存武器，就是气味。摘一片蒿叶揉搓，几乎马上就能闻到一股强烈的奇特味道，既不是典型的香味，比如烤肉、水果，也不是典型的臭味。就是这味道，令许多食草动物望而却步，只有实在没别的草可吃的情况下，才会啃食蒿草。不过春天新生的嫩叶味道清淡些，适口性好，民间也多在此时采集作野菜食用。所以，《诗经》里说“呦呦鹿鸣，食野之蒿”，也许描述的就是春天的情形。

“青蒿素”蒸不出来

屠呦呦提炼出青蒿素获了大奖，有人便马上看到商机，网上就有卖一种艾饼的，号称“富含青蒿素”，这其实好笑得很。

首先，青蒿素主要从蒿类植物黄花蒿茎叶里提炼出来，需要一套复杂工序，屠呦呦采用乙醇冷浸法将温度控制在60℃，所得青蒿提取物才有了较高疗效；接着，又用低沸点溶剂提取，药效方趋于稳定。艾饼不管怎么做，都需高温，青蒿素也就损失殆尽了。更何况，青蒿素是为了治疗疟疾，没有得病，也就没有必要吃这个。

当然，如果想吃蒿，可在清明时节采食，此时蒿子们已返青，但气味还不是太浓，其中以蒌蒿（芦蒿）气味最清淡，也是蒿属成员里最美味的一种，难怪苏轼将其入诗。采摘幼嫩茎秆，清炒或辣炒，或炒肉丝，或炒香干，味道都不错。在南方，用艾草为原料制作的食品就多了，如艾草与糯米做“艾糍粑”“艾饼”，形似饺子但色泽墨绿的“艾米果”，油炸的“艾蒿馍馍”，还有“艾叶茶”“艾叶粥”等。大人孩子呼朋引伴地到地头山坡摘了嫩叶，洗净滤干焯水，清水漂洗后入石臼捣烂，掺入糯米粉团成球状上锅蒸熟，整个过程热热闹闹的。

现在每到端午，市面上都有各种绿绿的艾蒿食物售卖，但有时人们担心不良商家以色素代替草汁，买不买就有些迟疑。

本来草木和人之间有亲密的关系，是没必要这样设防的。

节令

节气：大自然的脉搏

二十四节气是古老的时间标志。中国古代利用土圭实测日影，将每年日影最长的那一天定为“日长至”（又称长至、冬至），日影最短为“日短至”（又称短至、夏至）。在春秋两季各有一天的昼夜时长相等，便定为“春分”和“秋分”。这样，到商朝时就有了四个节气，周时发展到八个，秦汉年间，二十四节气已完全确立。至今上岁数的人都能信口唱出二十四节气歌：

春雨惊春清谷天，夏满芒夏暑相连，秋处露秋寒霜降，冬雪雪冬小大寒。每月两节不变更，最多相差一两天。

节气是时间的刻度

中国古代是一个农业社会，农事完全根据太阳进行，因此需要严格了解太阳运行情况。从现在的天文学技术看，二十四节气已经相当精密了。比如立春，固定在公历每年2月4—5日间，太阳到达黄经315度，天气变暖，万物始生；立夏，每年5月5—6日，太阳到达黄经45度，万物至此皆长大；立秋，每年8月7—8日，太阳到达黄经135度时，暑热将消，万物于此而收敛，禾谷成熟，故秋从“禾”；立冬，每年11月7—8日之间，太阳位于黄经225度，遂进入寒冷的季节。小篆“冬”字，从仌（冰），夂声，夂，古文“终”字，又加“仌（冰）”，表示一年之终，岁末寒冷。

木牛拉犁，汉代文物。牛通体黑色，白线勾绘两眼及络头，双角弯扬，四足蹬地，奋力拉犁。犁由犁、辕、扶手等部分组成。耕牛是农耕民族的特色，是重要的生产工具，对古代农业贡献极大。

但在中国传统的表述中，这些时间坐标都不是形而上的、数字的，而是和播种、劳动、繁衍联系在一起，可观可感，有

魏晋耕种图壁画砖，甘肃省博物馆藏。画面上下两层构图相同：二牛驾犁，男子扶犁，女子撒种，后有二牛拉耱，一男子踩耱，右手拉缰绳。右上角榜题朱书“耕种”。

温度，可触摸，是很细腻的。比如小暑、大暑、处暑、小寒、大寒，反映的是温度的变化；雨水、白露、寒露、霜降、小雪、大雪，反映的是雨雪寒凉的天气现象。清明，是来自东南的暖风，《淮南子·天文训》："春分后十五日……则清明风至。"谷雨、小满、芒种，反映的是谷物播种、籽粒渐见饱满以及抢收归仓的进程。最生动的就是惊蛰，这时天气转暖，渐有春雷。动物入冬藏伏土中，不饮不食，称为"蛰"，而"惊蛰"即上天以打雷惊醒蛰居动物的日子，这时中国大部分地区进入春耕季节。

"惊蛰"说：醒醒吧！

作家苇岸曾为二十四节气惊叹叫绝，感慨它们与物候时令的奇异吻合，更赞叹这一个个东方田园风景与中国古典诗歌般的名称，认为这些语词简约美好，表意形象，是汉语瑰丽的精华，短短两字，就能神奇地构成生动的画面和无穷的故事。他分析"惊蛰"：

在远方一声初始的雷鸣中，万千沉睡的幽暗生灵被唤醒了，它们睁开惺忪的双眼，不约而同，向圣贤一样的太阳敞开了各自的门户。这是一个带有"推进"和"改革"色彩的节气，它反映了对象的被动、消极、依赖和等待状态，显现出一丝善意的冒犯和介入，就像一个乡村客店老板凌晨轻摇他的诸事在身的客人："客官，醒醒，天亮了，该上路了。"（苇岸《太阳升起以后》）

1998年，苇岸决定在北京郊区的一处田野完整观察二十四节气的变化并记录拍照：

3月6日，惊蛰，早晨9点。时天况晴朗，风力二三级，气温14—2℃。他看到，整面天空像一个深隐林中的蓝色湖泊，从中央到岸边，依其深浅，水体色彩逐渐减淡。小麦返青，满眼清晰伸展的绒绒新绿；青草破土而出，连片的草色似报纸头条一样醒目；柳树伸出鸟舌状的叶芽，杨树拱出的花蕾似幼鹿初萌的角。田里疾飞鸣叫的小鸟若精灵，敏感多动，忽上忽下，羽色似泥土，落下便无影无踪，整个田野像一座太阳照看下的幼儿园。他想起儿时童谣："惊蛰过，暖和和。"明白到了惊蛰，春天总算坐稳了它的江山。

凭借着敏感、耐心和爱，苇岸触到了自然的灵魂和生命，也获得了大地的精神馈赠。

所以，二十四节气的内核是齐物论式的，淳朴的，也是有品质的。了解二十四节气，就好像摸到了天地的脉搏，只有敏感心灵，谦卑姿态，驻足土地，耐心聆听，才能与自然共时存在，心灵沟通。

因地制宜的节气歌

二十四节气本来是根据黄河流域的气候、物候确立的，但它的影响却是广泛的，其他地区气候虽有差异，但也可以此为时间节点，做灵活的调整。比如东北地区民间流传的节气顺口溜：

> 打春阳气转，雨水沿河边。惊蛰乌鸦叫，春分地皮干。
> 清明忙种麦，谷雨种大田。立夏鹅毛住，小满雀来全。
> 芒种开了铲，夏至不纳棉。小暑不算热，大暑三伏天。
> 立秋忙打靛，处暑动刀镰。白露烟上架，秋分无生田。
> 寒露不算冷，霜降变了天。立冬交十月，小雪河碴上。
> 大雪地封严，冬至不行船。小寒进腊月，大寒又一年。

这里的“清明忙种麦”就是调整。东北农事一年一季，节气变化都比中原地区要迟一些。中原地区种冬小麦，头年秋后播种，麦苗长出尺把长，正好入冬，下雪又保暖，来年雪水融化正好补给水分，故有俗话“今冬麦盖三层被，来年枕着馒头睡”。而东北清明后，地温方上升，此时才可种麦，到谷雨后各种农作物就都可种植了。又如“小满雀来全”，小满本指夏熟作物的籽粒开始灌浆，但还未成熟，只是小满，还未大满，这也是黄河流域的特点。东北物候特征却是，所有去年飞走的候鸟此时都回来了。

东北天暖得晚，冷得却早，所以“立秋忙打靛，处暑动刀镰。白露烟上架，秋分无生田”。打靛是打草料的意思。立秋过后天气转冷，人们要忙着打草料，留着给牲口过冬。处暑每年 8 月 23 日左右，大概半个月后就是白露，阴气渐重，露凝而白，古人以四时配五行，秋属金，金色白，故以白形容秋露，称白露。这几个时段，各处的庄稼都要收割、晾晒、归仓了。此后气温进一步走低，露水凝结，似乎成霜，此后，小雪、大雪，小寒、大寒，冰封的冬季就彻底降临。

如今，很多人已全然改变了传统生活的习惯和节奏，一生远离泥土，远离寒凉变化，二十四节气更似属于往昔，面孔日渐陌生。可无论怎样，四季风霜仍年年被节气们如期领来。在惊蛰这一天，让我们听一听由远及近的春雷，提醒自己：在背离自然、追求繁荣的路上，或许可以多想想自己的来历和出世的故乡。

立春物候

立春和春节，是一年开端的两个节令，立春固定，二月四日左右，春节则年有变动，两者最长相隔半月，这是由于所属历法不同的缘故。春节属阴历，以月为参照；立春属阳历，以日为参照。中国旧时用阴历记时，用阳历指导农事，可以说用的是阴阳合历。阳历以五天为一候、三候为一气，将全年分出春夏秋冬、七十二候、二十四节气，以便按自然规律捕捉农时，立春即为二十四节气之首。

鸟历观时

“立，始建也，春气始而建立也。”（《群芳谱》）甲骨文“春”作，从林、从草、从日，是个会意字，意思是太阳从草木中升起，万物复苏，是很形象的。自然界的花草树木、飞禽走兽，均按一定的季节时令活动，这种活动又与气候变化息息相关，古人发现了这些规律，将其看作季节标志，遂形成所谓物候学。

中国正统的二十四节气以河南气候为本，如立春三候：“一候东风解冻，二候蛰虫始振，三候鱼陟负冰。”意思是此日东风送暖，大地解冻，五日后蛰虫苏醒，再过五日，则河冰融化，鱼儿在碎冰间游动，仿佛背负浮冰一般。

以自然界花鸟虫鱼的活动变化作参照，观察植物的萌芽发叶、开花结果、叶黄叶落，感受动物的蛰眠复苏、始鸣求偶、繁育迁徙，一个有经验的农夫便可敏锐洞察自然节奏，适时而动，因此，古老的太阳历体现的是农夫的智慧。

在古代物候学中，鸟是一种最重要的参照，早期还有根据候鸟迁飞来确定季节的鸟历。《隋书·经籍志》卷三十四“五行”类就记载了相关图书，如《黄帝飞鸟历》一卷、《太一飞鸟历》一卷、《太一十精飞鸟历》一卷等。古代不讲究发明专利，不讲著作权，很多创造发明都假托上古帝王或古代名人，以言其古老，也表示信而有征。技术类图书更喜欢托古，称“黄帝飞鸟历”就是言其古老，倒未必真是黄帝创造的。可惜，这些书的内容具体都是些什么，今人已不甚了了。

鸟历反映了古人对太阳的崇拜以及相关季节规律的认识。古人认为，鸟会飞翔，太阳也在空中运转，所以，太阳和飞鸟间就有着神秘的联系，如很早就流传的金乌负日神话，日中有金黄色的三足乌，每日负载太阳东升西降，人间方有日出日落，用以确立时间的移转，因此日神即鸟神，金乌、赤乌也成为太阳的别名。

鸟历或者物候历，都是根据花草虫鸟等动植物的生长伏藏

楚帛书十二月神像，长沙子弹库楚墓出土，现藏于美国华盛顿赛克勒美术馆。帛书四边环绕绘有春、夏、秋、冬四季十二月的彩色神像，姿态各异。古人眼里，时间不是数字，而是有生命的。

来确定时间，说白了就是根据气温的变化。但影响气温变化的因素很多，这些历法终究有些粗疏。古人后来遂用更精确的立表测影来明历治时，对于鸟历这类知识反而不是很了解了。

春秋时，鲁昭公就曾问有学问的郯子：上古帝王少皞氏为何以鸟名官呢？郯子回答道：因为当他即位之时，凤鸟适至，故以鸟名为官名。凤鸟知天时，故以名历正（主治历数正天时）之官。玄鸟（燕）春分来秋分去，故以玄鸟氏名司分之官；伯赵，即伯劳鸟，夏至鸣，冬至止，故以伯赵氏名司至之官；青鸟，即鸧鷃，立春鸣，立夏止，故以青鸟氏名司启之官；丹鸟，即鷩雉，立秋来，立冬去，故以丹鸟氏名司闭之官。

这里除凤鸟可作祥瑞看，其余四鸟都是候鸟，一年中有规律地在某地出现，与当地气候密切相关，故可作农事参照，古人遂以此命官。在春秋时，大概也只有少数博学之人才懂得这些由来。

其实，从古到今，鸟历，或者物候历都是渗透在农事生活中的，只是我们不太注意罢了。比如《诗经·豳风·七月》以时令为线索绾合人事，讲述了周代社会一年的农事生活，其中就多有鸟历的影子。“春日载阳，有鸣仓庚。”仓庚，即黄鹂，郑玄注云：“仓庚仲春而鸣，嫁娶之候也。”春天来了，黄鹂鸟鸣叫求偶，与自然相呼应，这也是适龄青年谈婚论嫁的好时节。又云：“七月鸣鵙，八月载绩。”鵙，类似伯劳鸟，夏至开始鸣叫求偶，冬至后就飞走了，也可以看作时令的标志。

虫历牵引着四季

此外还有昆虫的活动，姑且称作“虫历”：“四月秀葽，五月鸣蜩。”蜩，即蝉，初夏季节，蝉的若虫从地下钻洞出来，爬至树上蜕壳为蝉，遂开始夏日蝉鸣。“五月斯螽动股，六月莎鸡振羽。七月在野，八月在宇，九月在户，十月蟋蟀入我床下。”斯

宋李迪《秋卉草虫》，台北故宫博物院藏。图中描绘了捕食和逃脱的瞬间。金龟子察觉到危险，振翅而飞。螳螂扑了个空，高举手臂，有些怅惘。草虫对应着节序，寄托着画家对时间流逝的敏感以及对自然的深情。

螽，是一种尖头蚱蜢，也有人说是蝈蝈；莎鸡，俗名纺织娘娘，一说是蝈蝈或蟋蟀。

诗中谈时令的推移转换，让自然虫鸟代言，都是极妙的句子。

这种表达我们看着很有诗意，但其实就是古人的生活白描，在一些少数民族流传的古老史诗中也都很常见，比如彝族史诗《梅葛》划分季节：河边杨柳发芽了，大山梁子松树上，布谷鸟儿声声叫……春天就要到。河边水田里，蛤蟆叫三声，大山水菁里，青蛙叫三声，夏季就要到。天上雁鹅飞，飞飞地上歇，雁鹅叫三声，冬季就要到。

北方民间至今还流传“九九歌”，也包含着物候历、鸟历：

一九二九不出手，三九四九冰上走，五九六九沿河看柳，七九河开八九雁来，九九加一九，耕牛遍地走。

倾听大自然的语言

鸟历、物候历包含着朴素的科学，也有神秘的操作，这些当是极普遍的民间知识，所以，深谙大自然语言，通晓农事节奏，不仅是农夫，也成为农耕社会文人的特征。如陆游《鸟啼》："野人无历日，鸟啼知四时。二月闻子规，春耕不可迟。三月闻黄鹂，幼妇悯蚕饥。四月鸣布谷，家家蚕上簇。五月鸣鸦舅，苗稚忧草茂。"这首诗似亦不妨看作物候诗。翁卷《乡村四月》："绿遍山原白满川，子规声里雨如烟。乡村四月闲人少，才了蚕桑又插田。"画意诗情又何尝离得开农事知识？

清乾隆款斗彩农耕图双耳扁壶，天津博物馆藏。壶腹彩绘江南农耕小景，农人套牛扶犁耕田。

而对于民氓百姓，则更喜欢以时令小吃和各类祈祝活动来强调节令的到来。东汉农书《四民月令》说立春要"日食生菜……取迎新之意"。东汉应劭《风俗通义》也记载当日吃"五辛菜"，大约就是葱、姜、蒜、韭、芥等五种带有辛辣味儿的蔬菜。古人讲五行，人体五脏经过一个冬天，积储了很多陈旧秽气，春天到来，就要借自然之新鲜生气将其泄发出去，而且"五辛"谐音"五新"，亦可讨个好彩头。现在南北方流行的春卷、春饼都是其流波余韵。

清冷枚《春闺倦读图》。有鸟历，有虫历，也许还当添个“人历”，比如“春困秋乏夏打盹，睡不醒的冬三月”。

此外，立春这天很多地方还要“打春”，又叫“鞭春牛”，以泥土做土牛，腹内塞满五谷，捶打破烂之后，五谷流淌出来，是极好的兆头。把这些五谷捡拾回去，放在自家谷仓内，则新年仓满粮足就指日可待了。

假如我们把一年比作一场马拉松，一个个节气就是两旁不时出现的路标，这样，长途截短，每个点都是新的起点，日子就变得新鲜有趣多了。唐代卢仝有诗《人日立春》：“春度春归无限春，今朝方始觉成人。从今克己应犹及，颜与梅花俱自新。”颇能道出人们的情感和祈愿吧。

寒食与改火

清明前一两日被称作“寒食”，传统上这天不点火烧饭，仅吃冷食，所以又称冷节、禁烟节，相传是为纪念春秋忠臣介子推而确立的。不过，和众多节日传说一样，此说亦多属附会。

介子推抱木焚死

介子推即介之推，史上确有其人。《左传·僖公二十四年》载，晋献公宠妃骊姬，欲改立自己的儿子奚齐为太子，设计陷害太子申生，迫其自杀，而公子夷吾和重耳也只得逃亡。重耳，即后来的春秋五霸之一晋文公。他流亡十九年后，在老丈人秦穆公的武力干涉下，才回国即晋侯之位。

当年追随他流亡的贤士多人，其中有五位最重要，介子推即是其中之一。即位后，这些年来跟随他流亡的属下大臣，均获得不菲的赏赐，或得重金，或领封地，可不知怎的，独独介子推未获任何封赏。他本人亦不愿主动邀功争禄，遂偕母隐居山林而死。晋侯事后有所醒悟，遍寻介子推而不得，遂赐予绵上之地作为其祭田，以示悔意和表彰。这绵上，就在今天山西介休市南、沁源县西北的介山之下。

这介子推到底有何功劳，值得人们这么纪念他？《左传》记载很简单，没有提供什么线索。倒是民间有很多传闻，细节也补充得越来越丰富，《庄子·盗跖》《说苑·复恩》等典籍都有一些记载。据说，重耳流亡时曾一度绝粮，众臣皆采野菜为食，可重耳哪里受过这种苦，根本咽不下去。介子推遂悄悄把腿上肉割下一块，与野菜一同煮成羹汤，遂救了重耳一命。重耳大受感动，允诺有朝一日复国，定要好好报答介子推。然而归国后却忘了此事，封赏功臣独独没有介子推，介子推遂怒而离去，归隐绵山。其从人怜之，为之抱不平，乃悬书宫门曰：

有龙矫矫，顷失其所。五蛇从之，周遍天下。龙饥无食，一蛇割股。龙返其渊，安其壤土。四蛇入穴，皆有处所。一蛇无穴，号于中野。

这是一首隐诗，龙，即指晋文公重耳，五蛇，即指追随他流亡的包括介子推在内的五位功臣。不过，在后世转述中，更多的说法是介子推见众人争功，耻与之为伍，遂大隐山林。而晋文公悔过，焚山逼其现身，无奈介子推不为所动，遂抱木而焚。

后来，寒食节纪念介子推就是从他的封地绵山一带兴起的。到汉末，山西民间甚至要禁火一个月表示纪念。此时天气还挺冷，甚至时有倒春寒，长达一月的寒食是不小的考验，为此曹操曾下令取消这个习俗，令云：“闻太原、上党、雁门冬至后百五日皆绝火寒食，云为子推。”“令到，人不得寒食。犯者，家长半岁刑，主吏百日刑，令长夺一月俸。”

“割股为食”与“抱木焚死”都行为极端，有违情理，但在后人眼里却见出忠义恩情，也见出鄙弃功名利禄的气节，便乐得渲染这些故事，于是，“百姓哀之，忌日为之断火，煮醴而食之，名曰寒食，盖清明节前一日是也”（北魏贾思勰《齐民要术·卷九·煮醴酪第八十五》）。

改火以驱邪祟

寒食之托始于介子（介子推尊称）焚死，跟五月端午之托始于屈子（屈原尊称）沉江思路是一样的。不同的是，屈子沉江确有其事，而介子焚死则更像是渲染编造的产物。民俗学家讨论寒食节的来历，更愿意将其溯源于传统的“改火”习俗。

在古代，取火比现代困难得多，家中一般均保留火种。但古人认为烧得太久的火会引发疾病，因此，要定期灭旧火，钻燧取新火。据说，钻木取火，四季换用不同木材，春取榆柳之火，夏取枣杏之火，季夏取桑柘之火，秋取柞楢之火，冬取槐檀之火。一年之中，钻火各异木，故“改火”又有“改木”的说法。

不过后来，仅在春季，也就是寒食节后两日行改火仪式。《周礼·司烜氏》载：“仲春，以木铎修火禁于国中。”司烜氏即司火官，他摇着木铃宣布全国禁火，之后再举行仪式，钻木取得新火。清明前后还需再“出火”，即取用新火烧山焚田，以此祛

清珊瑚银鎏金镶铜火镰，四川博物馆藏。火镰中央有环钮，可用绳系于腰间，极便携。火镰形似弯弯的镰刀，与火石撞击能产生火星，是一种古老的取火器物。

除邪辟之气，救时疾、去兹毒。

今天看来，烧山焚田可烧死虫卵草籽，草木灰又是上好的钾肥，改火仪式中所谓驱邪的内容也并不单纯属于迷信，而是和传统的农事活动息息相关。因为从时间上看，出火之时正是我国古代北方主要作物播种的时间，农谚曰："清明前后，种瓜点豆。"改火是保证丰收不可或缺的。

古代各种宗教和民间信仰仪式最初都有比较明确的目的，也大都有些实际的作用，只是古人未必能够理解这么多，遂把它们神秘化了。

改火风俗源于对火神的崇拜，先民在与大自然的抗争中，正是因为有了火，才退避猛兽，免于寒冷，走出茹毛饮血的荒蛮，获得更好的生存条件，因此，改火并非中国独有，古希腊、古罗马乃至近代欧洲都有传说和遗存（篝火节即为一例）。

至今，东北的鄂伦春人对火都有一系列严格的禁忌：比如不许随意向火堆泼水、扔脏物、吐痰，或用刀、棍等锐物向火中乱捅，以免触怒和伤害火神。每当人们搬迁时，不许以水灭火，而是要将火种一并带走。每年春季，鄂伦春人仍进行古老的生火仪式：晚八点左右，巫师燃起火把，用古老的语言对火神行拜颂祝辞，然后将火把交与族长手中，点燃篝火，之后共同欢庆。

从各地情况看，早期改火仪式是要焚死人牲作为献祭的，据说这也同时象征植物神的死亡和新生。改火首先要停火，因此，灭火后只能吃冷食，寒食不仅是不得已，更有哀悼牺牲者的意义。

当祭祀用人牲的方式遭到摒弃，改火习俗渐趋衰微，人们对改火和寒食的原本意义不很理解时，自然就会希望对其起因，特别是对其何以产生哀悼性质做出合理解释，于是，介子推抱木焚死的故事就和寒食节发生了密切的关联。

小满苦菜秀

小满是夏季的第二个节气，在每年 5 月 20 日到 22 日之间。从气候特征来看，小满到下一个芒种节气期间，全国各地渐次进入夏季。《月令》七十二候集解："小满者，物至于此，小得盈满。"意谓麦类等夏熟作物的籽粒开始灌浆，进入乳熟饱满阶段，但尚未真正成熟，只是小满，还未大满，故黄河中下游一带有民谚云："小满不满，麦有一险。"意思是小麦正值灌浆，需要较为充足的水分，假如此时遭受干热风的侵害，灌浆不足，就会粒籽干瘪而减产，传统的防御方式是营造防风林带。

南方的"小满"

不过，南方地区不种麦，关于小满节气的农谚大都反映此时降雨多、雨量大的气候特征，如"小满大满江河满""小满不满，无水洗碗"。假如气候反常，雨水不足，就有一连串问题："小满不满，干断田坎""小满不满，芒种不管""小满不下，犁耙高挂"。意思是小满时田地若蓄水不足，就可能造成田坎干裂，甚至芒种时也无法栽插水稻。

东汉农作画像砖，四川博物馆藏。田畴边有三株树，共六人劳作。前四人各执镰刀，向后高举，动作整齐，类似舞蹈，后二人一手执器物，一手作播种状。

假如老天爷给力，雨水恰到好处，那就有得忙了。江南农谚云：“小满动三车，忙得不知他。”三车，指水车、油车和丝车。此时，庄稼需要充裕的水分，农人便忙着踏水车翻水；此时油菜籽成熟收获，也要赶紧舂打晾晒，做成菜籽油；而小满前后，蚕开始结茧，养蚕人家遂忙着摇动丝车缫丝，故《清嘉录》形容云：“小满乍来，蚕妇煮茧，治车缫丝，昼夜操作。”

古人对苦味情有独钟

从物候看，小满之日“苦菜秀”，即苦菜感火气而苦味成；又五日“靡草死”，即喜阴植物不胜至阳而死；又五日“麦秋至”，秋者，百谷成熟之时，此于时虽夏，于麦则秋，故云麦秋也。

古人日常蔬食部分来自种植，部分则来自野外采摘，故对各

元程棨摹南宋楼璹《耕作图》局部。脚踏水车效率很高，可将水从水渠抽到插好秧的稻田里。

类植物如数家珍，小满三候即体现了这一点。为了获得自然的馈赠，人们踩着时间的脚步采集、捡拾、挖掘、种植，古老的物候学饱含着人们对自然的敬意。

小满之后，夏粮渐渐成熟，而野外田头各种野菜也过了最佳采摘期，茎叶纤维增多，口感偏老，也更苦，但仍可补充餐桌。中国传统饮食中对苦味情有独钟，大概很大程度上来源于对苦味野菜的情感。

我们读《诗经》，会发现里面谈及野生草木有百余种，大都和吃食有关，很多诗篇即以采摘野菜作为诗意的起兴和过渡，如上面所说苦菜（苦荬菜），又称“苦”“荼”，《诗经·唐风·采苓》：“采苦采苦，首阳之下。”《诗经·豳风·七月》：“采荼薪樗，食我农夫。”其他如采蘩、采薇、采苓、采葛、采蕨、采蘋、采葑、采菲、采芑、采荇菜、采卷耳、采芣苢等等不一而足。

古老的诗篇透露了各种获取食物的故事，展现大自然以何种方式赋予先民食物，先民又是如何与自然和谐相处。透过这些舌尖上的味道，人们了解了世代相传的传统生活方式，而这种方式又渐渐形成东方人独特的味觉审美，以及特有的生存智慧和价值观念。

苦味是药味，也是人生况味

苦味，在口感上其实等同于药味，传统中医就认为许多苦味食物都具有清热、凉血和解毒的功能。《本草纲目》云：（苦菜）久服，安心益气，轻身耐老。因此，医学上多用苦菜来治疗热症。古人还用它醒酒，民间饮食称为“解毒败火”。

不过，苦味终究是人本能排斥的一种口感，为了让苦菜更好地被人们接受，中国人也想尽了法子，比如把苦菜水焯冷淘后凉拌，调以盐、醋、辣油或蒜泥，清凉辣香，配馒头、米饭，可增食欲。或焯水后，挤出苦汁，做汤、热炒、煮面，也别具风味。再奢侈一些，还可配肉馅，做包子、馄饨、水饺。苦菜焯水，既去除部分苦味，又保留了野菜的清香，经水火的洗礼，涅槃而生，幻化出别样的美食。

酸甜苦辣咸，煎炒烹炸煮，盐渍、糖渍、油浸、晾晒、风干、冷冻，在几千年的漫长岁月中，食物的获取和制作逐渐发酵成文化，为中国人品味各自人生况味，找到一种特殊的表达语境。

《诗经·小雅·谷风》云：“谁谓荼苦，其甘如荠。”谁说苦菜味最苦，在我看来甜如荠。苦与甜既是舌尖的味觉体会，也是心里的体察感知。

苏轼一生四次被贬，发配蛮荒，常常“食无肉，病无药，居无室，出无友，冬无炭”，日常以根茎野菜为食。曾作《菜羹赋》，细述菜羹制作过程：以山泉洗濯，取其叶根，点火上灶，放入膏油。待锅内热气香津腾腾，加入豆米搅匀，不放醋酱、椒桂之类调料。用武火烧开后，续以文火煨炖。看菜蔬随水翻滚，终成酥烂浓汤，遂盛入盘碗慢慢享用，消磨暮霭和晨光。

在苏轼笔下，这些溪畔泽旁的野菜何等清醇甘美，烹调食用的过程又何等闲适风雅。若无以苦作乐、坚毅达观的人生态度，又何来如此诗意的体验呢？

端午人物

若对传统岁时节俗追本溯源，大多都能归结为两个基本动因，即祈福和禳灾。古人应对外界事物的知识和能力有限，为趋利避害，在特定时日借助巫术和宗教信仰，以及各种仪式获得心理安慰，是最为现实的举动。而随着人们能力、心智的提高，节俗遂渐渐被赋予更多的社会、伦理意义，许多历史人物因之成为节日主角，寒食节和端午节都很有代表性。

端午到底为了纪念谁？

端午是为纪念屈子投江，这一影响最大的说法早在战国时就在楚地流传了。然而与此同时，吴国流行的说法是为纪念伍子胥。想当年吴越争霸，越王勾践兵败投降被俘。伍子胥屡屡劝谏吴王夫差要彻底消灭越国以免后患，奈何吴王不听，反而听信谗言，认定伍子胥谋反，派人赐属镂之剑，令其自绝。伍子胥愤恨不已，自尽前嘱咐家人，死后要将自己的双目挖出，挂在东城门。他要亲眼看着吴国怎样被越国所灭。吴王夫差闻听大怒，将其尸体抛入江中。百姓爱其忠贞，哀其不幸，划龙舟救捞其尸身，又在江边立祠纪念，遂成端午风俗。

而越国流行的看法却是为纪念越王勾践的，称勾践被夫差所俘，卧薪尝胆，放回后拼命训练水师，最终一举消灭吴国，故有龙舟竞渡，以示对当年水战成功的纪念。

汉代推崇孝道，关于端午节，又有为纪念孝女曹娥的说法。曹娥年十四，东汉会稽上虞人。其父溺死后日夜痛哭，端午日竟投江，三日抱其父尸浮出水面。又有说曹娥是伍子胥之女，投江为救父亲，等等。

可见，上述诸多传说不仅有时代特色，也有“地方主义”色彩，还彼此交杂。民国时期，江绍原等民俗学家认真分析了这些说法，认为大都为后人附会，因为早在屈原前，端午节已在各地广为流行了，其最初的目的只是为了“禳灾”而已。

端午有何灾祸？

古人认为五月是“恶月”，为阴气始盛之月，初五则为阴气始盛之恶日，故这天当祛邪避恶。五月初五何来“恶”？盖早期历法运算不甚精密，农历端午和阳历夏至日接近，如西晋周处《风土记》就称时俗重视端午，因其“与夏至同”（《太平御览》卷三十一），而夏至这天，太阳移至最高点，此时“阴阳争，死生分”（《礼记·月令》），恶毒凶邪之气尚盛，故疾疫易流行，百事多禁忌，如不可剃头晒被、糊窗盖屋、迁居流徙等。

更有甚者，此日亦不可生子。据《史记·孟尝君列传》载，战国时田婴之妾恰逢此日生育一子，不忍扼杀，遂偷偷抚养成人，后田婴得知，大为光火，斥责曰："五月子者，长与户齐，将不利其父母。"意思是，端午所生子女，身上邪气过多，长大后会"妨"父母，男害父，女害母。

因此，为避此恶气，民间也想出许多办法，如浴兰汤，饮雄黄，悬朱索、桃符、艾草于门户之上，以五彩丝系臂等，食粽也是祭神祖以求福祉的遗存而已。

屈原胜出的理由

不过，时俗节令一代代传下来，不断往里面加作料，这就是文化的延续，它可以让节日更有意味，也更能满足人们的精神需求。从上述分析看，先后有四位历史人物入围"端午人物"，他们的人生故事也都令人感动，但何以屈原最终胜出呢？

民俗学家们又好好分析了一下，觉得屈原是忧国忧民悲愤而死，伍子胥是被逼无奈而死，曹娥是为父亲尽孝而死，勾践只是为了庆贺成功。相比之下，大概人们更推崇屈原的爱国情操。屈子不忍看到国破家亡、百姓流离颠沛，虽有心报国，却无力回天，于是选择以死明志，这种对家国的爱是一种"大爱"，相比之下，伍子胥个人的恩怨情仇和曹娥对父亲的"小爱"等均不能比拟。

更何况，屈原才华横溢，是位大诗人，社会影响力巨大。屈原留下诸多脍炙人口的名句："长太息以掩涕兮，哀民生之多艰。""路漫漫其修远兮，吾将上下而求索。""亦余心之所善兮，虽

战国人物御龙帛画，长沙子弹库1号墓出土，湖南省博物馆藏。帛画本是丧葬中使用的“魂幡”。画面所绘墓主人头戴高冠，身着博袍，腰佩长剑，衣带飘飘，正御龙而升。有人说，屈原或许就是这个样子。

九死其犹未悔。”因此，从屈原身上，人们能看到诸多美好品格：正直峻洁、刚正不阿、超凡脱俗、宁死不污、殉身理想、九死不悔，等等。诸位历史人物中，屈原人气最旺，有良好公众形象，最终入选“端午人物”理所当然。

闻一多在《端午的历史教育》中曾谈及上述现象，认为节俗的产生根源于民众生活的某些实际需求，而后世的附会，只不过是姑妄言之的“谎”而已。

不过，在儿童教育上，这些聪明睿智的“谎”却可发挥不小的积极作用。这也就难怪，迄今为止，在民众妇孺眼里，忠贞爱国的屈原仍然是端午来源的正解。

夏至消暑

《诗经·豳风·七月》描写全年岁时活动，其中一段文字颇俏皮："七月在野，八月在宇，九月在户，十月蟋蟀入我床下。"时令的变化依蟋蟀的活动而展开，仿佛时令的推移游走就是昆虫蟋蟀牵引而来，又衔引而去。"八月在宇"后来被化用到小暑节气，用以描述小暑第二候，即"蟋蟀居宇"。

伏天宜静不宜动

夏至、小暑、大暑，这三个节气相继而来，标志着天气渐渐湿闷燥热。夏至，白昼最长，却非最热。古人认为，此时热气尚潜伏在土，十余日后，暑热方渐次发散，此即小暑；再十余日，则达到极致，为大暑。这段时间也是人们常说的"伏日"，体现的是阴阳五行思想："伏者谓阴气将起，迫于残阳而未得升，故谓藏伏，因名伏日也。"（《汉书·郊祀志》颜师古注）不过，按照民间的说法，"伏"就是天气太热了，宜伏不宜动，所谓心静自然凉。

俗言道："寒有三九，热有三伏。"三伏是一年中最热的

宋佚名《柳院消暑图》。图中绘垂柳、古柏和掩映下的庭院一角，一白衣长者赏景纳凉，背后一侍童执扇助凉。庭院临湖，湖面宽阔，远处山峦起伏，环境清幽静谧。心静自然凉是避暑"心法"。

三四十天，这个时令是按照古代"干支纪日法"确定的。每年夏至后第三个庚日（指干支纪日中带有"庚"字的日子）为头伏，第四个庚日为中伏，立秋后第一个庚日为末伏。每伏十天，共三十天，有的年份，"中伏"为二十天，则共有四十天。

冰是奢侈品

伏日酷热难挨，旧时没有空调，却也有各自的清凉法子。达官贵胄可移至清凉别馆，或取窖藏冰块纳凉，故自西周时就有凌人负责为周王室冬日取冰藏冰。隆冬时节，从江河湖泊凿取一尺见方的冰块，纳于山阴处冰窖里，冰块间以稻草相隔，堆满后封住窖口，再用泥巴稻草交错覆盖成丘，或上面再搭凉棚以蔽日。如此保存到夏日，就有寒冰可取了。

不过，即便这样小心保藏，夏季开窖取冰时，冰块也常常仅存三分之一，故古时纳凉物件中，冰实在是极端的奢侈品，不是一般人能消受得起的。唐宋时，到了伏日，皇帝会赐冰或冰镇食物给大臣们，当然得到的也是少数。

据宋代《岁时杂记》载：“京师三伏，唯史官赐冰麨，百司休务而已。自初伏日为始，每日赐近臣冰，人四匣，凡六次。”可见，除了近臣与史官，其他官员只是多放几天“消暑”假而已。

近臣与皇帝关系密切，获得格外恩赏倒不奇怪，史官何以得此特殊待遇？大概是因史官伏日也不放假。古代史官有两项重要职责：一是随时记录君王言行，所谓“君举必书”，以此方式警戒君王，防止其任性而为，近可避免过失，远可垂范后王。所以，从汉代以后，几乎历代帝王都有起居注，记录君王每日每时的活动。二是古代史官因为熟知历代典籍，具备天文历法、典章制度等多方面知识，皇帝有不明白的，可随时咨询，因此，史官又可谓贴身机要秘书和智囊团，由此才没有放假一说。

不过到了清代，宫廷三伏天赐冰就已普及每一位官吏了。据清代《燕京岁时记》载：京师自暑伏日起，至立秋日止，各衙门例有赐冰。届时由工部制作冰票，自行领取，多寡不同，各有等差。发冰票领冰，大概还是历史上头一回，算得上一次物资分配方式的创新了。

凭票供应，说白了还是因为冰纯属紧俏物资。我国二十世纪有一段时期，几乎所有涉及民生的物资商品都是计划使用和凭票供应的，究其原因，还是物资匮乏的缘故。

冰瓜凉茶“竹夫人”

清代民间商业比较发达，稍微富裕一点的地方，只要舍得花钱，普通百姓也能享受到伏日凉冰的舒适。据《清嘉录》记载，江浙一带三伏天常有农人担卖凉冰，也就是冰镇水果，碎冰中杂以杨梅、桃子、花红之类，俗呼冰杨梅、冰桃子。又据《清稗类钞》记载，北京夏日还有用“冰果”宴客的风俗：

> 京师夏日之宴客，饤盘既设，先进冰果。冰果者，为鲜核桃、鲜藕、鲜菱、鲜莲子之类，杂置小冰块于中，其凉彻齿而沁心也。此后，则继以热荤四盘。

三伏天用这样的酒宴待客大概是很排场体面的。不过，俗话说：人比人得死，货比货得扔。据《天宝遗事》记载，杨贵妃得宠之时，杨家每至伏中，“取大冰，使匠琢成山，周围于宴席间”。赴宴者个个都冷得面露寒色。和这个待客排场比起来，《清稗类钞》所记简直就是小巫见大巫。

寒冰消暑终究奢侈昂贵，旧时民间也有很多便宜的消夏法子，比如饮用凉茶。从宋代记录看，彼时已有绿豆冰、梨汁、木瓜汁、酸梅汤、红茶水、椰子酒、姜蜜水、紫苏饮等十余种饮品。或者更简单些，将时令瓜果浸在清凉井水中，待浸透后取出食用也同样沁人心脾，这种办法现在乡间还能看到。正午时分，蝉鸣聒噪，瓜棚树下，或饮茶，或食清凉瓜果，或打打盹儿，也是颇为惬意的。

旧时睡觉纳凉的物件中，有一种叫“竹夫人”的，很有趣。所谓“竹夫人”，其实是一种竹笼，用光滑精细的竹皮纵横交织编结而成，浑身孔隙，一端有底，一端开口。睡觉时将此玲珑多孔的竹笼抱在怀中，既免除肌肤紧挨的黏热，还便于空气流通。伏日过后不用，还可将凉席卷起塞入其中一起收藏，如此看，的确是聪明的发明。

竹夫人类似今天的抱枕，肌肤相亲，却不解风情，此夫人非彼夫人也，故民间有谜面云：

有眼无眉腹内空，虽是夫妻不相同。
梧桐落叶分开去，桃花结子再相逢。

中秋：嫦娥与蟾蜍

中秋节源自古老的祭月拜月仪式，唐代方定为节日，嫦娥奔月、吴刚伐桂、玉兔捣药等一系神话故事也渐渐融合进来，使得节日充满浪漫色彩。

月宫成了流放地

最流行的说法是嫦娥因偷食夫君后羿从西王母处寻来的不死之药，飞入月宫，化为仙子。为了自己不老、成仙而不顾夫妻情义，违背道义行偷窃之实，人们还是颇有责备的。但看嫦娥独处月宫，身清影冷，觉得也算是得了惩罚，便又生出些同情来。李商隐有《嫦娥》诗云："云母屏风烛影深，长河渐落晓星沉。嫦娥应悔偷灵药，碧海青天夜夜心。"对这位起舞弄清影的美貌仙子也是颇为怜惜。

然而又有传说，后羿的徒弟逢蒙欲窃仙药，趁着后羿同众人外出狩猎，执剑闯入内宅，逼迫嫦娥交出仙药。嫦娥自觉无力阻止逢蒙，为免仙药落于其手，不得已吞食下去。谁承想，吞药之后，嫦娥竟飘飘悠悠飞升起来，她不忍离后羿而去，遂飘至月

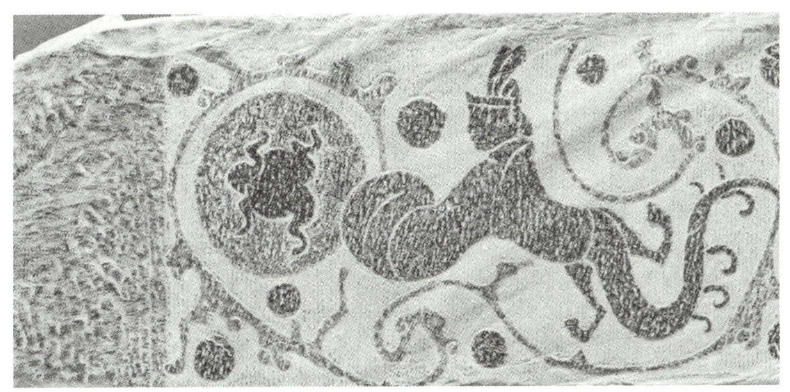

汉代嫦娥奔月画像石，南阳汉画馆藏。嫦娥因偷药变作月精蟾蜍，引人唏嘘。

宫，滞留于此。广寒寂寥，怅然有丧，故事就更为凄美了。

然而，更早期的传说却并无这些令人唏嘘感叹的故事，嫦娥也非化作风姿绰约的仙子，而是因偷药变作月精蟾蜍。汉代很多画像石上都有月精蟾蜍的图像，或被锁链牵引束缚，或罚做捣药苦工。

如四川新津出土一画像砖，月轮中桂树下，有一侧身匍匐的蟾蜍，其颈项即被铁链锁于树干上。而山东嘉祥一画像石则有蟾蜍屈腿而立，双手托举大石臼悬于头顶，其左右各有一更为高大的玉兔，扶臼持杵用力捣药。从画面观感来看，蟾蜍似不堪重负，甚是辛苦。

从这些图像中，我们都可以看出蟾蜍受到贬斥和惩罚的意味。李商隐《寄远》诗云："嫦娥捣药无穷已，玉女投壶未肯休。"这表明，嫦娥因行为不轨被罚做捣药苦工的说法在唐代仍未绝迹。

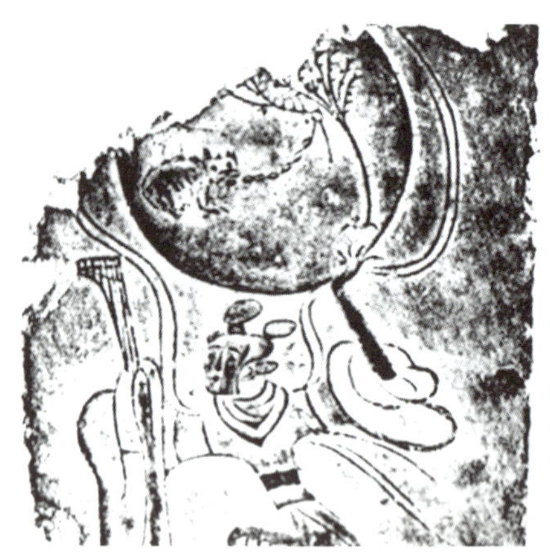

四川新津汉画像砖。月轮中桂树下，有一侧身匍匐的蟾蜍，其颈项被铁链锁于树干上。

山东嘉祥汉画像石。蟾蜍屈腿而立，双手托举大石臼悬于头顶，其左右各有一更为高大的玉兔，扶臼持杵用力捣药。

同样接受惩罚的还有吴刚。相传吴刚曾离家学仙道，而炎帝之孙伯陵竟趁此机会与吴刚之妻私通，还诞下孩子。一怒之下，吴刚杀了伯陵，惹怒炎帝，遂被发配月中砍伐月桂。月桂高达五百丈，为不死之树，随砍随合，故此劳作永无休止，阴冷的月宫成为流放贬谪之地。

蟾蜍是恶还是祥?

在浩瀚广袤的宇宙中，月球是离我们最近的星球，它的圆缺变化牵动着地球海洋的潮汐起伏，在古人眼里，这真是一处神秘的所在。人们好奇、观察，试图对其神秘做出更合理的解释。传说月中有蟾蜍，大约最初是因为凭借肉眼观瞧，月中阴影部分隐约呈现出蟾蜍的形状，所以屈原在《天问》中就发问："夜光何德，死则又育？厥利维何，而顾菟在腹？”意思是：月亮有什么样的德行，缺了又圆？月亮有什么好处，竟然让蟾蜍常居其腹？

根据闻一多先生的论证，此“顾菟”即蟾蜍，即俗称的癞蛤蟆。人们相信月中有蟾，所以又将月宫俗称为“蟾宫”。唐代许昼《中秋月》诗云：“应是蟾宫别有情，每逢秋半倍澄清。”又因月圆如盘而明亮，故又称“蟾盘”或“蟾光”。曹松《中秋对月》：“无云世界秋三五，共看蟾盘上海涯。”明代童轩《中秋对月》：“吟倚南楼思爽然，蟾光飞上一轮圆。”等等。又因月亮阴影有似桂树，故传蟾宫中有桂。唐代科举之后，即把科举及第称为“蟾宫折桂”，称考中新进士为“蟾宫客”。

其实，蟾蜍，俗称癞蛤蟆、癞刺、癞疙宝，其体表有许多疙瘩，打眼一看，心里已经不适，更何况疙瘩里还有毒腺。《本草纲目》释蟾蜍：“此是腹大、皮上多痱磊者。其皮汁甚有毒，犬啮之，口皆肿。”因此，民间对它还是颇为厌畏的。

但人有个有趣的特点，令人畏惧的事物，反而越容易引起崇拜之心，所以旧时认为，蟾蜍有一种特殊的神秘力量，可避兵避邪。如《太平御览》引《抱朴子》云：

肉芝者，谓万岁蟾蜍……以五月五日中时取之，阴干百日，以其左足画地，即为流水，带其左手于身，辟五兵，若敌人射己者，弓、弩、矢皆反还自向也。

大意是，端午节将蟾蜍晒干戴在胸前做盾牌，可令射向自己的箭矢反向而行。

假如再特别一些，五月端午这天，选五只向东而行的蟾蜍，将其四肢倒背捆缚，关进密室，次日清晨观察，哪一只能自行解开，哪一只就可用来作自我逃脱绳索的法器。如《本草纲目》又云：

五月五日，取东行者五枚，反缚着密室中闭之。明旦视自解者，取为术用，能使人缚亦自解。

除此以外，民间还认为蟾蜍是长寿灵物，故有“千岁蟾蜍”之说，如早期道教典籍《抱朴子》云：“蟾蜍三千岁。”晋郭璞《玄中记》亦云：“千岁蟾蜍，头生角，得而食之，寿千岁。”大概是因为蟾蜍为嫦娥所化，嫦娥又是服了长生不老仙丹的，故蟾蜍能聚阴精，必带有仙气，具有灵性。自古及今，人们都期望长生不老，既然蟾蜍长寿，那自然是祥瑞，所以，金蟾今天还是中秋吉祥之宝。

以金乌作日神象征、以蟾蜍作月神象征，都是先秦时就有的观念，然而被缚或被罚苦役的蟾蜍形象却多出现在汉代。这或许都是嫦娥偷食仙药故事而造成的负面影响，也体现出早期人们对于月亮圆缺神秘现象的猜疑和敬畏。

比如汉代有“蟾蜍去月，天下大乱”（《河图稽耀钩》）的说法，“去”即离开，意思是，假如蟾蜍离开了月亮，那就会引发天下大乱。又称“月照天下，蚀于蟾蜍”（《淮南子·说林训》），意思是月亮光照天下，但月中有蟾蜍，它偷食成性，假如某天又

清费以耕、张熊《梅月嫦娥扇面》。题识曰："晋山仁兄大人雅教，甲子秋八月，馀伯费以耕画嫦娥，子祥张熊补梅花。"满月中的嫦娥仙姿佚貌，婀娜娇柔，梅枝横斜，衬托出她清雅脱俗的气质。

贪嘴将月亮吞食，就会引发月亏。所以，既然月中蟾蜍有如此干扰和影响，那加以惩戒或约束就是最好的法子了。

如果嫦娥知道窃药会引来如此后果，后悔是一定的。

重阳与长寿

农历九月初九是重阳节，又称老人节，这天除登高的习俗外，还要祭祖以及举行各种敬老活动。这个习俗可追溯到汉代，《西京杂记》载："九月九日，佩茱萸，食蓬饵，饮菊花酒，云令人长寿。"

"九"是大数，又与"久"谐音，这恐怕是其成为老人节的原因。茱萸，又名越椒、艾子，是一种常绿带香的植物，中医认为能杀虫消毒、逐寒祛风。木本茱萸有吴茱萸、山茱萸和食茱萸之分，都是著名的中药。九月九日爬山登高，臂上佩戴插着茱萸的布袋（旧称"茱萸囊"），可以驱邪避晦。"蓬饵"据说是用黍蓬以及黍米制作的糕点，饵就是糕点、米果的意思。后来，"蓬饵"逐渐演变为今日的"重阳糕"，多用米粉、豆粉制作，再点缀些枣、栗、杏仁等干果，加糖蒸制或烙制而成。当然，各地物产有差异，重阳糕也没有定例，有的地方在糕上插五色小彩旗，以示五行，夹馅并印上双羊图案，取"重阳（羊）"之义。

年龄的"坎儿"真多

重阳节氛围是非常喜庆的。人们对年长者表达孝敬和祝福，也愿沾沾长寿的福气，这是重阳节的文化和心理基础，故有诗云：

> 重九江村午宴开，奉觞祝寿菊花醅。
> 明年更比今年健，共把青春倒挽回。

从古至今，人们都在努力追求长寿，对不同年龄生理特征也有清晰的认识。比如《周礼》认为人到五十岁开始衰老，六十岁非肉不饱，七十岁非帛不暖，八十岁非人不暖（单凭自己已经无法保持体温），九十岁阳气衰微，有人帮助也无法暖身了。这种按照年龄划定生命周期的做法，大约奠基于古代的经验医学，关注的是年龄的自然属性以及相应带来的身体上的变化。

还有一种对年龄的认识带有社会属性，比如关于“寿坎”之说，认为某些年龄是生命的“坎儿”，会有性命之忧，如民谚说“七十三,八十四，阎王不叫自己去”。这大约源于人们对圣人寿命的痴迷，因为七十三、八十四分别是孔子和孟子的寿禄。这两个“寿坎”对国人影响最深。人们觉得，即便如孔孟这样的圣人，都没有度过这个“坎儿”，那常人更是无可奈何吧。

有些农村老人，对此数字很警觉，竟有点草木皆兵的意思。假如自己正值这个岁数生病，心里压力就很大，觉得过不去了。而一旦过了这个坎儿，心情则大好，身体有时也竟然更加硬朗起来。

中原一带一度还忌讳“四十五”岁，认为这也是个坎儿。假如到了这个岁数，旁人问起来，就要说：“去年四十四。”或者

清黑漆描金福禄寿神仙人物纹圆盘，安徽省博物馆藏。图中老松、仙鹤、仙鹿都是有关福禄寿主题的绘画元素。

说：“明年四十六。”总之要避讳。

据说，这风习和北宋名臣包拯有关。据《汴梁琐记》解释，河南一带有传说，当年包拯曾奉命到陈州放粮，突遇强盗，情急之下，乔装成下人方逃出险地，幸免于难。其时，包拯恰好四十五岁，可见此年会有厄运。包拯是历史上有名的清官，民间颇为崇拜，故民众讳言这一数字。

对年龄数字的避讳五花八门，比如有些地方还避讳一些满数、整数，如六十六，北方民间有个说法：“人活六十六，阎王要吃肉。”意思是，六十六也是老年人的一个坎儿，阎王爷想吃肉，正掰着指头算呢，好到时把人拿了去。所以，又有地方说：“六月六，要吃闺女一刀肉。”意思是，父母若六十六岁，做女儿的要在六月六这一天，到肉铺割一刀肉回来送给父母，以此来跟阎王爷交换，好免了父母的灾。

这一刀肉很有讲究，在农村，屠夫大都懂这个规矩，只需说一声：“一刀肉。”他就会问：“大概多少？”买家报个钱数，屠夫就刷拉一刀下去，一整块肉就落到秤盘上了。只要钱数相差不太大，这一刀，割多少，算多少，多了也不能再切下一块来。自然，少了买家也不高兴。

此外，逢九的岁数，比如六十九、七十九、八十九,九十九，也是人们避讳的，认为活到这些岁数，都会有些灾祸，大概因为这些数字都是大数，至于一百岁，更是如此。人生难满百,百岁是圆满，所以，小孩子可以过“百岁”，却很少有大张旗鼓给老人过百岁寿诞的。

这种忌讳，源于朴素而古老的民间智慧：水满则溢，月满则亏；谦受益，满招损。所以，最好低调，韬光养晦，别太扎眼了，万一引来阎王爷多看一眼呢。因此，这些岁数的当年，很多老人是不说也不过生日的。而一旦瞒过不能说的百岁，一切就都好说了。

长寿增岁的秘诀

古今中外，各个民族都有各自的文化禁忌，它使得人们对自然和自身保持一定的敬畏，其中也包含着一些古老的智慧。但若放大了，动辄得咎，也会令人畏手畏脚，无形中增加很多不必要的心理压力。所以，传统还有一种影响更为深远的通达说法，那就是“仁和者寿”—具有仁爱之心、人际和睦，就是长寿增岁的秘诀。唐代有一面“三乐”铜镜，铭文是有关荣启奇答孔子问的故事。据《列子•天瑞》记载，荣启奇是春秋时隐士，日日鹿裘带索，鼓琴而歌，总是很快乐的样子。孔子遂问他：“夫子所

唐三乐铜镜。镜铭曰："荣启奇问曰答孔夫子。""三乐"典故揭示出长寿的诸多"秘诀"。

以乐，何也？"对曰："吾乐甚多。天生万物，唯人为贵，而吾得为人，是一乐也；男女有别，男尊女卑，故以男为贵，吾既得为男，是二乐也；人生有不见日月，不免襁褓者，吾既已行年九十矣，是三乐也。"孔子听完频频点头称善。

当然，这个故事大概率是老庄学派弟子编的。孟子也总结过儒家"三乐"："父母俱存，兄弟无故，一乐也；仰不愧于天，俯不怍于人，二乐也；得天下英才而教育之，三乐也。"孔子、孟子都是长寿之人，这"三乐"也许就是他们长寿的秘诀。

仁者何以增寿？汉代董仲舒这样解释：所谓仁者，外无贪，内清净，整个心态中正平和，自然延年益寿。这又何尝不是现代人的健康长寿密码呢？仁、和、德、寿，这些彼此关联紧密的价值观念，至今仍广泛作用于人们的日常心理、生活习俗中。

突破年龄模板的限制

中国传统以年龄为标尺设计了很多人生模板，比如按照周礼，六岁当识数辨形，八岁学习礼让，十岁拜师，十三习乐，十五学习射御，二十加冠可以婚配等。

其中最繁琐的就是对老龄者的关照，以六十岁为例，传统礼仪规定要国家供养，常吃肉食，置办一年才能齐备的丧具，在乡拄杖，乡饮时就座，用三个豆器，不服兵役，不亲往学校授课，守丧不必形神损伤，等等。有了这些礼数，人们就可根据年龄对号入座，约束自己或评价别人。

孔子回顾人生，称自己十五志于学，四十不惑，五十知天命，六十耳顺，七十从心所欲不逾矩。这些年龄界分也是与周礼一脉相承的，只是他调换了制度与人的主客体位置，更强调个人的努力和发展。

有了模板，自然方便规划人生，但和年龄禁忌一样，也会令人畏手畏脚。其实年龄，终究是个数字吧。有句话最近常被人们提及：“有人二十五岁已死，只是七十五岁才被埋葬。”一说出自富兰克林，又说出自罗曼·罗兰，还说出自某沙漠中神秘的墓碑。

不管怎样，这句话讲的其实是年龄的另一种属性——心理属性。“死”，是个比喻，意思是，我们很多人过早地将自己安排进一个静止的生活模式，没有好奇心，没有自我更新的欲望，一天天活着，更像是重复自己的影子。而反过来，假如永葆探究的欲望，不断开掘自己的潜力，即便八十岁，也仍然是个少年。

十月一，送寒衣

农历十月初一是传统的“寒衣节”，此日正值秋冬交接，寒意袭人，人们添衣御寒的同时，也担心冥间的亲人缺衣少穿，遂糊制各色衣裤帽鞋，逐一焚化以供鬼魂御寒。“十月一，送寒衣”，故寒衣节也被俗称为烧衣节、鬼节。

仙岛虽好，难以抵达

鬼者，归也。人死为鬼，即归去。可到底奔向何方？在佛教传入之前，古人观念里有天（仙）界和冥世两个去处。成仙意味着不死，生命向前无限延伸，这是很多人都向往的结果，但那需要更高的技术含量。

战国以来多有关于神仙所居昆仑山和蓬莱岛以及不死之药的传说，这些玄虚恍惚却又神奇美妙，是古人心目中神仙世界的象征。不过，相比昆仑山的高远缥缈，海上仙岛更可见，似乎也更容易到达，所以战国时临海的诸侯，如齐威王、齐宣王、燕昭王等都曾派人入海求仙。据说渤海之中有蓬莱、方丈、瀛洲三座仙岛，去大陆不远，岛上有诸仙人，有不死之药，那里禽兽尽白，以黄金白银造为宫阙。然而，仙岛虽美妙，却可望不可即，古人描述道："未至，望之如云；及到，三神山反居水下。临之，风辄引去，终莫能至云。"（《史记·封禅书》）这真是海市蜃楼一样缥缈了。

然而，不可至似乎并未阻碍后世对神仙世界的热情和向往。秦始皇登会稽至海上，亦欲求仙，唯恐不及，再派童男童女入海搜求。汉武帝步其后尘，更是兴师动众，史书曾多次记载汉武帝对神仙世界的向往。有一次，大臣公孙卿给他讲了黄帝升天的故事，他感叹道："嗟乎！吾诚得如黄帝，吾视去妻子如脱屣（鞋）耳。"（《史记·孝武本纪》）

秦皇汉武当然最终都没能成仙，可见成仙难度之大。皇帝如此，一般人更是渴望而不可得，死后只好乖乖地去阎王爷那里报到。古人想象，地下世界是人间翻版，有官府衙门，有街市交流，有人际往来，有吃喝拉撒，如此，死后生活所需与生前应当并无两样，也就去吧。

好好安排地下生活

基于这种观念，中国传统丧葬习俗中，在瘗埋随葬品时，对死者生前的嗜好或身份、职业特点都有相当程度的关照。比如湖南长沙马王堆一号汉墓墓主轪侯夫人辛追是一位贵族女性，也是家庭最高地位的女性，其随葬品就多为生活用品和食物。再比如陕西咸阳杨家湾 4 号墓和 5 号墓年代约在文景时期，墓主为当时的重要将领，随葬品中就有手持武器的步兵俑 1 800 余件，骑兵俑 580 余件。而中山靖王嗜酒成性，在其与妻子窦绾的满城汉墓中就有 30 余个盛酒的大陶缸，估计盛酒达一吨以上。甘肃武威出土的东汉墓，墓主生前长期从事医业，墓中就随葬治疗疾病的药方。如今，这些观念在民间丧葬仪式中还能有很鲜明的表现。

不过，人们虽然想象地下世界一如人间，但就根本而言，它还是一个令人感到担心的未知世界。既如此，多备些钱粮物品，带些喜欢、习惯的物品，或许就可以在这陌生的世界高枕无忧了吧。

更何况，人们设想生死虽有分界，却可以沟通，生者的思念与问候能够经由神秘途径传递到那里，但面对这个模糊的通道，人们心里却很矛盾：既然阴阳可沟通，那“死”鬼亦可随时拜扰生人，这种交往既是福之源，但似乎更是祸之根。因为神相对公正，鬼却似乎更为难缠，从古到今，在人们津津乐道的各种鬼故事里，鬼魂对生人的影响很多都是负面的，轻者戏弄、干扰人们的正常生活，重者致人疾病，甚至危害生命。

因此，人们对鬼魂颇有些恐惧，即便是亲友的亡魂也以不见为妙。基于此，为死者稳妥安排阴间衣食住行，其实也是尽可能依据人间生活经验对冥世进行干预。假如逝者在阴间活得安稳、舒坦，能乐不思蜀，那就再好不过了。

对生者的安慰

死后生命依然有知，这是人们的想象，可是这想象却能带来实实在在的安慰，令我们面对死亡少些恐惧。因此，传统文化中复杂的丧葬礼俗，都包含着生死陡然转换的人性化过渡设计。

在中国很多地方，老人都希望在有生之年为自己准备好一口棺材以备不时之需。棺木停在那里，时时触摸一下，那个自己即将奔赴的陌生世界也就变得亲切了，这是有准备的行程。

但人仍然是有感情的，阴阳两隔，逝者去矣，“一别生死两茫茫，不思量，自难忘”。经常性的祭奠活动就能慰藉生者的哀思。因此，从这个角度看，一系列针对死亡的节俗仪式虽严肃沉重，在维护心理健康方面却发挥着重要作用。

比如死者去世后，设置灵堂，人们陆续来到死者家中吊唁，亲属迎接，哭诉去世的原委，回忆死者生前的一些生活细节和说过的话。来宾安慰亲属，也谈及死者的过往言行和品德，表达惋惜之情。之后若干天，人们苦心经营一系列繁复的送丧和落葬仪式，借助仪式，人们直面“亡故”这一事实，日常避讳的“死亡”话题可以大方地说出来，死亡的现实感遂一遍又一遍强化，终至被人们接受。

仪式给生者提供了比较充足的时间，慢慢接受亲人死亡这一现实，亲人离去所带来的悲伤、失落、孤单甚至恐惧等诸多情绪，也一点一点被引发、释放出来。

有时，面对死者，我们很多人常常茫然失措，甚至不知该怎样认识和恰当表达自己的情绪，而这些约定俗成的程序、规定好的诸多仪节就是提前设置好的通道，沿着它走，情感就自然被塑形并引导出来了。

正式的葬仪过后，每隔一段时间，还要再去祭奠，再借助仪式，慢慢接受亲人亡故的事实，内心的悲伤、失落也一点点被导引出来，而终至平静。

日后，假如人们还会因想念亲人而茫然、不快，年终祭奠、清明祭扫、鬼节送衣等仪式再次作为容器，承载和容纳这些悲伤。

因此，中国古代丧祭仪式是传统礼仪中最复杂的，形式的背后有着中国式的心理学意义。相比面对死亡的“勇敢”（所谓化悲痛为力量）或者回避死亡，述说死亡、接受死亡更有利于心理健康。借助仪式的展演，生者象征性地看见亡魂的“归程”，或许也可以帮助他们克服由于亲历死亡而产生的心理危机。

中国传统讲究“慎终追远”，以各种节俗仪式传达对先人的缅怀，种种仪节背后往往隐含着一些普遍的知识、思想和信仰。茶余饭后，聊聊这些“无稽”之谈，也算是节日文化的一部分吧。

大雪小雪

每年11月22或23日、12月7或8日为传统节气中的小雪、大雪。古籍《群芳谱》说："小雪气寒而将雪矣，地寒未甚而雪未大也。"意思是此时将雪未雪，但气温已经急剧下降，要赶紧做御冬的最后准备了。

腌菜以过冬

经过一年的春种、夏长、秋收，到小雪，就进入冬藏。粮食归仓，柴草归垛，果树修枝、包扎草秸防冻。此外，就是采用各种土法贮存冬日蔬菜。俗话说："小雪铲白菜，大雪铲菠菜。"收获之后，晾晒、窖藏、土埋、腌渍……用各种方法，好让漫长严冬的餐桌不至于过于单调。此时，气温低，空气干燥，腌制咸菜、泡制酸菜、熏腌腊肉，都是最好的时候。

腌菜，古代叫菹，制作历史可以上推到西周。《诗经·小雅·信南山》云："中田有庐，疆埸有瓜，是剥是菹，献之皇祖。"诗中说，将摘下来的瓜果剥皮切块，腌制起来，年终就可以敬献给先祖了。周代"菹"菜很丰富，据《周礼》

宋马远《晓雪山行图》局部。大雪封山的清晨，一山民正赶着两头毛驴行进，他弓腰缩颈，肩上挑着一只山鸡。驴背上，是竹筐木炭。

记载，当时有“七菹”，即韭、菁、茆（即莼菜）、葵、芹、苔、笋。腌制方法和现在略有不同，大约是将各类蔬菜用刀粗切过后拿酱醋拌和，再装坛装罐保存，这有点类似今天的酱菜。

长沙马王堆汉墓是西汉初期长沙国丞相利苍及其家人的墓葬，其夫人辛追墓中就曾出土一大口罐豆豉姜，大口罐出土时由草和泥填塞，罐内的豆豉姜和今天湖南乡间制酱或做泡菜的方法十分相似，大概是辛追夫人生前最喜欢以此佐餐吧。

冬季腌菜历史久远，南朝梁代《荆楚岁时记》云：“仲冬之月，采撷霜芜菁、葵等杂菜，干之，并为干盐菹。”这种干菜和盐腌渍的，大概类似江浙一带的梅干菜。宋代《东京梦华录》

载："姜辣萝卜，生腌木瓜。"萝卜是制作各种腌菜的主力菜，倒不稀奇；腌木瓜以前很少听说，最近这些年来渐多，原以为是创新的腌菜，其实也是旧的。将木瓜切片切丝加盐略腌令其出水，控水后加醋、柠檬汁、糖、盐、辣椒拌匀即可，口感酸甜爽脆，不知和宋代的制法有无不同。

中国幅员广阔，纬度跨越大，各地气候、物产差异都很大，腌菜技法也各不同。但相同的是，只要是地里长的，辣椒、茄子、蒜头、萝卜、豆角、黄瓜、生姜、白菜……基本都被中国人腌了一遍。腌制后的食物有了和原料不一样的味道，有的甚至更为醇厚鲜美。

清代袁枚是美食家，他的《随园食单》曾提及令其垂涎的腌黄芽菜。黄芽菜是白菜的一种，白皮包心，顶叶对抱，坚实的包心呈现舒适的淡黄色。这种白菜，烹煮则汤若奶汁，快炒则嫩脆鲜美，可袁枚独爱腌渍。他说腌渍黄芽菜，"淡则味鲜，咸则味恶。然欲久放，则非盐不可"。他常秋冬腌一大坛，单等三伏时打开，"上半截虽臭烂，而下半截香美异常，色白如玉"。这种对某种腌菜的迷恋也是颇有代表性的。

腊肉制作有技巧

小雪后气温急剧下降，天气变得干燥，除了腌菜，也是加工腊肉的好时候，故民间有"冬腊风腌，蓄以御冬"的说法。腊肉、腊肠主产地大都在长江以南，湖北、湖南、江西、四川、云贵等地最普遍。往北，冬天天寒地冻，肉食放置户外，自然冷冻，也就不多考虑如何保存的问题。再往南，冬天气温高，也不宜腌渍腊肉。

每年冬腊月，大约是小雪至立春前，都是制作腊肉的时节。杀猪宰羊后，除留够过年用的鲜肉外，其余则乘鲜用食盐涂抹，再配以一定比例的花椒、大茴、八角、桂皮、丁香等香料，腌入缸中。十天半月后，用棕叶编绳串起来，挂在阴凉处令其水分挥发。再选用柏树枝、甘蔗皮、椿树皮或柴草火慢慢熏烤，或挂于烧柴火的灶头顶上慢慢熏干，此后就可以挂到通风阴凉处，令其自然发酵了。好的腊肉色泽鲜明，瘦肉呈鲜红或暗红色，脂肪则透明或呈乳白色，肉身干爽、结实、富有弹性，有着独特的香味。

腌菜、腊肉，都标志着时间的收尾，也是漫长冬日的开端。俗话说：家有余粮，心里不慌。为冬季生活提前做好准备，日子才能过得从容，制作腌菜、腊肉，不仅仅是制作越冬食物，也是酝酿、保存、传承一种生活态度。

慢生活是休养生息

一切应时的活计忙完之后，就进入冬季农闲了。晒太阳，说闲话，打个牌，赶个集，听听戏，唱唱曲儿。虽然手头也还有活计，但没有节令紧着，终归不再那么忙碌，可以慢生活了。

慢生活方式多样，但都因地制宜，比如老北京人喜欢在寒冬时节斗蝈蝈，或是溜冰打雪仗，累了乏了，就约上仨亲俩好，围着铜火锅，热腾腾地吃顿涮羊肉。羊肉甘而不腻，性温不燥，祛寒温补最为适宜。

而文雅一点的，还可以猫在家里画“九九消寒图”。画法也很多，比如将宣纸等分为九格，每格用笔帽蘸墨印上九个圆圈，每天填充一个圆圈，填充的方法根据天气决定，上涂阴下涂晴，左风右雨雪当中。或者画九枝寒梅，每枝九朵，一朵对应一天。

再文雅些的，还可以双钩描红书法，写“亭前垂柳珍重待春風”九字。每字九画，共九九八十一画，从冬至开始，每天按照顺序填充一个笔画，每过一九填好一个字，直到九九之后春回大地。九九消寒图算得上是古人熬冬的“桌游”，要想玩好，还真得耐得住性子。

慢生活是一种休养生息，地要休耕，恢复地力，人也要休整，调节状态、滋养身心，因此，传统的农闲意义就不那么简单了。现代人被快节奏生活裹挟着，常常很焦虑，有时会大发感慨：“传统中慢的乐趣怎么失传了呢？随着乡间小道、草原、林间空地和大自然一起消失了吗？”

其实，即便现代，也可以有很多方式让自己慢下来，重回一种悠然惬意的生活姿态，比如参加慢运动，慢跑、太极、瑜珈、钓鱼；比如慢食，以和缓的步调去培植、烹煮、品尝和欣赏美食；比如慢读慢写，安静地阅读、品味和思考，写写言之有物的文字；再比如慢游，随心随性地停停走走；或者还有慢爱，有惆怅和相思，也有寂寞和等待。

对于今人而言，慢生活不是磨蹭，不是懒惰，而是让速度的指标“撤退”，重新找到生活的本味。

腊八食粥

以喝粥来庆贺节日，这种朴素的过节方法，恐怕是最具中国特色的。而一种食物因节日得名，亦颇为少见，足见古人对杂粮谷果，对寻常粥食，有着特殊情感。

岁末祭祖祀神

农历十二月为腊月，古又泛称“腊（蜡）日”。年终岁末，各种祭祖祀神、逐疫驱傩活动由此展开。《礼记·郊特牲》说：“岁十二月，合聚万物而索飨之。”索者，汇聚绞合也，飨者，敬献也，即将多种杂粮干果合聚在一起，煮熟之后敬飨先祖神灵，以望来年得到福佑，风调雨顺，吉祥安康，这或许就是腊八粥的滥觞。

汉时将腊日限为冬至后第三个戌日，南北朝时方确定在初八日。《荆楚岁时记》载：“十二月八日为腊日，谚语‘腊鼓鸣，春草生’，村人并击细腰鼓，戴胡头，及作金刚力士，以逐疫。”胡头，指的是打鬼驱疫时用的面具，又作胡公头、魌头，面具五官夸张，表情狰狞，令人望而生畏。戴上此面具，手执法器，扮作金刚大力士，敲锣打鼓，威逼唬吓，鬼怪邪祟就闻风而逃了。

腊八粥与佛“成道”

不过，随着佛教东传，这种传统形式又注入供佛内容。相传释迦牟尼于此日豁然开悟以成正觉。释迦牟尼原名乔达摩·悉达多，本是古印度北部迦毗罗卫国（今尼泊尔境内）的王子，娶妻生子，养尊处优。然而有一天，他驾车出游，路上先后遇着老人、病人和倒毙路旁的尸首，忽然有感，觉得人世间有太多生老病死的苦痛难以解脱，遂舍弃王族生活，出家修行，以便找到解脱苦难的法子。

六年后，他身体消瘦，形同枯木，仍无所得，便打算放弃修行。就在饥困劳顿，几欲昏厥之时，有牧羊女给他喂食了乳糜，方恢复了意志和体力。这乳糜，据说是用米粟等谷物掺入牛羊乳煮熟而成，也有人说是谷类磨成粉末加以乳汁或酥油调制的粥。不管怎样，食用此粥后，王子精力恢复，遂渡河洗浴，至菩提树下沉思默想七天七夜，终至大彻大悟，得道成佛。佛即佛陀，意为觉者、知者。

这一年释迦牟尼三十五岁，而他食用乳糜这一天，正是中国农历腊月初八，后人遂将腊八看作“佛成道节”，并于此日煮杂粥供佛饷客，腊八粥也成了腊八节的时品。宋人周密《武林旧事》载：“八日，则寺院及人家用胡桃、松子、乳蕈、柿、栗之类做粥，谓之‘腊八粥’。”

食粥过节，不忘根本

腊八做粥，其贵在“杂”，所谓“五味调和，百味香”。以各类谷物如黄米、白米、江米、小米、薏米，杂以各种豆类、干果合水煮熟，外加红、白糖增味调色。所用之物，在医学本草中多属性味平和的补益滋养物，至于具体所选、各用几何，则因地制宜、丰俭由人了。

《燕京岁时记》记清代燕京岁时风俗，腊八粥主料用黄米、白米、江米、小米、菱角米、栗子、红豇豆、去皮枣泥，开水煮熟后，再用染红桃仁、杏仁、瓜子、花生、榛仁、松子及白糖、红糖、葡萄干加以点染。但也有地方煮粥之前，先用热油炒米，再倒进热水锅里与花生等材料同煮，此外还添加油条、豆腐、胡萝卜、木耳、青江菜，黄、白、红、黑、青，五色杂陈，色彩鲜明，这种腊八粥或可叫八宝菜粥吧。

中国以农业立国，食粥过节，亦有不忘根本之意。古人认为粥可解饥健身，消除病疫。李时珍《本草纲目》称晨起啖粥，“所补不细，又极柔腻，与肠胃相得，最为饮食之良”。旧时杭州名刹天宁寺僧人每日将剩饭晒干，储藏在栈饭楼上。积一年余粮，至腊八日煮粥分赠信徒，称“福寿粥”“福德粥”，亦见爱惜食粮、善待众生之美德信仰。

熬粥要趁早，尤其耐不住匆忙和慌张。初七晚上，洗米泡果，剥皮去核，半夜时分以大火烧开，再用微火煮炖，至次日清晨，方成稀稠有度、软糯宜当的腊八粥。可见提早准备，从容应对，方得真味。明人有《煮粥》诗，颇解粥中道理：

煮饭何如煮粥强，好同儿女细商量。一升可作三升用，两日堪为六日粮。有客只须添水火，无钱不必做羹汤。莫嫌淡泊少滋味，淡泊之中滋味长。

朴素平静的腊八节

相比其他节俗，腊八节过得很平静，没有锣鼓、鞭炮之类的声响。作为过节的主打食物，八宝粥的原料也寻常得很。挑豆剥果，洗淘入锅，添火熬煮，一如准备家常饭食，可这个节日却十分暖心，大概寻常才是生活的本味吧。

《红楼梦》里有段和腊八相关的故事，说大年十五，宝玉不愿看戏观灯，来找黛玉消磨时光。见黛玉刚吃过午饭在床上歪着打盹儿，怕她睡出病来，就百般胡闹逗趣，遂胡编乱诌了一段腊八香芋的故事：

（宝玉）哄她道："嗳哟！你们扬州衙门里有一件大故事，你可知道？"黛玉见他说的郑重，且又正言厉色，只当是真事，因问："什么事？"宝玉见问，便忍着笑顺口诌道："扬州有一座黛山，山上有个林子洞。"黛玉笑道："就是扯谎，自来也没听见这山。"宝玉道："天下山水多着呢，你那里知道这些不成。等我说

清院本《十二月令图轴·十二月雪中逗乐图》。画中人有的闲立，有的取暖。儿童则滑冰、堆雪狮、放炮仗，兴高采烈，又平和日常。

完了，你再批评。”黛玉道：“你且说。”

宝玉又诌道：“林子洞里原来有群耗子精。那一年腊月初七日，老耗子升座议事，因说：‘明日乃是腊八，世上人都熬腊八粥。如今我们洞中果品短少，须得趁此打劫些来方妙。’乃拔令箭一枝，遣一能干的小耗前去打听。一时小耗回报：‘各处察访打听已毕，惟有山下庙里果米最多。’老耗问：‘米有几样？果有几品？’小耗道：‘米豆成仓，不可胜记。果品有五种：一红枣，二栗子，三落花生，四菱角，五香芋。’老耗听了大喜，即时点耗前去。乃拔令箭问：‘谁去偷米？’一耗便接令去偷米。又拔令箭问：‘谁去偷豆？’又一耗接令去偷豆。然后一一的都各领令去了。只剩了香芋一种，因又拔令箭问：‘谁去偷香芋？’只见一个极小极弱的小耗应道：‘我愿去偷香芋。’老耗并众耗见他这样，恐不谙练，且怯懦无力，都不准他去。小耗道：‘我虽年小身弱，却是法术无边，口齿伶俐，机谋深远。此去管比他们偷的还巧呢。’众耗忙问：‘如何比他们巧呢？’小耗道：‘我不学他们直偷，我只摇身一变，也变成个香芋，滚在香芋堆里，使人看不出，听不见，却暗暗的用分身法搬运，渐渐的就搬运尽了。岂不比直偷硬取的巧些？’众耗听了，都道：‘妙却妙，只是不知怎么个变法，你先变个我们瞧瞧。’小耗听了，笑道：‘这个不难，等我变来。’说毕，摇身说‘变’，竟变了一个最标致美貌的一位小姐。众耗忙笑道：‘变错了，变错了。原说变果子的，如何变出小姐来？’小耗现形笑道：‘我说你们没见世面，只认得这果子是香芋，却不知盐课林老爷的小姐才是真正的香玉呢。'”

黛玉听了，翻身爬起来，按着宝玉笑道：“我把你烂了嘴的！我就知道你是编我呢。”说着，便拧的宝玉连连央告，说：“好妹妹，饶我罢，再不敢了！我因为闻你香，忽然想起这个故典来。”黛玉笑道：“饶骂了人，还说是故典呢。”

这是两小无猜的宝黛间一次寻常的玩闹，无甚稀奇，感情却温暖，其间情意的亲切，日常生活的幽远，令人百看不厌。腊八的传统和传说，无疑是最扎实的铺垫。

百戏

角抵为戏

汉代彩绘木雕博戏俑，甘肃省博物馆藏。博戏是战国秦汉时流行的娱乐方式。两位老者全神贯注对弈，蓄势待发。

荷兰学者约翰·赫伊津哈曾写过一部《游戏的人》，认为人之所以为人，就是人天性好游戏，只有在游戏中，人才最自由、最本真、最具有创造力，所以，游戏就是人类文化产生、发展的原动力，甚至各类文化形式本质就是一种游戏。这本书成为西方休闲学研究的重要参考书目，启发人们从一种更轻松，也更接近人性的角度重新审视各类文化，其中自然也包含狭义的娱乐游戏。

西汉铜博戏俑，甘肃省博物馆藏。四人服饰姿态各异，或喜笑颜开，或怒不可遏，或凝神沉思，或作忧愁状。

角抵的来龙去脉

中国古代对民间各种歌舞杂技有个泛称，即百戏，后世诸多天桥把式、民间杂耍、歌舞滑稽、曲艺相声等，都可包含在内。百戏再往前推，在秦汉时，是被称为“角抵”的，西汉时还用“大角抵”来指称大型的广场杂艺表演。汉帝用这些表演来招待外国宾客，意在显示大汉气象，曾吸引成千上万人聚集观赏，有些人甚至不惜跋涉几百里路，只为大开眼界。角抵花样年年增变，内容日趋丰富，才又用百戏来代称。

所谓“角抵”，顾名思义，就是“以角抵人”，类似现在摔跤、相扑一类的角力活动，这是早期文化中“尚武”的一种表现。比赛双方头戴牛角，时而双臂较力，时而拉拽牵制，时而倒地翻滚，有成套的动作。但无论怎样，基本动作都是“以角抵人”。

角抵实在有点儿像打架，最初绝不是出于玩戏。大概是早期处在狩猎阶段时，不可避免要与猛兽搏斗，如何制服猛兽而不为其所伤，这种训练就十分必要。冷兵器时代，作战也免不了肉搏，作为一种作战技能，角抵也成为训练兵士的方法，此后才演变为民间竞技，带有娱乐性质了。

傅起凤、傅腾龙姐弟俩是多年从事中国传统杂技研究和表演的专家，他们著有《中国杂技史》，认为角抵“以头抵触”这个动作，最易引发“倒立”——头与两手触地，呈三角形支点，两足随之腾空，这一动作古代称之为“鼎”，即三足鼎立的意思。

别小看这“鼎”，它是杂技基础动作中最主要的部分。杂技界有个行话：“一把鼎，三把活儿。”意思是，只要练会倒立，就自然掌握了好几个节目。所以，一些戏剧研究者不但把杂技起源归于角抵，而且把表演争斗的戏剧、歌舞起源也归之于角抵。

蚩尤成了主角

角抵如果仅仅停留在头顶头角力，观赏性就有限，作为一种表演形式，一定要有一些附加的内容，所以自汉代起，角抵双方就头上戴角，身着兽衣，扮作猛兽。而且，角抵表演还将黄帝战蚩尤的历史传说编进去，有了情节和故事，表演有了戏剧性，就好看多了。

清《三才图会》之《角抵图》。图中二人头顶牛头面具，遮半面，奋袖而起，正面对面进行角抵竞技。旁有二人观看喝彩，作击锣状。角抵运动刺激、有趣，令古人痴迷。

蚩尤是传说中的古代南方九黎族首领，炎帝曾与其大战，反被打败。后来，炎黄二帝联合，与蚩尤及八十一兄弟战于涿鹿之野。据传，蚩尤人身牛蹄，四目六手，耳鬓如剑戟，头有角，擅长制造金属兵器，使用刀、斧、戈作战。其率领的八十一兄弟也是人语兽身，铜头铁额，食沙石子，打起仗来，不死不休，勇猛无比。蚩尤又擅作大雾，雾气弥漫，不辨东西。黄帝与之杀得昏天暗地，九战九不胜，遂仰天长叹。

天帝看不过眼，遂遣玄女下授兵信神符，助其破敌。又说黄帝借助风后所造的指南车，方在大雾中辨明方向，获得胜利。不管怎样，最终，蚩尤被黄帝所杀。后来天下又乱，黄帝又画蚩尤形像，以威慑天下，蚩尤遂终以战神形象，载入史册。

所以，南朝梁代任昉《述异记》就有了这样的记载：

> 蚩尤氏头有角，与轩辕（即黄帝）斗，以角抵人，人不能向。今冀州有乐名《蚩尤戏》，其民两两三三，头戴牛角而相抵。汉造角抵戏，盖其遗制也。

角抵“戏”，蚩尤“戏”，说明角斗已经变成一种观赏性的节目和竞技表演了。

1975 年，湖北江陵出土了一把秦代漆绘木梳，背面漆画就有相持角力的角抵瞬间：帷幕下有二人相搏，其中一位跨大步出右拳，直指对方头部。对方一低头，顺势出拳掏向此人露出的腋下。画面右侧还有一人，略直立，平伸双手，当是裁判无疑。画面三人均赤裸上身，腰束长带，身着短裤，似今天的相扑打扮。

角抵是古代一种综合性的武术搏击，对场地没有什么特殊要求，一直以来都有很好的群众基础，宫廷、军队、官府、民间，随时可以上演。唐代周缄还作《角抵赋》云：“前劲后敌，无非有力之人；左攫右拿，尽是用拳之手。”

一个新名称：相扑

由于角抵这项运动出现得最早，又最普及，所以，从周秦以来一千多年间，都是以角抵概括各类百戏杂技。直到唐宋时期，角抵才开始仅指百戏中角力摔跤的部分，也有了个新名字——相扑。

据唐代《因话录》记载，唐文宗将到南郊举行祭祀仪式，在等待仪式开始的当口，有司进“相扑人”。文宗正色曰：我这里正要举行严肃斋祭，岂能聚集围观这样的游戏！左右辩称道：此事旧例皆有，并非违礼之举。更何况，相扑人已在门外等候了。

到了宋代，角抵就更活跃了，作为介于体育竞技和娱乐杂技之间的百戏项目，民间的普及自不必说，就连朝廷正式典仪，比如宫廷宴会、皇帝生日、郊祭仪式等集体活动，也都有大力士现

河南密县打虎亭角抵图汉墓壁画。两个力士头扎朝天辫，全身仅以腰带系一件小短裤。二人瞠目相对，摆出进攻的架势，眼见着一场力的较量一触即发。图中力士的打扮和比赛状态与现今日本相扑极为相似，可见二者之间的渊源。

身表演，相扑这个名称也更普遍，甚至取代了角抵的古老名称。南宋时很多人就不知相扑和角抵的关系，一些文人还得多解释几句，如《都城纪胜》载："相扑争交，谓之角抵之戏。"《梦粱录》载："角抵者，相扑之异名也，又谓之'争交'。"

一些技术高超的相扑艺人也留下名姓，当然，大都是艺名，强调自己的卓尔不群，威猛勇武，比如撞倒山、铁板沓、赛板沓、韩铜柱、倒提山等。有的还叫王急快、周急快、女急快，这些人应当是步法灵活，以巧取胜的。

火爆的女子相扑

值得注意的是，北宋时专门有女子相扑表演，堪称开封一绝，《武林旧事》称之为"女飐"。"飐"（zhǎn），意思是风吹物动，大概是说这些女子招式变幻多端，身手迅捷若风。前面那个"女急快"大概就是如此。

不过，按照《梦粱录·角抵》的说法，女子相扑大多只是为了暖场博眼球，先让女子相扑手对打一番，吸引人众聚集后，再令男子正儿八经表演。相扑运动要裸露上身，只着短裤扎腰带，女子相扑手也类似。可以想见，在女子普遍裹脚的宋代，有女子竟然在竞技台上裸身扭打撕扯，这表演该有多火爆了。

嘉祐七年（1062）上元日，宋仁宗到宣德门外广场观看百戏，与民同乐。"女飐"们的表演令他大开眼界，兴奋得很，遂赏赐银绢若干予以褒奖。对此，司马光看不下去了，犯颜直书

《论上元令妇人相扑状》，奏状中说：宣德门乃国家宣示教令之地，本当垂宪度，布号令，显示礼仪威严。而如今，上有天子之尊，下有万民之众，还有众多后妃侍坐在侧，众目睽睽，同看妇人裸戏，简直不堪。如此，何谈以身作则，教化天下百姓。当然，司马光说得比较委婉："殆非所以隆礼法，示四方也。"

据《武林旧事》，那时的女飐有韩春春、绣勒帛、锦勒帛等人，名字都比较香艳。又据《梦粱录》，南宋临安城女飐有赛关索、嚣三娘、黑四姐等，这些名字傻大黑粗，也许名如其人。大概到了南宋，女飐不仅仅是暖场的相扑手，而且是真正的练家子。角抵相扑本来就是力技，强调选手体态身形要魁伟、厚重，然后才强调步伐、身形的灵活，这些女子估计已是真正的相扑选手了。

如今，日本相扑最为兴盛，《简明不列颠百科全书》称相扑始于日本，这一说法显然并不正确。河南打虎亭角抵图汉墓壁画中，俩力士壮汉其实就已经在"相扑"了。而日本历史考古学家池内宏和梅原末治合著《通沟》一书称日本的相扑同中国吉林省辑安县（今集安市）出土的3—5世纪古墓壁上的角抵图相仿，比赛形式和规则也与唐宋时近似，这些资料都表明中日之间相扑运动的密切关系。

但是，角力、相扑之类，在蒙古、伊朗、土耳其等许多亚欧国家和民族中都有，只是规则有所差异。因为徒手相搏以决胜负，本就是男人们最本性也最通行的竞技游戏。日本的相扑是否由中国输入，目前尚未见到明确记载，但"相扑"之名从中国引进应当是无异议的。

幻术西来

幻术，今天叫魔术，属于杂技百戏里最特殊的一类，并非出自本土，而是文化引进的产物。

蒲松龄见过的幻术

蒲松龄儿时曾到济南府参加童生考试，时逢立春，布政司衙门前搭了彩楼“演春”，即表演迎春节目，游人如堵，衙门长官一行也坐在台下观看。忽有一男子领着个披发小童荷担而上。官员问：“你擅长什么戏法？”男子答道：“能颠倒生物。”意思是能反季长出各种东西来。长官遂命男子“取桃子”。男子为难地说：“眼下春雪未化，上哪儿找桃子去？恐怕只有王母娘娘的蟠桃园才可能有吧，那得到天上去偷。”

于是打开竹箱，取出一团绳子，约有几十丈。将绳头向空中一抛，居然挂在半空，随后绳子不断上升，愈升愈高，隐隐约约升到云端。又把小童叫过来，命他攀爬。小童也不情愿：“这么细的绳子，这么高，中途断了怎么办？”男子说：“没法子，谁让我答应了官爷们呢。”

小童果然像蜘蛛走丝网那样攀缘而上，渐渐没入云端，看不见了。过了一会儿，从天上掉下一个碗大的桃子，男子将桃献到堂上给官爷们看。

忽然，绳子掉下来，男子惊呼："完了！有人把绳砍断了，我儿怎么下来啊？"少顷，又掉下个东西，一看，竟是那童子的头颅。男子大恸，捧头哭道："一定是偷桃时被看守发觉，我儿完了。"正哭着，又掉下一只脚来，不一会儿，噼里啪啦，肢体、躯干都纷纷落下来。

男子痛苦不已，一件一件地捡起来装箱，凄楚道："老汉我只有这一儿，跟我走南闯北。如今遵官长严命，却遭此横祸。"便跪下哀求："求长官们可怜赏几个钱，让我带儿回乡安葬吧。"台下官长们大为惊骇，各自拿出许多银钱赏了。男子把钱缠到腰上，从堂上走下来，拍打着箱子说："八八儿啊，还不赶快出来谢大人赏？！"箱盖竟然开了，一小儿披头散发从箱子里走出来，朝堂上叩头，正是那童子。

这个幻术给蒲松龄的印象极深，多年后他据此写成《偷桃》一文，收入《聊斋志异》，成为脍炙人口的名篇。

神仙索和肢解术

蒲松龄看到的，是一种非常古老的幻术，包括绳技和肢解两个核心环节，均来自古印度（天竺）。《吠檀多》经文和著名古印度诗人迦梨陀娑（Kālidāsa）都曾提到过这套幻术前半的通天绳索

清《聊斋全图》之《偷桃》，奥地利国家图书馆藏。台阶之下，头颅、断肢散落一地，老汉手抚头颅，面露哀戚之色。头颅梳着两个小髻，即“总角”，表明是个孩子。一根通天绳，从台阶生根，笔直向上，将画面分成两半。

部分：魔术师将绳抛向天上，绳子挂在天上垂下，一小童便沿绳爬上，并在上端作平衡表演，随后又消失，并出现在人群中。

这个幻术在当今的国际魔术界也很有名，叫“印度神仙索”（Indian Rope Trick）。至于何时进入中国，文献最早的记载见于《太平广记》卷一九三引《原化记》，说是唐开元年间，嘉兴县衙监狱的一名囚犯在宴会上为官长表演绳技，借机逃脱：“此人随绳手寻，身足离地。抛绳虚空，其势如鸟，旁飞远飏，望空而去，脱身行狴，在此日焉。”

而后半有关“肢解”的记录，自魏晋六朝以来，也屡见史料，施演者大都是天竺僧人。他们能够断舌抽肠、自断手足、剐剔肠胃，《高僧传》里记载很多东来弘法的高僧们大都会此类绝招。比如安世高就施展过断头术；另一位佛图澄更神奇，据说他左乳旁有一小洞，直通腹内，平时用棉絮把小洞塞住，读书时，就把棉絮拔掉，洞中遂发出光亮，一室通明。到了斋戒日，佛图澄来到河边，把肠子从洞口掏出来，用水洗净，然后再塞进腹中。

这些戏法大都血腥残忍，表演者从容自若，观者却看得呲牙咧嘴，瞠目结舌，不忍直视。唐高宗就看不下去，曾禁止天竺僧人入境。

大型广场幻术：鱼龙曼衍

除了上述内容外，古代幻术更多的就是各种“变幻”，典型代表是汉武帝时期兴起的“鱼龙曼延”，这是西汉时就流行的大型广场幻术。东汉张衡《西京赋》曾有详细描绘：

惊天响雷之后，一八十丈长的巨兽蜿蜒登场。突然，背上现出一座巍峨险峻的神山，上有熊虎相互搏持，猿猴在树上攀援追逐。忽而，又有大鸟蹒跚而来，又有一头垂鼻白象晃晃悠悠走过来，白象腹部膨大，像是怀孕马上要生出小象来。忽然，又现出一条大鱼，还没等看清，大鱼又化成龙，蜿蜒盘桓。此时，神奇的祥瑞舍利兽出现了。它张口吐气，待气息消散，竟然化作仙车，由四鹿所驾，灵芝一样的华盖上布满鲜花。此外，又变出蟾蜍和乌龟，又有水人弄蛇，有人吞刀吐火；忽而又平地现出大水来，水流成川，一直通向泾渭之河。一时间，广场上云雾杳冥，易貌分形，奇幻倏忽，令人惊诧不已。

这个幻术表演，据学者考证，元素来自一个很有名的佛教降魔故事，最早见于北魏的佛教故事集《贤愚经》。故事中，佛陀释迦牟尼有十大弟子，以舍利弗最有智慧。一次，佛教徒须达希望佛去祖国布道，佛就派舍利弗打前阵，选址建精舍（讲学场所）。有位不服佛陀的外道名劳度差（又作劳度叉）闻听，自恃长于魔法，要求建精舍前先与舍利弗斗法。双方轮番变化，一较高下，六轮争斗，舍利弗均战胜劳度差，最终，故事以外道屈服皈依佛法收尾。

这场变幻斗法共六个回合：劳度差变作大树，舍利弗遂作旋风吹拔大树；劳度差变作水池，舍利弗遂作大象吸干水池；劳度差变作大山，舍利弗又作金刚力士以金刚杵碎坏大山；劳度差变作龙发出雷电震动大地，舍利弗乃作金翅鸟王撕裂食之；劳度差变作牛，舍利弗则作狮子王分裂食之；劳度差变作夜叉鬼，口目出火，周围火燃，舍利弗竟化身毗沙门王，身边清凉无火。最终，劳度差计无所出，只好受服。这个降魔故事，我国古代流传的很多佛教经文、佛教壁画以及各类民间俗讲也都讲过，类似情节后来基本上又搬进《西游记》，成了孙悟空和二郎神的那场恶斗。

从目前史料看，汉代以前我国杂技大多为展示气力、形体技巧的项目，基本上没有类似幻术的记载。但西汉张骞凿空西域后，这类记载就多起来。史载当时安息等西方诸国使臣觐见汉武帝，多献“幻人”，表演类似吞刀、吐火、殖瓜、种树、屠人、截马，口中吹火，自缚自解，易牛马头之类的技艺。汉武帝大悦，让这些异域奇幻之术连同各国所献奇珍异物加入到角抵百戏表演中，成为展示大汉富丽广大的重要元素。这些幻人幻术基本上都来自佛教盛行的天竺国。

一切诸法，如幻如化

为什么古代印度多出幻人幻术呢？这当和佛教思想有关。东西各种宗教信仰，虽然都或多或少有法术变化（幻）等神异现象或传说，但对于“幻”的意义从理论上加以阐述，以“幻术”“幻师”（幻术家）作为引证譬解的，在佛教经典中最为突出。

佛教哲学认为一切诸法，都空无实性，如幻如化。所谓幻即是幻现，所谓化即是变化，二者都是假而非真，空无自性，以“如幻”来解释法空，才能彻底了解幻的意义，才是真正智慧的表现；而一个布道者，也要能熟练运用幻化手段来比譬说法，以便让信众能更直观地体验佛教精髓。所以，佛教经典中有关“幻术”“幻事”的解说很多。而那些擅长用幻术布道的，则称为“幻师”，工力深厚，技法巧妙的，称为“工幻师”“巧幻师”，水平更高的则称为“大幻师”。

《高僧传》记载，高僧们会空瓶变舍利，“以麻油杂胭脂涂掌，千里外事，皆彻见掌中”。能咒石出水，咒下神龙，炎旱降雨；能活枯树、医死人。可以想见，这些奇幻着实吸引民众的注意力。

佛教经传种种有类“怪力乱神”的奇幻讲述、传闻和表演在当时都属于令人惊异的新鲜话题，大大扩展了时人的知识和思想领域。

清殷奇《张果老幻驴图册页》。一头驴子正从竹筒里倒出来。在中国人眼里，神仙们也都是有幻术本事的。

所以，也可以说，佛教孕育并促成了幻术的兴盛，最终独立出来，发展成为一门特殊的杂技艺术。也正因此，在一些幻术表演里，常常含着很多佛教母体的印记。比如，佛教世界里有地狱恶鬼之说，印度幻术就有很多酷刑术，以各种地狱变相恫吓众生，砍头、截肢、挖肠剖心，血淋淋的。唐代以后，佛教已经中国化，宣传多以极乐世界的安详华美为诱饵，这些幻术就令人难以接受，也就难怪唐高宗一度禁止天竺僧人入境了。

本土的堂彩幻术

至于蒲松龄的《偷桃》，则已经完全中国化了，它将古老的印度幻术和同样古老的蟠桃神话结合在一起，设计了精巧却极为合理的情节，辅之以惊心动魄又皆大欢喜的戏剧故事，天衣无缝。观众在整个过程中经历了极为复杂的情绪体验：轻松玩笑、将信将疑、期待盼望、莫名惊诧、惊恐万分、悲伤同情、虚惊一场、皆大欢喜，情绪就像过山车，最终，自然被艺人的高妙所折服，心甘情愿掏钱了。这是一场极为成功的商业表演。

偷桃大概属于堂彩幻术，多在厅堂演出，这类幻术表演场地很有局限，前后左右甚至上面都有人围观，道具也要就地取材，所以，幻术师要有极高的技艺，捆、绑、装、拆、揣、撕、掳、摘、解，节目设计也要极严谨。而像《偷桃》这样精妙到出神入化的幻术表演，只怕也是绝无仅有的。

四方众目睽睽，那偷桃的父子俩究竟怎样让绳索上了天？童子小儿如何碎尸之后又囫囵个儿地从箱子里钻出来的？对此，我略知一二，但还是不说吧。

鼠戏、蚁戏及其他

魏晋六朝时，南方汉族文化圈的社会风尚整体趋于文弱，杂技艺术虽然也还有雄健尚武的节目，但主流却开始趋向纤细柔美了。比如“辟邪”（狮子舞）本来是雄健激烈的，南朝时就表现为“可爱风”，狮子变成萌宠，像老神仙的家狗。那时，还出现了训练小动物的新节目，比如鼠子演戏、金鱼排阵、七宝水戏等，都属于萌宠戏。

鼠戏就是“衣冠禽兽”

鼠戏主角是南方田野竹林间的老鼠，名笮鼠，俗谓竹鼠。鼠戏是给小鼠穿上花衣，荡秋千，爬梯子，推磨，纺棉花。老鼠本来体形纤巧，又在小巧可爱的道具上做纤巧的动作，整个仿佛小人国，着实吸引人。这类表演一直延续下来，越来越好看，蒲松龄《聊斋志异》里有一篇《鼠戏》：

一人在长安市上卖鼠戏。背负一囊，中蓄小鼠十余头。每于稠人中，出小木架，置肩上，俨如戏楼状。乃拍鼓板，唱古杂剧。歌声甫动，则有鼠自囊中出，蒙假面，被小装服，自背登楼，人立而舞。男女悲欢，悉合剧中关目。

小老鼠蒙假面，披挂戏妆，从口袋里钻出。驯鼠人打起鼓板，咿咿呀呀唱起来，小鼠就自己爬到那小巧的木架戏楼上，和着鼓板，像人一样站立着舞蹈，表演的内容竟跟卖艺人唱的戏文情节完全吻合。老鼠本是昼伏夜出的动物，现在却扮相生动，众目睽睽之下，做梨园弟子状，实在可爱。

清末《点石斋画报》文配图，专有一幅《鼠子演戏》，说一山东人擅长戏法，有次在苏州玄妙观旁表演，把一形如雨盖的木

清末《点石斋画报》之《鼠子演戏图》。小老鼠依照驯鼠人的唱词表演，竟跟戏文情节完全吻合，此梨园弟子状实在可爱。

架插在地上，架子高约七尺，上有小戏台，略比人高。里面悬挂着圆圈以及各种刀枪棍棒。那汉子敲响锣声，即有十余只硕大老鼠随锣鼓点儿进退，前爪抓住竹刀木枪，盘旋起舞。演出的剧目有《李三娘挑水》《孙悟空闹天宫》，等等。

《李三娘挑水》取材于家喻户晓的古老戏剧《白兔记》，讲的是五代十国时期一对夫妻悲欢离合的俗套故事。战乱岁月，牧马人刘知远入赘李家为婿，与妻子李三娘相爱。但这家老父去世后，刘知远即遭李家兄嫂煎逼，被迫投军出走。李三娘不愿改嫁，孤身在磨房里咬断脐带，产下爱子。昏迷之际，兄嫂竟将婴儿扔进鱼塘，幸被一老人暗中救起。三娘含泪给孩儿取名“咬脐郎”，又将丈夫留下的玉兔信物挂在孩儿身上，托老人千里送子，辗转送到刘知远手中。刘知远闻讯返乡寻妻，可兄嫂假称已改嫁，自此两相分离。

十六年间，三娘在兄嫂监督下日担水，夜推磨，受尽苦难。一天，偶然在井台边发现一只带箭白兔，接着遇到一位围猎的少年将军刘承佑。刘承佑得知其遭遇，十分同情，愿为她传信寻夫。临行解下身边玉兔，命人送给三娘，以补无米之炊。三娘见到玉兔，方知这小将军正是自己的孩儿“咬脐郎”。当然，此时，刘知远已娶妻，但妻子深明大义，执意迎回李三娘，最终阔别的夫妻、母子大团圆。

这么复杂的悲欢离合故事，一出戏肯定讲不完，就分了很多折，小老鼠表演的应当正是其中井台边母子相认的一段。只是不知道这老鼠从上到下滑溜溜的皮毛，怎么挑的水。小老鼠扮演“咬脐郎”倒容易些，反正也是个小少年，沐“鼠”而冠，扮相应该是很可爱的。只是要让他按照剧情表演，也是着实不易呢。据说，即便是选出乖顺聪明的老鼠，一个动作也要训练半年。

水族也是高手

宋代，小型动物戏蓬勃发展，城市里有瓦舍勾栏，村落里也流行百戏杂艺，给这些杂技提供了很好的文化市场。民间艺人往往没啥本钱，小动物花费少，表演虽然利润微薄，也能维持生计。

据《东京梦华录》记载，当时流行的除了大一点的猴戏外，还有鱼跳刀门、使唤蜂蝶、追呼蝼蚁等节目。有位艺人赵喜，擅长“水族戏”，曾在宋高宗面前表演“七宝水戏”。他在大方容器里盛满水，养着龟、鳖、鳅、鱼等七种水族，表演时他敲着小铜锣一个个喊名字，叫到的就浮出水面，戴着面具，旋转游舞一阵，舞完沉下去，下一个又听命钻出来，着实奇妙。宋人周密幼时曾在临安看过，印象很深，遂记录在《癸辛杂识》后集《故都戏事》中。这个节目设计和训练都是高水平的。

元代陶宗仪在《辍耕录》中还记录了他在杭州看到的两个稀奇节目。一个节目叫“乌龟迭塔”，演者打击小鼓，七只大小不等的乌龟依次爬到茶几上，大在下，小在上，依次伏在背上，如宝塔一般。

另一个节目主角是九只蛤蟆，最大的一只先跳上一个小墩，其余分列左右，大蛤蟆“咯咯”一叫，小蛤蟆即随声附和，声声相应，一声不乱，最后，小蛤蟆一只只跳到大蛤蟆跟前，点头作声，行礼而退，据说这叫“蛤蟆教书”，我觉得应该叫“蛤蟆教唱”。

清金农《花卉图册》之一。画家笔下，大鱼小鱼也是听令排队的，口令就是：“北固山下有毒钩，毋贪其饵慎尔游。”

清代还有“金鱼排阵”。将红、白金鱼贮于一缸。艺人摇动红旗，红鱼随旗往来游溯，疾转疾随。迅速收旗，鱼立即潜伏下来。接着，白鱼也如此表演。再把两种颜色的旗子分插两处，则红、白鱼各自随旗归队。此收在《清稗类钞》中。

虫蚁不甘示弱

这类驯养小动物的杂技越玩越小，后来被统称为“教虫蚁”，也真有将虫蚁之类驯顺的。据《渊鉴类函》，唐代长庆年间有个民间艺人韩志和就会这招。他用柏木制成个小盒子，里面养了二百来只蝇虎子（一种捕捉苍蝇的小蜘蛛），能听令排成队列，还能随着乐工演奏的《凉州曲》节拍，急速地旋转舞蹈。到了有唱词的地方，就隐隐发出嘤嘤声。曲终结束，鱼贯而退，好似懂得礼仪尊卑一样。韩志和又令它们捕蝇，竟然如鹞鹰捕雀，罕有失手，真是神奇得很。

据说清代还有一种“蚂蚁排阵”，艺人在地上摊开一张白纸，纸上绘有山川城阁，再从两只竹筒中放出红、黄两色蚂蚁，这些蚂蚁沿着所绘的图形而走，红、黄队伍分明，不相混杂。

一招先，吃遍天。过去艺人们闯荡江湖，撂地表演，是必须有点绝技的。其中最重要的，就是要深谙这些小动物的特性，可谓生物专家，而且要超级有耐性。至于这些艺人如何操纵这些鼠辈虫蚁听命于他的？想来肯定用的是巴甫洛夫的条件反射原理，或者暗暗做了什么诱饵，我知道的也就这些了。

射者，男子之事

最早与射箭相关的，大概是后羿射日的神话故事。神话往往与现实有着密切的关系。采集和狩猎是人类最早的经济生活方式，射箭以获取肉食，是重要的生存技能，后来才用于征战，直至演变为一种礼仪——射礼，并附带产生了“投壶”游戏。

射箭是男子本分

搭弓射箭是古代男子的本分，狩猎抑或征战，都需要有精良的射箭本领。

汉后羿射日画像石拓本。后羿射日大概是与射箭关联最早、最紧密的神话传说，可知射箭是相当古老的人类活动。

曹植《白马篇》云：“控弦破左的，右发摧月支。仰手接飞猱，俯身散马蹄。”诗中这位游侠少年驰骋马上，左右上下，箭不虚发，已经出神入化了。今人读此诗，总觉是文学家在渲染夸张，其实这纯属古今隔膜。

冷兵器，热本事

冷兵器时代，射箭脱不开实用。古代箭术大概在春秋战国时期，最为发达和普及，此时诸侯争霸，兵戎之事此起彼伏，提高作战技能就成了当务之急。那时流行车战，战车和随行的若干徒兵，构成一个作战单位。战车标配是甲士三人，分居车左、中、右位置。左方甲士持弓，主射，为一车之首，称“车左”，可远距离攻击；右方甲士执戈或矛，主近距离击刺，并负责为战车排障，称“车右”，又称“参乘”；居中为御者，佩带护体短剑，通常不直接参与格斗。

成都出土汉代弋射收获图画像砖。上面是弋射图，有猎人持弓射向天上的飞禽。下面是收获图，农人在田间劳作，有人割稻，有人挑担。画面动感很强，有劳作之美。

长矛、宝剑击刺、格杀纵然重要，然而均得待对方近身才能施展，相比，箭术可远距离击杀，就很有优势。所以，当时各国诸侯为获得优秀的射御贤才，也是绞尽脑汁。魏文侯曾请法家李悝作相，遂下“习射令”：“人之有狐疑之讼者，令之射的，中之者胜，不中者负。”意思是若有官司诉讼，不问是非曲直，只教双方射箭比试，赢者则判官司胜。此令一下，人皆“疾习射”，与秦人战，果然大胜。(《韩非子·内储说上》)

古之大事，在祀与戎，祭祀和兵戎都是促成百戏杂技繁荣的动因。前者与乐舞、戏剧等“文”艺密切相关，后者则是举重、击剑、箭技等“武”艺的温床。射箭以中的为目的，强调精准，属于纯粹的“武艺”。射箭时全神贯注，精神和肌肉都处于紧张状态，箭飞射中靶，即刻放松，这种灵与肉的一张一弛，超越常规的入定与释然，交错而至，给人带来特殊的快感。若箭术甚佳，正中靶心，引来观者惊呼，提弓四顾，不禁踌躇满志，这或许都是箭技的魅力所在，也使得它终能脱开实用，成为一种竞技表演。

高手就要呆若木鸡

假如不能理解箭技的微妙处，即便观奥运高手射箭，也是极无聊的。

看那射者，手里的弓箭，半持半握，斜耷拉着，迟迟不举起。射手目光虚视，面无表情，神情呆滞，似乎正神游于九天之外。观众等得不耐烦了，选手才把弓箭举起，瞄准靶心。观众一见，打起精神，想象那箭嗖的一声出弦，带着风声，呼呼向前冲，只听得耳旁“嘭”的一声，却见那箭正中靶心。

然而，这一切慢动作终究是观众一厢情愿的想象。事实上，我们好不容易看到选手终于昂头抬手拉弓了，可似乎不到两秒钟，他又放下，还是呆若木鸡的表情。正替他着急，屏幕上却显示出成绩来，这才意识到瞬间箭已出弦中的了。

所以，射箭是有专门一套讲究的。楚人陈音善射，就曾为越王讲解了射箭之道，见于《吴越春秋》。他说，从准备动作看，射手要“身若戴板，头若激卵。左蹉，右足横；左手若附枝，右手若抱儿”。意思是，身体要像穿上木板一样挺直，头昂扬作激动状。左脚竖直向前，右脚横着在后；左手平伸像握树枝，右手弯曲若环抱婴儿。

一旦举弩望敌，就要屏心静气，令箭与气息俱发，出弦之后也要温和平静，不偏不倚。整个过程，射手精神稳定，杂念去除，箭的去止分离均在掌控之中。而身体也要紧张适度，肢体既相互配合，又各司其职，不胡乱牵制，这就是“右手发机，左手不知”，此正射箭持弩之道也。

李将军射石虎

古人钻研此道，整理了不少图书，东汉班固著《汉书·艺文志》，把当时国家图书馆收藏的图书做了分类整理，射箭的书就收在“兵家”里，归入技巧类，如《逢门射法》《阴通成射法》《李将军射法》《魏氏射法》《强弩将军王围射法》《望远连弩射法具》《护军射师王贺射书》《蒲苴子弋法》。这些篇目大都没保留下来，也不知讲了些什么道道，彼此有什么区别。或许都是射箭高手们的心得体会吧。

这里面我们稍微熟悉的，可能只有《李将军射法》，这李将军不是别人，正是汉武帝时名扬天下令北匈奴胆寒的“汉将军李广”。史载李广有次黑夜出猎，忽见草丛中有伏虎一只，遂张弓射之。久不见动静，走近一看，原来是块大石，状如猛虎。再看那箭簇，整个箭头连同部分尾羽都没入石中。李广自己也很惊讶，真虎他倒是射杀过，这射杀石虎却挺新鲜。于是再射，可最终也没成功。

所以，《李将军射法》里，一定没讲这射石虎的技巧，射石虎也成了传奇。几百年后，唐代卢纶作《塞下曲》追慕李将军风采，诗云：“林暗草惊风，将军夜引弓。平明寻白羽，没在石棱中。”据史载，李广时任右北平郡太守，郡治大约在平刚县（今内蒙古宁城西南）。该郡范围较大，大抵包括了内蒙古南部、辽宁西部、河北东北部。后世，这些地方多处都称发现了李将军的“射虎石”，至今诉讼未决。

人箭合一的境界

射箭虽有臂力、视力的要求，但最根本还要讲“心劲”，要有胆识。胆是勇气胆量，识则是见识心理。人们常说“剑拔弩张”，用来形容事态紧急，高度紧张，其实，射箭时也只能是“箭”拔“弩”张，人不能像猛张飞，头发都要炸起来的。竞技者个人情绪、心理、竞技状态等内在修养至关重要，好的射手是能进入到人箭合一的高境界的。

大概也正因此，周礼专门设置了“乡射礼”，《礼记》专有《射义》讲解这一礼仪背后的道理。

乡也称乡党、乡里，是周代社会的基础单位。乡射礼是成年男子比赛箭技的典礼活动，有着和谐乡里，凝聚人心的目的。它和乡饮酒礼一样，最能代表乡党礼俗风采。乡射礼程序可分迎宾之礼、献宾之礼、三番射、送宾之礼四部分，都有相应仪节形式。迎宾、送宾自不必说，献宾即给嘉宾献酒，这三者都不是仪式主角，核心是“三番射”，即三次射箭。

第一番射，侧重于射的演练，属于习射，不管射中与否，不计成绩。

第二番射，是正式比赛，要根据射箭中靶程度分出胜负。

第三番射，是整个乡射礼真正的高潮，其过程和第二番相同，但增加了音乐伴奏，带有娱乐性质。对射者的要求是“中节中的”，也就是说，只有应着鼓乐的节拍而射中靶心者，才抽出算筹计数。乐工演奏的是《诗经·召南》中的《驺虞》，歌词唱道：

彼茁者葭，一发五豝，于嗟乎，驺虞！
彼茁者蓬，一发五豵，于嗟乎，驺虞！

驺虞是射猎的官吏，诗中歌咏其射猎技艺的高超：看那芦苇、蓬草长得多壮啊，一箭就射中五只小（母）猪，哎呀呀，驺虞射箭顶呱呱！这个歌词用在乡射礼中，实在是很应景的。比赛要和着鼓乐的节拍，那这音乐一定是《运动员进行曲》之类节拍稳定、和缓的曲子，而不能是好似过山车的《忐忑》。

音乐伴奏下展演射技，选手不仅要射技精湛，更要有良好的音乐感受力。而且，礼仪之中，众目睽睽，仪态自然也要从容得体，这就要有相当的自信和良好心态。所以，《射义》篇才说射箭，“所以观盛德也”。不仅检验了射箭技能，也测试出射箭者的文化修养和德行品质。因此，“古者天子以射选诸侯、卿大夫、士。射者，男子之事也，因而饰之以礼乐也”。

把歌诗引入射猎活动，礼仪过程充满了仪式感，也富于观赏性。相当于花样滑冰、水中芭蕾、自由体操，不仅强健体魄，还文明精神、愉悦情志，就很艺术化了。

由射礼演化出的投壶，是把箭向壶里投，力度、精确度和注意力都弱于射箭，游戏时，中者胜，败者以酒为罚，已然成为一种轻松愉快的游戏了。从实用到游戏到审美，是人类生产力发展、“心有余力”的结果。

投壶汉画像。投壶由春秋时代的射礼演化而来，是汉代较为盛行的一种饮酒游戏，常于贵族宴飨时进行。在鼓乐声中，宾主轮流以矢投向一定距离之外的壶内，多中者则胜出。

口技与隔壁戏

口技又称口戏，表演者以口腔发音，借助少量道具，模拟各种音响或数人声口，以及兽叫虫鸣，所以又称作肖声、相声、象（像）声。传统表演是摆一张八仙桌，围以布幔或屏风，一人藏于其中，辅助工具唯有扇子一把，木板一块。表演者作多人嘈杂，或象百物声，无不逼真。观众初不知帷幔内情，表演结束，掀开帷幔，见只一人，又零星道具，才惊叹愉悦，所以，口技俗谓隔壁戏。

口技表演，满座寂然

虽称隔壁戏，但口技表演要想精彩，观众却不能作壁上观，而是要格外配合的。

中国百戏，包括很多在厅堂戏园里表演的戏曲节目，是非常强调观看时的闲散舒适的，观众没有多少礼仪约束。演员在台上使出浑身解数，吹拉弹唱、舞枪弄棒、咿咿呀呀，想着法子吸引观众，台下则想看就看，想听就听，嗑瓜子的、吃点心的、闲聊逗趣的、喝茶弄水的，堂倌商贩在人群间蹿来蹿去，递茶送水抛手巾，一片嘈杂。但口技表演却有所不同，观众需尽力配合，创造安静的环境，如此，口技艺人才有可能发挥。

清代康熙年间张潮辑《虞初新志》卷一引林嗣环的《秋声诗自序》，就对当时的口技表演，及观众反应做了细致的描绘。后来这篇文章入选中学语文教材，名曰《口技》。原文云：

京中有善口技者。会宾客大宴，于厅事之东北角，施八尺屏障，口技人坐屏障中，一桌、一椅、一扇、一抚尺而已。众宾团坐。少顷，但闻屏障中抚尺二下，满坐寂然，无敢哗者。

清象牙圆雕说书艺人。人物笑容可掬，神态自然。石桌下雕四只小兽，顽皮可爱。说书与口技同属于口头表演艺术，但说书不需帷幔遮挡，与观众全方位交流，能铺陈更复杂的故事，因此流传更为广泛。

从这段描写看，观众是很懂得怎样欣赏口技表演的，“抚尺二下，满坐寂然，无敢哗者”，这就相当于听西洋古典音乐会不能打拍子，不能跟着哼哼，更不能咔咔拍照、交头接耳之类，都可以算作观众礼仪。全场寂然，口技遂展露精彩：

遥闻深巷犬吠声，便有妇人惊觉欠伸，摇其夫语猥亵事。夫呓语，初不甚应，妇摇之不止，则二人语渐间杂，床又从中戛戛。既而儿醒大啼，夫令妇抚儿乳，儿含乳啼，妇拍而呜之。夫起溺，妇亦抱儿起溺。床上又一大儿醒，狺狺不止。当是时，妇手拍儿声，口中呜声，儿含乳啼声，大儿初醒声，床声，夫叱大儿声，溺瓶中声，溺桶中声，一齐凑发，众妙毕备。

这段内容，中学选本做了比较大的改编，其中“猥亵事”和溺尿的内容都尽数删去，大概终觉低俗不雅，怕把孩子引导坏了。旧时艺人为了吸引听众，模拟内容多有不雅者。清末傅崇矩编纂《成都通览》提及相书时就说，当时因为相书多有不雅，警局出面警告，才改为“绿色”版了。相书即渊源于隔壁戏。

其实这段表演，大概比学孩子哭难度更高呢。否则，光是喂奶哄孩子，总有些单调，也太常见了。所以，听完这段，“满坐宾客无不伸颈侧目，微笑默叹，以为妙绝也”。

本以为表演就到此为止了，哪知这只是铺垫和序曲，接着还有内容：

既而夫上床寝，妇又呼大儿溺，毕，都上床寝。小儿亦渐欲睡。夫齁声起，妇拍儿亦渐拍渐止。微闻有鼠作作索索，盆器倾侧，妇梦中咳嗽之声。

夜深人静，这家人大大小小一阵骚动之后，又复归寂静，所以，听众也放松下来，“宾客意少舒，稍稍正坐”。

口技演员是非常善于控制听众情绪节奏的，这时，各种声音突然又大发作：

忽一人大呼“火起”，夫起大呼，妇亦起大呼，两儿齐哭。俄而百千人大呼，百千儿哭，百千狗吠。中间力拉崩倒之声，火爆声，呼呼风声，百千齐作。又夹百千求救声，曳屋许许声，抢夺声，泼水声。凡所应有，无所不有。

因为惟妙惟肖，观众已经开始怀疑这是不是表演了。明明只有一人，怎么可能出了这么多声音：“虽人有百手，手有百指，不能指其一端；人有百口，口有百舌，不能名其一处也。”至此，观众完全被现场的声音所迷惑，彻底被带入火灾现场，面临生死了，以下反应即顺理成章：

于是宾客无不变色离席，奋袖出臂，两股战战，几欲先走。

屏风后的艺人大概是极为得意的，他要的就是这个效果。“忽然抚尺一下，群响毕绝。撤屏视之，一人、一桌、一椅、一扇、一抚尺而已。”

作者林嗣环大概当时就在这观众席间，故文章最后他感叹道：“嘻！若而人者，可谓善画声矣，遂录其语，以为《秋声序》。”当然，这篇实录文笔也不赖，故文后引张山来语曰：“绝世奇技，复得此奇文以传之，读竟，辄浮大白。”“浮大白”，是指读完拍案叫绝，可以乘兴饮一大杯酒。

口技也要“抖包袱”

在相声表演中，有“抖包袱”之说，指的是把之前设置的悬念揭出来，或者把之前铺垫酝酿好的笑料关键部分说出来。“包袱”能否抖响，灵活运用语言的技巧很重要。艺谚中素有“铺平垫稳”之说，即要悉心揣摩观众的心理状况，适时适地耐心巧妙地一层层系好“包袱儿”。包袱系得好，蓦地抖开，才能取得满堂皆响的效果。上述这段口技之所以精彩，也就在于会设“包袱”，而且把所有观众全都装了进来，一旦抖开，目瞪口呆，大惊，复而大笑，自然赢得满堂彩。

有时，口技艺人还有个助手，站立在帷幔外，负责收钱。但这钱何时收是有诀窍的，要在口技戏演到最关键处，吊足了听众胃口，却戛然而止，听众急于了解下情，便忙不迭撒钱，屏后这才接着表演。

清代中叶，蒋士铨《忠雅堂诗集》卷八《京师乐府词十六首》中有一首《象声》就说到这个情景。先说开场前准备，招呼观众落座：

帷五尺广七尺长，其高六尺角四方。
植竿为柱布作墙，周遭着地无隙窗。
一人外立一中藏，藏者屏息立者神扬扬。
呼客围坐钱入囊，各各侧耳头低昂。

接着就是口技艺人开始表演：

> 帏中隐隐发虚籁，正如萍末风起才悠飏。
> 须臾音响递变灭，人物鸟兽之声一一来相将。
> 儿女喁喁昵衾枕，主客剌剌喧壶觞。
> 乡邻诟詈杂鸡狗，市肆嘲谑兼驰骧。
> 方言竞作各问答，众口嘈聒无碍妨。

观众正听得妙处，突然就停了，真是吊足胃口：

> 语入妙时却停止，事当急处偏回翔。
> 众心未厌钱乱掷，残局请终势更张。

收了钱，再开张、收束：

> 雷轰炮击陆浑火，万人惊喊举国皆奔狂。
> 此时听者股栗欲伏地，
> 不知帏中一人摇唇鼓掌吐吞击拍闲耶忙？

隔壁戏，真有戏

明清时期，口技艺术达到鼎盛，口技不再单纯拟声，而是有情节，有故事，接近戏剧艺术了，所以才有隔壁“戏”、相“书”的说法。

《聊斋志异》曾讲述一女子行医看病，称自己不会开药方，而是夜里请诸神“会诊”。她躲在屋内，以口技模拟众仙齐聚“会诊”，众人围着门窗，倾耳寂听，竟都信以为真了。

村中来一女子，年二十有四五，携一药囊，售其医。有问病者，女不能自为方，俟暮夜问诸神。晚洁斗室，闭置其中。众绕门窗，倾耳寂听，但窃窃语，莫敢咳。内外动息俱冥。

至半更许，忽闻帘声。女在内曰：“九姑来耶？”一女子答云：“来矣。”又曰：“腊梅从九姑来耶？”似一婢答云：“来矣。”三人絮语间杂，刺刺不休。俄闻帘钩复动，女曰：“六姑至矣。”乱言曰：“春梅亦抱小郎子来耶？”一女子曰：“拗哥子！呜呜不睡，定要从娘子来。身如百钧重，负累煞人！”

旋闻女子殷勤声，九姑问讯声，六姑寒暄声，二婢慰劳声，小儿喜笑声，一齐嘈杂。即闻女子笑曰：“小郎君亦大好耍，远迢迢抱猫儿来。”既而声渐疏，帘又响，满室俱哗，曰：“四姑来何迟也？”有一小女子细声答曰：“路有千里且溢，与阿姑走尔许时始至。阿姑行且缓。”遂各各道温凉声，并移坐声，唤添坐声，参差并作，喧繁满室，食顷始定。即闻女子问病。九姑以为宜得参，六姑以为宜得芪，四姑以为宜得术。参酌移时，即闻九姑唤笔砚。无何，折纸戢戢然，拔笔掷帽丁丁然，磨墨隆隆然；既而投笔触几，震震作响，便闻撮药包裹苏苏然。

顷之，女子推帘，呼病者授药并方。反身入室，即闻三姑作别，三婢作别，小儿哑哑，猫儿唔唔，又一时并起。九姑之声清以越，六姑之声缓以苍，四姑之声娇以婉，以及三婢之声，各有态响，听之了了可辨。群讶以为真神。而试其方，亦不甚效。此即所谓口技，特借之以售其术耳。然亦奇矣！（《口技》）

那时扬州有个叫郭猫儿的艺人，年少时即游走于市肆，诙谐谑浪，最擅长此道。《虞初续志》详细记录了一次他的表演，其模拟市声之复杂、情节之丰富，令人惊叹。文章讲到：正值宴

清《聊斋全图》之《口技》，奥地利国家图书馆藏。图中女子独自坐在屋内，正搬演“众仙会诊”的场面。门外众人倾耳寂听，“但窃窃语，莫敢咳”。

席，宾客云集。郭猫儿提出当场献技，遂在席右设围屏，不置灯烛。郭猫儿坐屏后，主客静听，久之无声：

俄闻二人途中相遇，揖叙寒暄。其声一老一少，老者拉少者至家饮酒，投琼藏钩，备极款洽。少者以醉辞，老者复力劝数瓯，遂踉跄出门，彼此谢别，主人闭门。少者履声蹒跚，约可二里许，醉仆于途。

忽有一人过而蹴（踢）之，扶起，乃其相识也，遂掖之至家。而街栅已闭，遂呼司栅者。一犬迎吠，顷之，数犬群吠，又顷益多。犬之老者、少者、远者、近者、狺者、狠者，同声而吠，一一可辨。久之，司栅者出，启栅。

无何，至醉者之家，则又误叩江西人之门，惊起，知其误也，则江西乡音詈（骂）之，群犬又数吠。比至，则其妻应声出，送者郑重而别。

妻扶之登床，醉者索茶。妻烹茶至，则已大鼾，鼻息如雷矣。妻遂詈其夫，唧唧不休。顷之，妻亦熟寝，两人鼾声如出一口。忽闻夜半牛鸣矣，夫起大吐，呼妻索茶，妻作呓语，夫复睡。妻起便旋纳履，则夫已吐秽其中。妻怒骂久之，遂易履而起。此时群鸡乱鸣，其声之种种各别，亦如犬吠也。

少选，其父来，呼其子曰："天将明，可以宰猪矣！"始知其为屠门也。

其子起，至猪圈中饲猪，则闻群猪争食声，嚵食声，其父烧汤声，进火，倾水声。其子遂缚一猪，猪被缚声，磨刀声，杀猪声，猪被杀声，出血声，燖剥声，历历不爽也。

父谓子曰："天已明，可卖矣。"少选，闻肉上案声，即闻有卖买数钱声。有买猪首者，有买腹脏者，有买肉者。

正在纷纷争闹不已，砉然一声，四座俱寂。

仅凭一张嘴，竟模拟出如此繁复的音声和情节，观众像听了一出广播剧。口技艺人究竟如何拟声？屏风所掩，没人得见，多少有些神秘。

好在《聊斋志异》里也有一篇《口技》，说一少年口技演奏乐曲，观者如堵。少年"惟以一指捺颊际，且捺且讴，听之铿铿，与弦索无异"。这让我们大概了解了口技表演的门道。前些年有个叫洛桑的藏族演员，也是善于模仿各种器乐，可惜英年早逝，近些年，这样的人才却不多见了。

明口和暗口

郭猫儿这个"隔壁戏"，躲在屏风后面，这在口技里叫"暗口"。口技还有"明口"，就是在观众面前表演，大都模仿鸟兽鸣虫。上面这口戏里面有很多动物声音，狗吠、牛叫、鸡鸣等，就属于这类技巧。郭猫儿这名称得来，也是因为他最擅长模仿猫叫。

除了郭猫儿，明清还有"百鸟张""画眉杨"，听名字就知道都是仿鸟鸣的。有《画眉杨》诗云：

> 小杨口技以艺名，喉中能学百鸟声。画眉黄雀与白翎，啁啾求友分重轻。鱼鹰掠水吹水鸣，鹦鹉嫌笼嗔索铃。鸡雏入瓮乳狗争，母狗受挞母鸡惊。

模拟的鸟鸣声是很多的。

模拟动物声音是口技正宗，最早大概可追溯到战国。据《史记·孟尝君列传》记载，齐国孟尝君被秦王扣留，苦求摆脱之法。手下门客出主意，说秦王有位爱姬，大概能说进话去，便着人上门央告。那女子提了条件，要孟尝君以齐国宝物白狐裘做礼物才肯帮忙。孟尝君极为难，因为此白狐裘已送给秦王了。这时，孟尝君手下有善偷盗的门客便潜入秦王府中，盗得白狐裘献给女子，女子遂在秦王面前说情放了孟尝君。孟尝君和门客们怕秦王发现后反悔，连夜出奔。可城门未开，情急之下，一门客模仿鸡叫，守城门将以为天亮，把城门打开，一行人才得以逃脱，这就是“鸡鸣狗盗”的故事。

近读王世襄《锦灰堆》，有一篇《百灵》，讲八旗子弟驯养百灵拟声的旧事。其中讲到驯养“净口”百灵，模仿的声音有“十三套”，从“家雀闹林”开始，然后是“胡伯喇（伯劳鸟）搅尾儿”，还要学山喜鹊、学猫、学鹰，高低紧慢，大小雌雄，苍老娇媚，等等。

最有趣的是要学“水车子轧狗子”。北京人过去没自来水，早上独轮车给家家户户送水。送水都在拂晓，大街小巷，一片吱吱扭扭的水车声。狗卧道中，最容易被水车子轧到，故不时有狗号叫几声，一瘸一拐地跑了。净口百灵最好能学到水车声自远而近，轧狗之后又由近及远。如果学不到这个火候，也必须车声、狗声俱备，二者缺一，便是“脏口”，百灵鸟就一文不值了。“十三套”要连串起来，不快不慢，顺顺溜溜，稳稳当当，一气呵成，真可谓洋洋洒洒，斐然成章了。

善口技的郭猫儿们，会“十三套”的百灵鸟们，都是突破自然肌体限制，达到了出神入化的境界。口技发声要用到口、齿、唇、舌、喉、前腭、后腭、软腭、小舌，缺一不可。一般人不用来发音的器官都要用来发音，还要有特殊的用气法。这除了天赋，还要经过刻苦训练。

2011 年，口技被列入国家非遗名录，传承人是北京的牛玉亮，现如今已经八十岁了。据他介绍，1958 年，他到芜湖演出，出早功时发现山上有座庙，庙顶上有只黄莺的叫声特别好听，就跟着这只黄莺学鸟鸣。刚开始，黄莺因为害怕而不发声，一来二去，随着模仿的声音越来越像，黄莺也和他对鸣起来。牛玉亮说：“这只黄莺是我的‘鸟老师’，整整教了我八天，每天早上它都会准时地落在庙前的树上等我。第九天我离开时，看见它还在那里等我，心里特别难受。”

手技：弄丸与跳剑

人类的发展，其实就是不断开发自身各种潜能的过程。双手达不到，就发明各种工具机械；双足达不到，就开发畜力车船。从目前状况看，我们越来越不需要动手动脚，一根手指，点两下，就可以解决生活中的绝大部分事情。所以，现代人大都显得“笨手笨脚”，手脚可以别名为“五指叉”吧。

有人曾想象未来科幻世界：人类移民到不知哪个星球，躺在自由移动的舒适床上，终身不必起床，机器仆人和机器狗随时听从召唤，人只需要动动嘴发个口令就可以了，所以，个个都是大胖子。但有趣的是，科幻家又说，人们躺在那里，手里都拿着个平板——在玩游戏。

细节未必尽如此，但大意不差。身体退化至此，岂不令人惊惧？

弄丸：大珠小珠不能落玉盘

游戏追求的是身体功能的极限。中国古代百戏中，有一类游戏就是追求手、眼、身的灵活以及高度配合，姑且称之为“手

东汉杂技舞乐画像砖。图右上方一赤膊男子，左肘“跳瓶”，右手执剑“跳丸”。其左一赤膊男子表演“跳丸”，双手舞弄七丸。

技”，即用双手熟练而巧妙地耍弄、抛接各种物件的技巧表演。道具是日常生活中的球、棒、盘、刀、圈等。中国手技表演可追溯到春秋时期，那时，“弄丸”“跳剑”都达到极高水平。

弄丸，亦称“跳丸”“抛丸”，表演者两手快速连续抛接若干弹丸，一个在手，数个滞空，递抛递接，往复不绝，类似现代杂技中的抛球。《庄子·徐无鬼》曾提及一个叫宜僚的楚人，善弄丸，常八个在空中，一个在手，循环往复，从不失手。一次，楚与宋战，宜僚于军前弄丸，宋军看得目瞪口呆，竟忘了打仗，楚方遂趁机大败宋军。

据说，宜僚弄丸，是带响动的，耍的是“丸铃”，大概是在球丸之上凿出小孔，抛接当中，由于气流振动，弹丸会发出悦耳的哨音，难怪宋军都看傻了眼。

山东沂南汉墓出土的石刻百戏图中，有一位艺人，裸露上身，双腿微蹲，双手做抛接状，三剑在空中，一剑在手，身边还有五只带斑点的小球，可能就是刚刚抛弄过的丸铃，斑点就是球上的孔洞。不过，此为五丸，和宜僚要弄九丸相比，就是小巫见大巫了。

关于宜僚的记载很少，但有过这一次弄丸退敌，就足以名传青史。清代龚自珍就感叹：

> 庖丁之解牛，伯牙之操琴，（后）羿之发羽，（宜）僚之弄丸，古之所谓神技也。（《明良论四》）

不过，山东汉代画像石里有弄丸者，两手并用，同时耍弄十一丸。《后汉书·西域传》注引鱼豢《魏略》的说法，从西域过来的大秦艺人还有能弄十二丸的，真是强中更有强中手。

以游戏的方式蒙骗敌人，趁机取胜，这在古代似乎并不罕见。《左传》曾记载齐国内部的一次卿大夫间的政治斗争。当时陈氏和鲍氏联合攻打庆氏，庆氏家族排列全副武装的甲士，严阵以待，引而不发。陈、鲍见找不到突破口，遂让自己这边的养马

河南南阳王寨出土画像石。图中一人同时耍弄十二丸，技艺高超。他双脚一前一后，呈运动姿态，以保持身体的灵活。

人表演优戏。庆氏这边的甲士们都很感兴趣，但马善惊，于是就把马拴起来，解开盔甲，边饮酒边看戏，不知不觉就离开守防的太庙，跟到了鱼里。大概这是个偏僻的地方，遂被对方控制。养马人表演优戏，诱导对方一路相随，大概里面有些就是马戏吧。

弄丸要求表演者动作敏捷准确、娴熟利落、连续性强。如果演砸了，大珠小珠落地，噼里啪啦，肯定会很狼狈，但观众很少见表演者失手，他们平日下的功夫可想而知。

我少时吃花生米，曾试图每一粒高抛之后，张大嘴接住。但试了多次，口张得腮帮子都木了，可花生米入嘴的概率却极低，多数是噼里啪啦砸中眼睛、鼻子、脑门、脸蛋子，可见弄丸并不容易。

跳剑让人很揪心

比弄丸更不易的是“跳剑”。顾名思义，抛弄的是短剑，这就有危险性了。因为弄丸只需接住再抛出即可，无论接触到弹丸的哪个面都无关紧要。而“跳剑”则须接住剑柄，这就要操纵短剑在空中的运动方向，使得短剑在下落过程中剑柄朝向表演者。这样的表演势必更为惊心动魄。

李白《天长节使鄂州刺史韦公德政碑》曾有“兰子跳剑，迭跃流星之辉”，夸赞跳剑者兰子的精彩技艺。兰子，是先秦时期对善杂技的江湖艺人的统称。但李白所说的这个兰子却有特指，其事最早载于先秦典籍《列子·说符》。据说，当时宋国有兰子拜见宋元君，为他表演“跳剑”。此人站在两倍身高的高跷之上，往来驱驰，进退自如，手中七把剑轮番飞腾跳跃，总有五把剑在空中翻转闪耀。宋元君看后“大惊，立赐金帛”。可见，这兰子的表演极为炫目惊艳的。

故事还有个尾声很有趣。宋元君赏赐金帛的事情大概很快传开了，不久就又有另外一个善杂技的兰子请求拜见宋元君，称善于燕戏轻功。手下通报上去，宋元君大怒，说：“昔有异技干寡人者，技无庸（用），适值寡人有欢心，故赐金帛。彼必闻此而进，复望吾赏。”意思是，上次耍剑的就不是什么实用技能，可巧儿碰到我高兴，遂赐了金帛。你们这些人肯定是贪恋赏赐才又跑来蒙我。遂命手下把此人抓住暴打一顿，关了一个月才放走。

这个故事有点像小品。同样是江湖艺人，同样善奇技，一个获赐，一个差点丢了命。究其然，大概是前面“跳剑”者太精彩，惊得宋元君一时冲动大方赏赐，事后冷静下来，就后悔了。

花式手技更抢眼

弄丸、跳剑这类表演，都是方尺之间的“手技”，少有其他辅助道具来烘托演出效果。因此，除了抛掷者手眼配合娴熟，出神入化外，大概也要增加一点夺眼球的元素，于是就改用丸铃，弄出点响动，或者踩高跷耍剑，增加些惊险，好令观众瞠目结舌。

日本现存一部《信西入道古乐图》（简称《信西古乐图》），

是日本遣唐使当年从中国带回的有关唐乐舞、散乐和杂戏的古图录。其中有两幅“弄玉”图，表演的也是“跳剑”类的手技。一幅画中，一人短衣赤足，仰面向天，手里抛掷短小的剑状物，两手向中间各抛掷三枚，锐头向上成弧线，弧线高点在表演者面部正上方。正中垂直排列有四枚，正依次向下坠落，钝头一概朝向表演者面部。另一幅叫《神娃登绳弄玉》，画的是两个女孩子在空中走绳，一面表演弄丸。明明画的是跳剑、弄丸，为何叫“弄玉”？大概这剑、丸都是玉石所制，一旦失手玉碎，就无可挽回，如此，观众一边看一边揪着心，自然专注。

后来的手技，花样繁多，典型的还有“转碟”，现在还经常见到。演员双手各执有弹性的细竿数根，细竿上端各顶一个碟子，借腕力使之飞快转动。要求在做翻筋斗、背剑、叼花、单臂倒立等难度很高的动作时，碟子不停转、不跌落。

可惜的是，这些手技，现在都有些日薄西山的意思。汉代赋家扬雄中年后决定不再写赋，称大赋乃“雕虫小技，壮夫不为也”。难道人类也已进入中年，对身体技能的开发不再感兴趣了？或者已经少有好奇之心了？如果是这样，也挺遗憾的。

蹴鞠为欢

蹴鞠，就是踢足球。在古代诸多游戏中，蹴鞠属于对抗性比较强的竞技游戏，最早是用在军事训练中，是寓“训”于乐。不过，最早记录的蹴鞠却事关黄帝和蚩尤大战，是带着血腥的。

蹴鞠曾是“兵技巧”

1973 年湖南长沙马王堆汉墓出土的帛书《经法》专门记述了黄帝和蚩尤大战始末。最终黄帝占上风，擒杀蚩尤，剥其皮，做成箭靶使人射击；剪其发高挂，名为蚩尤之旌；又把蚩尤的胃用实物填满了，做成球状让兵士们踢，“多中者赏”；还将其骨肉制成肉酱，混到苦菜酱里，令天下人分吃。

种种举动都是为了庆祝胜利、发泄余恨，同时也利用古老的巫术威慑不服从者。在现代人看来，是极为血腥残忍的。至于蹴鞠“多中者赏”，这个“中”是指踢中鞠，还是把鞠踢到指定的地方，现在还搞不清楚。也有人说，这就是指颠球，颠球最久者有赏。不管怎样，这已经具备游戏或竞技体育的规则和方法了。

到了汉代，蹴鞠已经成为专门的军事训练，所以，在我国现存最早的图书目录《汉书·艺文志》中，蹴鞠归入兵书中的“兵技巧”类，有《蹴鞠》二十五篇。西汉刘向、刘歆父子俩最早整理这些图书，认为蹴鞠“皆因嬉戏以讲练士”，是在游戏中训练，参与者态度积极，这就对培养武才极有帮助。

汉代蹴鞠对抗性很强，三国时何晏《景福殿赋》曾谈及蹴鞠比赛：“二六对陈，殿翼相当。僻脱承便，盖象戎兵。”大概是说，对阵双方各出六人，比赛过程中闪转腾挪，冲撞对抗，就像打仗对阵一样。相比现代足球，汉代蹴鞠冲撞程度更为激烈。为了阻止对手的攻击，还允许用推、摔等“犯规”动作来对抗。参与者要有身体的灵敏、力量，同时还要有机智和速度，这些身体素质正是对战士的要求。

因此，以蹴鞠活动来替代古老的军事训练，就能寓练于乐，起到事半功倍的效果。西汉名将霍去病曾六次出击匈奴，远征塞外，也因陋就简，挖地修筑蹴鞠场地训练士兵的作战素质。

蹴鞠怎么这么让人着迷

蹴鞠是力的角逐，也是斗智斗勇的搏斗。球员要长时间满场跑，特别需要体能、耐力，还要有顽强不息、勇于拼抢的毅力。场上短兵相接，贴身肉搏，凶险无比，形势瞬息万变，胜负不可预料。而场下观者也是群情振奋，为之倾倒，为之惊呼失色。场上场下全情投入，气氛波澜起伏，这大概就是蹴鞠，乃至当今足球的魅力所在。

明象牙雕蹴鞠图笔筒，安徽省博物院藏。笔筒画中院落里有三人正进行蹴鞠运动，另有二人在旁边观战，五人的注意力都聚焦在中间的足球上。蹴鞠是富贵人家常玩的娱乐活动。

也正因此，蹴鞠很早就成为一种迷人的娱乐活动。据《战国策》记载，当时临淄是齐国都城，经济发达，为最富裕的城市之一，各种娱乐活动也极为兴盛，"其民无不吹竽鼓瑟、弹琴击筑、斗鸡走狗、六博蹋鞠者"。蹋鞠，就是蹴鞠，踢球。

当地有个叫淳于意（曾任齐国太仓令，人称仓公）的名医，留下很多医案病例，其中有一个就和蹴鞠有关：有位叫项处的地方官患了病症，仓公诊断他得的是"牡疝"，一种疝气病，"在鬲下，上连肺"，还是比较严重的，遂嘱咐他"慎毋为劳力事，为劳力事则必呕血死"。可是，项处并未遵医嘱，仍去蹴鞠，踢球过程中大汗淋漓，遂呕血，次日乃亡。

除了山东，大概江苏沛县民间也流行蹴鞠。据史料记载，刘邦称帝后，把老父亲也接到长安享福，可刘老爷子每天吃香喝辣、观赏歌舞却闷闷不乐，吵着要回家，一问，原来是因为长安城没有家乡那些斗鸡、走狗、蹴鞠之类的游戏。刘邦遂仿照原来沛县丰邑的规模，造起一座新城，把原来丰邑的居民迁住到新城里，刘老爷子也迁住到那里，又开始"斗鸡、蹴鞠为欢"，这才心满意足。大概从此，蹴鞠才在长安城流行开来吧。

汉武帝也喜好蹴鞠，还喜好斗鸡，常常举办“鸡鞠之会”。外出巡游，也要观赏或参加蹴鞠比赛。臣子们觉得这太劳神，纷纷上书劝解。

又据《西京杂记》，汉成帝时也同样沉迷蹴鞠，群臣纷纷上书进谏劝阻。汉成帝说：“我就是喜欢，怎么着吧！你们倒也给我找些不劳体伤神的！”臣子刘向闻听，果然献上一套“弹棋”。弹棋大概是蹴鞠的缩小版，用玉石或良木做一个正方形的棋局，中心高隆，四周平滑。两人对局，黑白各六枚棋子，以自己的击弹对方的，或许是击出棋局即为胜吧。具体如何玩，文献阙如，不知详情。但大概还是很好玩的，应该类似如今的弹球，故成帝大悦，赐刘向青羔裘、紫丝履等物。

踢的是实心球还是空心球？

早期蹴鞠踢的是实心球，简单一点的，就用毛发缠裹而成，所以字书解释“鞠”，即“毛丸”。汉代的鞠一般用皮革做外壳，里面填充毛发，结实耐用，一球可用数年，轻重也适宜，没有漏气之嫌，也无太轻之弊，起落灵敏易于控制。

但到了唐代，鞠变成了空心球，制作工艺也复杂起来：先选择优质皮革，经过水揉、火烤等多道工艺，使之变软，然后把皮革裁成八片，缝制出圆形的皮壳。皮壳中塞入动物膀胱，再用鼓风箱为球充气，这样的球更富有弹性。宋代改成十二块皮子缝制，

宋磁州窑白釉黑彩孩儿鞠球纹枕，河北省博物院藏。童子身着宽松衣裤，正全神贯注踢球。蹴鞠是宋代颇受欢迎的户外活动，流行于城乡，少年儿童亦参与其中。

裁缝们还采用“内缝”法，球壳表面不露线脚，球面就更光滑了。

《蹴鞠谱》规定，球的重量为十四两，约合今天的四百三十四克，甚至还要更轻，儿童也可以参与这项活动了。鞠的名目很多，《蹴鞠谱》计有四十种，虎掌、葵花、八月圆、天净纱、十二梅、一对银、满园春、双鸳鸯等，大约是根据皮子花色起的名字。

关于蹴鞠，唐代流传一段文人趣话。一次，皮日休去谒见地位比他高的归仁绍。碰巧归仁绍不在家，皮日休认为对方有意冷落，不悦。回家后，便以“归”的谐音，作了一首“乌龟诗”嘲讽归仁绍。诗曰：“硬骨残形知几秋，尸骸终是不风流。顽皮死后钻应遍，都为平生不出头。”“钻应遍”，指龟卜时将龟甲钻孔后烧烤，看其纹路分析凶吉，暗指归仁绍不喜出头，性格没什么好处。归仁绍知道后也不客气，回作一首“皮球诗”，嘲讽皮日休。诗云：“八片尖皮切作球，水中浸了火中揉。一团闲气如常在，惹踢招拳卒未休。”诗句从姓氏入笔，借皮球制作和功用，劝皮日休不要强出头，否则会招灾惹祸。“一团闲气”语带双关，既指球中之气，也指人之“闲气”。拿皮球开玩笑，可见是很流行的。

蹴鞠的各种玩法

鞠变轻了，玩法也相应改变，原先的双球门改为单球门，整体看，对抗性大大弱化，因为双方队员几乎没有身体接触。比赛时，场地中央树立两根长数丈的竹竿，高处络结丝网，中间留下直径约一尺的孔洞，称作风流眼。比赛时，双方分置球门两侧，左队球头将球踢过球门，对方用身体接住，想法传给己方球头，再由球头踢过风流眼。最终，穿过风流眼次数最多者即为胜家。

在我看来，这有似于今天的排球。排球有一传、二传、主攻、扣球、拦网等角色分工，蹴鞠队员也各司其职，分别叫：球头、跷球、正挟、头挟、左竿网、右竿网、散立。大约是分别负责射球、救球、调整位置方向等。散立，大概相当于排球里的自由人，没有固定职责位置，随时替换本队任何一位球员。单门蹴鞠，球头负责射门，脚上功夫的好坏直接决定着本队输赢，故责任重大。赢了，观众赏赐

宋蹴鞠铜镜。铜镜背面图案主体为四人进行蹴鞠运动的场面，人物姿态各一，活灵活现。

的银碗、锦缎等也能多得些。而输了，球头就被人在脸上抹白粉，或者挨麻鞭抽打。好的球头，应该就是当时的“球星”。

蹴鞠还有一种不讲射门的玩法，称为“白打”。“白”就是没有（球门）的意思，“打”指的是动作。“白打”不受场地限制，头、肩、背、胸、膝、腿、脚等协调配合，以踢高、踢出花样为能事，“脚头十万踢，解数百千般”，如此，球可以终日不坠。最初白打是两人对踢，后来发展成可以一人独踢，两人对踢，三人角踢，四至十人轮踢，自由而灵活，这就由对抗性的射门转型为灵巧控球术了，这种玩法后来在踢毽子上发扬光大。

《东京梦华录》《武林旧事》等记载了当时汴梁、临安城内很多技艺高超的球星。官家的有苏述、孟宣、陆宝、李正、张俊等；民间的有黄如意、范老儿、小孙、张明、蔡润等。他们的技艺如何高超，史料未详，但观《水浒传》里的高俅，大概能代表一二。

高俅看时，见端王头戴软纱唐巾，身穿紫绣龙袍，腰系文武双穗绦，把绣龙袍前襟拽扎起，揣在绦儿边，足穿一双嵌金线飞凤靴。三五个小黄门，相伴着蹴气毬。高俅不敢过去冲撞，立在从人背后伺候。也是高俅合当发迹，时运到来，那个气毬腾地起来，端王接个不着，向人丛里直滚到高俅身边。那高俅见气毬来，也是一时的胆量，使个鸳鸯拐，踢还端王。端王见了大喜，便问道："你是甚人？"……端王定要他踢，高俅只得叩头谢罪，解膝下场。才踢几脚，端王喝采。高俅只得把平生本领都使出来，奉承端王。那身份模样，这气毬一似鳔胶粘在身上的。端王大喜……

小说家就是小说家，如此描绘，宋代蹴鞠的氛围一下子就扑在眼前了。假如现代足球还用这套规则，那大力神杯肯定是跑不出国门的，可惜规则变了，我们的足球却没跟上趟，徒留伤悲。

斗　鸡

鸡是人类较早驯养的家禽，公鸡司晨，母鸡下蛋，都与人类生活息息相关，其图像也常作为装饰。公鸡好斗，由此发展出了一种血腥的游戏——斗鸡。

“斗鸡”是训练公鸡相互打斗，“走狗”是纵狗行猎，这两个词很早就组合在一起，指人养尊处优，游手好闲，都是纨绔子弟的恶习，最终不是祸国殃民，就是败坏家风。《红楼梦》第七十五回：“这些来的……都在少年，正是斗鸡走狗、问柳评花的一干游荡纨绔。”

可是，娱乐是人的天性，所以，这边斗着，那边著书批着，几千年来，就这么互相较着劲，直到今天也没论出高下来。“走狗”顶着个打猎的名头，继承老祖宗的狩猎本领，又能获得些野味，所以，批判它的并不太多。相比而言，斗鸡纯属消遣，不仅惨烈，还和赌博傍着，就更没啥正当理由了。

斗鸡也是“斗”人

斗鸡最早见于《左传·昭公二十五年》，据说当时鲁国曲阜城内特别流行斗鸡，谁承想，本来就是一个赌博玩乐，却惹出一场斗鸡风波，并最终引起国内政治大动荡。

当时，鲁国最有权势的是三大家族，号称“三桓”，为鲁桓公三子的后代孟孙氏、叔孙氏、季孙氏。这三家贵族在鲁国世代相传，历任卿相。当时国君是鲁昭公，可实际上国事都由这“三桓”把持着。季氏家族的季平子与鲁国另一家贵族郈昭伯是邻居，两家常以斗鸡为乐。这一天，季氏放出公鸡，在鸡翅膀上偷偷撒了芥末粉，郈昭伯家的公鸡从没见过这种阴招，奋力打斗，连蹬带踹，可对方翅膀一扑棱，芥末粉就进了眼。芥末粉辛辣，鸡眼瞎了，所以，连连败退。当然还有一种说法，是说季平子给自家公鸡穿戴上皮甲头盔，对方就无可奈何了。

不管怎样，总之郈昭伯落了下风，琢磨了一番，也给自家公鸡添加辅助装备。鸡的两足后端类似人脚脖子的地方，各有一个骨质突起，表面包裹有厚厚的角质层，称作鸡距，郈昭伯就在此部位各扎上一把金属刀子。打斗中公鸡飞起抬脚，一脚封喉，一刀见血。可以想见，对方的芥末公鸡就落败了。季平子平时占惯上风，眼见吃了亏，大怒，就争执起来，此后索性扩建住宅，侵占郈昭伯家地盘，还把郈氏骂了一顿，两家遂彻底结了仇怨。

曲阜城里还有一家臧昭伯，与季平子原来就有矛盾，季平子还囚禁过臧氏的家臣。因此，郈氏与臧氏一起到鲁昭公那里诉冤告状。鲁昭公平时也有点恨季平子专权跋扈，自然支持郈氏、臧氏，遂出兵包围了季平子。季平子求饶而不可得，眼见命就要没了。危机关头，另外两个家族叔孙氏和孟孙氏出手了，毕竟都是亲戚，如果季孙氏一倒，也会殃及自身，于是联合营救季平子，还将鲁昭公派来联络他们的郈昭伯杀了。最终，鲁昭公被逼逃奔齐国，“三桓”势力登峰造极。

如今，山东省诸城市城北25公里、渠河和荆河汇流处，就有一都吉台村，据说是季氏与郈氏斗鸡处，后人因斗鸡台名称不雅，遂取其谐音，改为都吉台。山东、河南一带的中原斗鸡，现如今也是斗鸡四大品种之一。

斗鸡的选择标准

《韩诗外传》称公鸡为“五德之禽”：

> 头戴冠者，文也；足傅距者，武也；敌在前敢斗者，勇也；见食相呼者，仁也；守夜不失时者，信也。

给公鸡附加很多伦理道德，实际斗鸡的人，只看其是否好斗、善斗、敢斗，可不管什么仁和信的问题。好斗，是公鸡的本性，与体内雄性激素分泌有关，优选后的斗鸡尤其如此。好的斗鸡讲究骨骼匀称，前胸壮而宽，体毛短而稀，头小嘴尖，皮厚脚大，鸡距发达。所以，旧时行家选鸡时有句口头禅：“小头大身架，细腿线爬爪。”

优选之后，斗鸡上场厮杀前还需特种训练，待沉着稳重，

明朱朗《斗鸡图》。好斗，是公鸡的本性，与体内雄性激素分泌有关，优选后的斗鸡尤其好斗。

“呆若木鸡”，上场方能阵脚不乱，攻击直奔要害。古代有个驯鸡高手，叫纪渻子，他给周宣王调教斗鸡。驯了十天，周宣王问：“可以了吧？”答曰：“不可，还显得虚骄而恃气。”十天后又问，回说：“不行，鸡听到声音看到影像就有回应。”十天又问，回说：“不行，还是怒视而盛气。”又十日，再问，回说：“差不多了，别的鸡就算在旁侧鸣叫，它也不为所动，好似木鸡一般。其精神凝聚，其他鸡见了就掉头而逃，不敢应战。”

这个故事就是“呆若木鸡”典故的由来，《庄子・达生》篇里讲的。不过，庄子一向喜欢胡编乱造，这个故事也未必就是真的。庄子无非是想表达一种生命境界，人一旦精神凝聚，不为外物所感，也就不会被外物所动所伤，这是大智慧。

庄子心游万仞，眼界高远，从斗鸡中看到人生智慧，追求一种静定而安的生命态度。然而，参与斗鸡的人们却更希望见到公鸡们血脉贲张、激烈的啄咬，这就是哲学家和俗众的不同。

如何增强战斗力

经过严格训练，两只斗鸡一旦面对，就不管青红皂白厮打起来。如果两鸡相斗很久，势均力敌，露出疲态，旁人就用水将它们喷醒，使之振奋，重新投入战斗，直到其中一只公鸡败下阵来。

唐代文学家韩愈曾描写斗鸡场面："裂血失鸣声，啄殷甚饥馁。对起何急惊，随旋诚巧绐。"孟郊也写过有关斗鸡的诗："事爪深难解，嗔睛时未怠。一喷一醒然，再接再厉乃。"也有人看不了这种惨烈，如陈志岁主张和谐，其《斗鸡》诗批评道："五亩田平踏迹新，瞧群围处起禽尘。常说和生犹未得，挑唆血斗是何人？"

为了增加攻击性和战斗力，除了前面所说的给公鸡撒芥末、加刀子外，还有人以狸膏涂鸡头。狸膏是指狸猫、黄鼠狼、狐狸之类的动物油脂，这几种动物都是禽类畏惧的天敌。将狸膏涂于鸡头，有特殊的腥味儿，对方闻到就胆战心惊了。据说发明这秘术的是在一个叫羊沟的地方，那里的公鸡三年就长得极魁伟，可善于相鸡的说，这些都不是什么好品种。但羊沟鸡却能屡战屡胜，原因就是给鸡头涂抹狸膏。

这个说法也是庄子讲的，这个"羊沟"也不知道是哪里，是不是庄子信口编的。不过，这狸膏涂鸡头的法子却是不假。三国时曹植有《斗鸡篇》云："愿蒙狸膏助，常得擅此场。"北周庾信《斗鸡》说："狸膏熏斗敌。"清代吴伟业有《灵岩山放生鸡》诗：

“芥羽狸膏早擅场，争雄身属斗鸡坊。”说的都是这个手段。

机心让游戏变了味

在自然环境下，雄鸡为争地盘、争交配权，雄性激素时刻保持在亢奋状态，打斗也在所难免。人们观察到这一自然现象，觉得好玩刺激，渐渐主动选拔训练斗鸡，将之改造为游戏娱乐，本无可厚非，因为人类的生产、娱乐大都来自对自然的模仿。

关键是，这个过程中，人越来越有机心，为获胜，投机取巧，违背自然伦理，游戏也就变了味道。斗鸡加芥末、加刀子、加狸膏，游戏就只剩下胜负，甚至成了残杀，离游戏的本旨就相去甚远了。如今体育界各种黑哨、假球、兴奋剂，同理。过度的机心非但不能让一种游戏保持长盛不衰的魅力，反而会令其走向衰亡。

时代在变，我们和动物的关系也在变化。西班牙传统斗牛活动，每年也都有人反对，主张取缔，也渐渐失去了往年的盛况。众目睽睽之下，眼见着斗牛士生生将短矛刺到牛背上，牛顶着一背矛刺状若刺猬，血水顺着牛背往下淌，斗牛士还要做出勇武、得意的样子，这场面也确实有些尴尬。但传统，只能一点一点更替，老一代爱玩的没了，新一代不感兴趣或不能接受，这传统也就没了，没了，也不错。

走　狗

“斗鸡走狗”一向带有贬义，究其关键，是因为往往带有赌博性质。

前蜀贯休《轻薄篇》云：“斗鸡走狗夜不归，一掷赌却如花妾。”赌虫一旦上瘾，也就无所谓理智，所以，民间十大恶德“吃喝嫖赌抽，坑蒙拐骗偷”，赌，列于其中。其他一些传统游戏，如走马（即赛马）、养鸽子、逗蛐蛐儿等，也大都和赌博掺和着，影响着世风，也左右着人们的情绪。故而从前一些老玩儿家管蛐蛐儿、鸽子，以及驯养用来捉獾的狗统统叫“气虫儿”，说的就是游戏中，玩儿家们彼此摽着心劲，你抓一个，我就要抓俩；你这回斗赢了，我说什么也要再弄只好的来，把面子、输了的钱挣回来，心劲越摽越大，气就招出来了。

其实，如果抛开这些个“斗气”“斗钱”，或者适可而止，上述游戏都是可以颐养身心的，“走狗”尤其如此。

中华田园犬：我们的土狗

走狗，本意就是指猎犬，又指纵狗行猎。一般认为，古代

四川出土汉代三台郪江崖墓狗咬耗子图壁画。汉代养狗成风，狗负责看家，狩猎。田犬捕鼠捉兔都是本分，并非多管闲事。

驯养的猎犬就是现如今的中华田园犬，俗称土狗、柴狗、草狗、笨狗。土狗个头不是很大，嘴短额平，与狼外形相似，皮毛土黄色为多。汉代画像石以及出土的陶俑里都能看到，可见千百年来血统的延续。这种狗对主人十分忠心，尽心竭力，但却也有个性尊严，很少任性撒娇、贱皮耍赖。对生活条件也不挑剔，有干吃干，没干喝稀，干的稀的都没有，饿几顿也不要紧，可谓勇敢坚强、吃苦耐劳。土狗训练得好，是行猎的好帮手，再不济，也可看家护院，总之，挺省心。

土狗协同狩猎，最早的记载发生在战国，那时，训犬狩猎已很成气候了，有些快犬还有名有姓。比如《战国策·齐策三》里谈及一种叫韩子卢的快犬，对狡兔穷追不舍，终至力竭而死：

韩子卢者，天下之壮犬也；东郭逡者，海内之狡兔也。韩子卢逐东郭逡，环山者三，腾冈者五，兔极于前，犬疲于后，犬兔俱罢（疲），各死其处。

同书《齐策四》里又谈及一种叫卢氏之犬的，也是善于逐兔的名犬。

家有好犬，自然倍加爱惜，人犬之间有着深厚情感。据《晏子春秋》讲，齐景公的一条“走狗”死去，极为难过，“令外共之棺，内给之祭”，意思是下令棺木敛葬，还设祭致奠。晏子听说后赶紧跑去劝谏，认为鳏寡孤独尚得不到抚恤，对一只猎犬如此厚遇，老百姓要知道了，情何以堪？倒惹得议论纷纷，说君王爱狗胜过爱人。景公听了点头，忙命厨师烹制狗肉，用以招待群臣。不厚敛也就罢了，烹煮吃掉，如今可能有点不能接受。不过这结局也许是古人怕后人跟着学坏了，特意补充的“光明的尾巴”。

如何入选“走狗”？

一种玩意儿流行，很多人参与其中、乐在其中，就定会有人专门琢磨里面的道理，一些理论指导、技术法门之类的书籍也就应运而生。

怎样的狗才能入选“走狗”，有没有一些技术要领？这一点，传世文献很少谈到，毕竟走狗、赛马等都是有钱有闲阶级的专利，正史不贬斥已经不错了。不过，还是有些线索透露出来。

现存最早的书目《汉书·艺文志》有相术类，就收录《相六畜》三十八卷。六畜一般指马、牛、羊、鸡、犬、豕（猪），都是与人们生活关系最为密切的，可见早就有了成熟的饲养经验。可惜，这些书早就失传了。不过，最近陆续出土一些汉代竹简，里面就有《相狗方》《相狗经》，大概就是这类书。

比如银雀山汉墓出土的《相狗方》，内容涉及狗的头、眼、喙（嘴）、颈、肩、胁、膝、脚、臀等诸部位以及筋肉、皮毛、起卧之姿、奔跑速度等，有一套鉴定规则，幼狗和成狗还各有标准，已经很系统了。

意大利传教士郎世宁做了清廷宫廷画家，曾创作《十骏犬图》，画了十条名犬，分别名为“霜花鹞”“睒星狼”“金翅猃”“苍水虬”“墨玉璃”“茹黄豹”“雪爪卢”“蓦空鹊”“斑锦彪”和“苍猊犬”。除“苍猊犬”大约为藏獒之类外，其他九犬都小头长吻、腰腹收缩、四肢细劲，属于猎犬。它们身体敏捷，擅长奔跑，速度耐力都很惊人，是围猎的好手。

清郎世宁《十骏犬图》之睒星狼，台北故宫博物院藏。身体敏捷，擅长奔跑，速度耐力都很惊人的猎犬，是围猎的好手。

少年狂：左牵黄，右擎苍

骑一匹健马，带几只训练有素的快犬，与挚友亲朋在旷野林间纵情驰骋田猎，不管获多获少，想想都觉得是件令人心驰神往的乐事。《史记》记载秦相李斯获罪，被判腰斩、诛夷三族。他和儿子从咸阳监狱中被带出来押赴刑场，途中，他回头对儿子叹息道："唉！我还想和你一起，牵着黄犬，到上蔡的东门外去追猎狡兔，可惜呀！再也没有机会了！"说罢，父子抱头痛哭。

后来"东门黄犬"就成了为官遭祸，抽身悔迟的典故。纵马畋猎、驱犬围捕，说到底都是和自然打交道，和动物打交道，是最能放逸身心的，也自有一套自然法则在，这当然是有别于官场的生活体验，也就难怪李斯至死念念不忘。

老子曾告诫人们："五色令人目盲，五音令人耳聋，五味令人口爽，驰骋畋猎令人心发狂，难得之货令人行妨。"意思是世间缤纷的色彩、纷杂的音声、繁复的美味、稀有的物品都会令人感官混乱、行为失据，而纵情游猎更使人心思放荡，几欲发狂，所以一定要有所取舍节制。

这多少像是老年人对年轻人的叮嘱，更多来自历经世事后的思考和反应。其实，年轻人精力旺盛，吃嘛嘛香，看啥啥好奇，五音、五色、五味才有很大的诱惑力，而驰骋畋猎更是青壮年才可以享受到的乐趣。苏东坡有《江城子·密州出猎》就是很好的独白：

老夫聊发少年狂。左牵黄，右擎苍。锦帽貂裘，千骑卷平冈。为报倾城随太守，亲射虎，看孙郎。　　酒酣胸胆尚开张。鬓微霜，又何妨。持节云中，何日遣冯唐？会挽雕弓如满月，西北望，射天狼。

这首词描述了携鹰犬出猎的壮阔场面，气势恢宏。狩猎者豪兴勃发，姿态横生，“狂”态毕露，充满壮志踌躇的阳刚气概，遂成为宋代豪放词的标志。想必苏轼狩猎归来，意兴难平，手舞足蹈均不足以抒怀，遂歌以言志。

据说，苏轼对这首词作的整个过程颇为兴奋自得，日后在给友人的信中再次谈及：

近却颇作小词，虽无柳七郎风味，亦自是一家。呵呵，数日前，猎于郊外，所获颇多，作得一阕，令东州壮士抵掌顿足而歌之，吹笛击鼓以为节，颇壮观也。

一次郊野围猎带给人多少兴味和滋养啊。

纵狗驰骋已成旧梦

人类整体是逐渐走向文明教化的，生活日渐便利轻松，更多正襟危坐，身体日渐靡弱，精神上也就失去很多酣畅淋漓的朴野之气。

王世襄曾写过一文曰《獾狗篇》，详细讲述老北京人训狗捉獾的技法，以及一系列习俗乐趣。他引身边玩儿家荣三的一段话：

想看咬獾这个乐儿，不能走不行，不能跑不行，怕受累不行，怕冷不行，怕老婆不行，胆小怕鬼不行，不能挨渴挨饿不行，不能憋屎憋尿不行。不能熬夜不行，怕磕了碰了不行，没有耐心烦儿不行，不会用心琢磨不行。

可见是要付出身体代价的，当然也能在此获得精神上的自信。

当时流传有一部《獾狗谱》，就是相狗经，王世襄逐句记录分析讲解，狗谱末句云："只要古谱背得熟，好狗牵来不用愁。春秋两季把獾咬，挂在茶馆齐叫好。里外三层人围观，人又精神狗又欢。"王世襄写完，一声叹息，觉得养獾狗和白云观庙会一样，到了初八，已是残灯末庙了。相比王世襄，我们可能更要叹息，因为如今的犬大多只有成为宠物，才有存在的可能性，纵狗驰骋怕终究是个梦了。

狡兔死，走狗烹

"走狗"本指猎犬，与狩猎有密切关联，旧时并未有贬义。据清代袁枚《随园诗话》卷六云：

郑板桥爱徐青藤诗，尝刻一印云："徐青藤门下走狗郑燮。"

以走狗自称，属于自谦，也是忠实拥趸的典型口吻。后来，人们少有训狗狩猎，"走狗"就成了受人豢养的帮凶的代名词。

如果追本溯源，最初这个比方恰恰出在走狗狩猎极为盛行的先秦。《史记》记载越国范蠡帮助勾践兴越灭吴，功成名就之后急流勇退，归隐江湖。走之前给朝中大夫文种留下书信云：

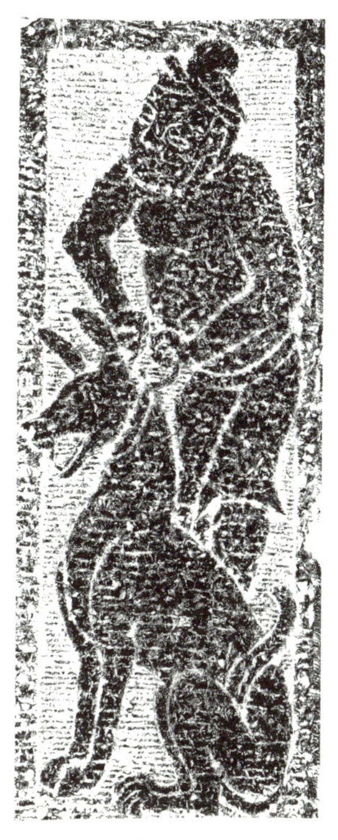
河南郾县长冢店东汉墓牵犬图壁画。一犬颈套环索，昂首蹲坐，两耳前竖立，正警惕着望向前方。身后半裸魁梧男子紧紧牵住它。

飞鸟尽，良弓藏；狡兔死，走狗烹。越王为人，长颈鸟喙，可与共患难，不可与共乐。子何不去？

提醒文种要识时务，赶紧离开。然而文种犹豫不决，最终被越王赐剑自杀。

后来，类似的剧情又在汉代上演，刘邦建国后将曾为自己建功立业的大将们悉数杀尽，典型如韩信。为削弱韩信势力，先将其封为楚王，使其远离自己的发迹之地，不久就有人适时告发韩信谋反，于是，刘邦又将他贬为淮阴侯。后来，皇后吕雉终以谋反之名将韩信诱至长乐宫杀死。《史记》载韩信生前也浩叹："狡兔死，走狗烹；飞鸟尽，良弓藏；敌国破，谋臣亡。"

本来豪气勃发的纵犬出猎，竟转变成政治漩涡中的无奈和叹息，想想真是无趣呀。

傀儡戏，鬼也怕

傀儡戏，就是现在的木偶戏，也是很古老的艺术。木偶戏“以物象人”，由人操控表演各种戏剧角色，演绎故事。木偶在明处，唱念做打，咿咿呀呀，吸引观众。它们表面是演员，其实就是道具，真正参与表演、掌控表演过程的却是幕后的操控者，所以，木偶戏的演员是双重的。

古人何以想起创造这么一种奇特的戏剧艺术形式？最早的木偶戏是什么？这些问题吸引了很多研究者，各种解释说起来可能比讲木偶戏演什么内容还有意思。

会抛媚眼的木偶

第一种说法可追溯到西周早期，说周穆王西巡昆仑，奇工偃师献一倡优。一开始，周穆王还以为是常人，听偃师说是自制偶人，大为惊讶。那偶人进退俯仰与真人无异，和着音乐，动动脸颊，就能曼声而歌；摇摆手臂，即翩然起舞。周穆王大惊喜，忙唤出后宫宠姬一起观看。

谁知表演将毕，那偶人却忽然向宠姬抛了个媚眼，颇有调戏之意。周穆王大怒，以为受骗上当，这个哪是木偶，纯粹就是真人，便要诛杀偃师。偃师急忙当场剖解偶人。周穆王趋前细看，偶人筋骨、关节、皮毛、牙齿、头发一应俱全，但却都是由皮革、木块、胶漆、黑白红蓝颜料组成的假物。再组合，又变成活生生的偶人。可将心拆走，偶人便无法说话；拆走肝脏，则眼目尽盲；将肾拆除，则无法走路。最后，周穆王心悦诚服，大赞偃师技法高超，鬼斧神工。

这个故事见于《列子》，一向为人们津津乐道，以示傀儡戏之古老神奇。其实，《列子》一书成书较晚，这件事大概是后人比附的志怪故事。周穆王是周代最具传奇色彩的君王，相传他活到 105 岁，其间曾东征西讨，甚至一度西巡至昆仑山，在瑶池与西王母约会。活得长、在位久的帝王大都精力充沛，跑的地方多，传说就多。清代乾隆皇帝下江南就留下若干传奇故事，也都是小说家言，不可当真的。

会救人的木偶

第二种，是说木偶戏为西汉开国功臣陈平所创。公元前 200 年，汉高祖刘邦亲率大军迎击匈奴冒顿，反被围于平城（今山西大同东北）东边的白登山，七日不得脱身，危在旦夕。陈平知冒顿好色，又知其妻阏氏好妒，便雕刻木偶扮作美女，在城头翩翩起舞。冒顿果然目不转睛，阏氏则醋意大发，担心城破之后，丈夫必纳此女，遂想方设法迫冒顿退兵，刘邦得以解围。由于木偶退敌有功，汉高祖便将它珍藏宫中，此后“乐家翻为戏”。这个说法见于唐代段安节《乐府杂录·傀儡子》。

高祖平城被围确有其事，《史记》和《汉书》都有记载。前者说解围的关键是给阏氏送了重礼，“高帝乃使使间厚遗阏氏”；后者则谓“高帝用（陈）平奇计”得以解围，但“其计秘，世莫得闻”。陈平到底用了什么奇计，史家不讲，遂成旷世之谜，引起很多人猜测和附会。

《汉书》注引东汉人应劭解释说，陈平让画工图美女像一张，遣人送与阏氏，说汉有此美女欲献单于，阏氏畏其争宠，遂劝单于说：汉家有神灵相助，即便我们夺了土地，也无法真正拥有。于是单于网开一面，放刘邦逃脱。说陈平做了舞女木偶，是唐代开始有的说法，也是演绎瞎传来的。

以上都把傀儡戏归到某人所创，今天的研究者也都不太认同，主要原因是任何艺术形式都有个从萌芽到成型的过程，不是石头缝里蹦出来的，所以还得从其他地方找线索。

随葬人俑不好“玩”

有人就注意到木偶和随葬器物“人俑”的关联。人俑是专供陪葬用的人形明器，秦始皇兵马俑就是典型。古人认为人死后一般要到地下世界继续过活，也要有人陪，有人伺候，有人保卫，因此早期就用人殉。后来进步了，觉得不人道，就改用“俑”，即用草束、土制、陶制或木制的人形来代替。因为“俑”是人的模拟物，所以又叫“偶人”，对偶于人的意思。

早期用桐木做人偶的比较多，故《说文解字》说：“偶，桐人也。”段玉裁注：“偶者，寓也，寓于木之人也。”可见古人认为木偶虽为木制，但却是有灵魄的，是寄寓在木制外壳里的人。

1979 年春，在山东莱西县一个称为“总将台”的地方发掘了西汉墓，墓中有十三件木俑，其中一个木偶人身高一米九三，木线串联十三段，构成一具木制骨架，全身机动灵活，可坐、立、跪，大概是典型的偶人。

但人俑历来用途固定，它和丧家所用其他明器，如车马、食器、乐器、军器等一样，皆为人鬼所用。虽然人俑形似生人，甚至偶有高仿真的，但其用意平凡，没有任何戏剧因素。可傀儡戏很早就是歌舞戏，而凡是早期的歌舞戏，起源大都是模仿某件事，是有剧情的。

比如木偶戏里古老的“拨头戏”，出自西域，演的是父亲被老虎咬死，儿子上山寻尸后痛哭，打死老虎的故事。扮演儿子的伶人骑虎

宋佚名《婴戏图》局部。童子四人，一人于帷幕中操持钟馗傀儡为戏，一人击鼓，一人打板，另一人作指点状。

跳跃，头入虎口，拳打虎头，脚踢虎眼。

又如“踏摇娘”，隋末出自黄河以北，说有男子貌丑而嗜酒，醉归必殴其妻。其妻貌美，善歌，怨苦悲诉，摇顿其身，故号“踏摇娘”。

所以，说傀儡戏源自随葬人俑，也有些牵强。不过，汉代时已经有木偶技术，这倒是毋庸置疑的。

破案破到这里，好像山穷水尽了。但很快，有人又找到突破口。

方相氏驱鬼才是正宗

他们就是致力于民间艺术研究的孙楷第以及和他同时代的民国学者。他们注意到，最早提及傀儡戏的汉人应劭在《风俗通义》里说，“傀欙（儡）”为丧家乐，意思是说傀儡戏是在丧葬仪式中表演的，由此便想到古老而神秘的傩戏。

傩戏起源于商周时期的驱傩（驱除鬼怪疫病）活动。驱傩的主角是方相氏。据《周礼·夏官》记载，方相氏蒙熊皮，戴黄金铸造的四眼面具，上穿玄衣，下着朱裳，扬戈举盾，率领群隶四季行傩法，以搜索室中疫鬼并加以驱逐。现如今我国许多地区民间还有此活动，戴面具的演员有一系列反复、大幅度的程式动作，表示驱逐和恐吓。

特别引人注意的是，方相氏还要负责另一项任务，即为墓穴驱鬼。出葬时，方相氏走在柩车前，到达墓地，在棺柩下入墓穴前，用戈击刺墓穴四角，以驱逐好食亡者肝脑的魑魅魍魉。这大概就是上面所说“丧家乐”最初表演的内容。

方相本是传说中驱除恶凶的神灵，人们想象他们长得奇崛魁伟，面容奇丑，令人畏怖。最引人瞩目的就是其硕大可怖的头颅，遂又被称作魌头。魌，头大貌，丑貌。宋代高承《事物纪原》说，方相和魌头区别就是前者为四目，后者为两目。又因其施展法力时用戈击刺墓穴四角，故又被称作“触圹”，圹即墓室的意思。

学者孙楷第辨析了诸多史料，意识到“傀儡”与“魌头”都是奇崛壮盛丑陋可怖的意思，应该是各地方言的差异，而“方相”则是书面语，三者实际上是一回事。而且，汉代驱傩的方相不仅仅有人戴木质面具扮演，也有用雕绘的木制头颅代替的，如此可以自由转动，行动更灵活，这就已然是木偶做戏了。至此，傀儡戏的源头大概就找到了，即源于方相在墓穴中刺鬼的仪式表演，所以才称之为丧家乐。

傀儡真正成了“戏”

本为庄重可怖的丧葬仪式，何以变成后世的娱乐戏剧？这个转变发生在汉末。那时候有个特殊的娱乐方式，“京师中宾婚嘉会，皆作魁櫑（傀儡），酒酣之后，继以挽歌”（《后汉书·五行志》引《风俗通义》）。

傀儡，前面说了，属于丧家之乐；挽歌，是牵挽棺柩的人们所唱的协力之歌，内容主要表达对死者的哀婉之情。两种本属于丧葬中的仪式活动，竟然成了宾婚嘉会中的流行表演，这种风气时尚也真是让人瞠目结舌了。所以，后人认为，这就是汉代要灭亡的凶兆。

不管是不是凶兆，总之，傀儡戏至此乃由丧葬仪式转而成为宴会歌舞戏，由宗教功能转变为娱人功能了。一旦功能扩展，许多内容主题都可以加进来，傀儡戏才真正成了“戏”，甚至变得滑稽诙谐。比如有出傀儡戏叫“郭公”，也叫“郭秃”，模仿的就是一个郭姓因病而秃头的，表演滑稽调笑，深受大家欢迎，一时成为经典节目，甚至傀儡戏一度被称为“郭公戏”。

木偶技术上也不断拓展，常见的有杖头木偶，又称托棍木偶，在木偶头及双手部位安装操纵杆；手套木偶，又称掌中木

宋李嵩《骷髅幻戏图》设色团扇画，北京故宫博物院藏。画中，一个拖家带口的流动木偶艺人正在演出。其道具是大小两具骷髅。一小儿非常好奇，欲伸手抓小骷髅，身后女子赶紧阻拦。对幅书黄公望《醉中天》曲云：“没半点皮和肉，有一担苦和愁。傀儡儿还将丝线抽，寻一个小样子把冤家逗。识破个羞那不羞？呆兀自五里已单堠。”

偶、布袋戏，偶人很袖珍，手掌长短，演员手掌伸入布内袋作为偶人躯干，五指分别撑起头部及左右臂，操纵偶人动作，偶人双脚可用另一手拨动，或任其自然摆动；提线木偶，又称线偶或线戏，也叫悬丝木偶，古称“悬丝傀儡”，提线一般为十六条，多可增加到三十余条。提线长度也可控制，最长可达六尺。提线木偶难度大，但由于可操控的部位多，木偶的五官表情都可以很丰富地表现出来，所以表演就更加细腻传神。

除此之外，民间偶有“水傀儡”，在水箱中表演；“药发傀儡”，用火药带动机关；甚至还有“肉傀儡”，用童子少年假扮木偶表演等。

不过，由于傀儡戏来源于带有巫术性质的宗教仪式，即使后来不在丧葬活动中表演，它的驱邪功能也并没有退化，多数情况下还是作为祭祀活动的有机组成部分。比如明清以后，台湾凡上演傀儡戏，定是在神庙落成，火灾或吊死、溺死等所谓有妖气的情形下排演，且又禁忌妊孕妇人观看。闽西木偶戏中的安龙戏，则多用于新屋落成或旧宅不宁，至今一些地方还称木偶戏为“嘉礼戏”或“神戏”，内容以驱邪邀福为主，搬演的也多为神魔仙鬼故事，比如目连救母、西游记等。

说到底，方相、傀儡、魌头都是“鬼”物，是极丑陋的，所以“丑”字繁体作“醜”。比如第一号丑角“大头”造型，额头比脸部下半大近三倍，额头上半涂以朱红，下半绘以对称的飞扬皱纹，眼珠黑森森、圆滚滚，与眼白、眉毛形成强烈对比，再配

元朱玉（传）《太平风会图》局部，芝加哥艺术博物馆藏。图中流动的木偶剧团支起帷幔，正在搬演小剧，引得男女老幼驻足观瞧。有五人站在帷幕后方，指指点点，显然还未“入戏”。

上粗黑胡须，就是凶神恶煞。这等模样的傀儡在众人前展演，就是现丑，人畏惧，鬼更怕，如此才有驱邪效果。

因此，傀儡戏至今仍具有诡谲的神秘色彩，大概也是禁忌最多的民间剧种。

“浪”秧歌

秧歌很古老，从秧歌发展、演变而成的戏曲剧种，数量非常多，堪称“百戏之源”。山东有民谣：周朝秧歌唐朝戏。意思是，唐宋以后兴盛起来的大量民间戏曲，都可以追溯到周朝的老秧歌。因此，秧歌是戏曲的前辈，任何剧团都要敬上三分。据说老北京演戏时，假如台下有秧歌队路过，戏必须马上刹台，由班主请秧歌队上台表演后，才能继续开台。这些民间说法，以及梨园行内一些老规矩，都自有来历，由此可见秧歌的古老。

秧歌步法：兔子着了鸟枪

秧歌有个基本步法，即要踏着鼓点，四拍“扭”出个十字步或横八字步：第一拍左脚起步交叉向前；第二拍右脚交叉向前；第三拍左脚向侧后交叉；第四拍右脚向后交叉后退。

这样的走法纯粹是自己给自己“使绊子”，弄不好是要跌倒的，所以为了更好地平衡身体，上身两臂也要架起来，伴着步法“扭动”，因此才叫扭秧歌。唐代赵璘的笔记小说《因话录》谈及此说：“舞名《扭绾》。”可见唐代便已有这“扭”的名称。

北方人对这种大秧歌的扭法还有个更形象的说法：“好似兔子着了鸟枪。”这“着”大概是指兔子被鸟枪所惊。兔子身形灵巧柔软，弹跳好，遇到危险逃跑（比如躲鹰）从不走直线，而是常常紧急转弯，身体扭来扭去，可见秧歌舞是怎样扭得紧了。

熟练的秧歌舞者就是灵活老练的兔子，从不担心会闪了腰。他们扬着臂膀，踏着鼓点，有时用脚尖点地，有时用脚跟擦地，进三步，退半步，凝练利落。集体行进舞动时，还能步出各种“花子”，像梅花、方胜、盘长（肠）、葫芦、连灯、飘带、金牌、连环等，每种花子又各有一种锣鼓点子相配，这就更要转来扭去了。

清焦秉贞《耕织图册》之插秧。对册题诗云：“令序当芒种，农家插莳天。倏分行整整，伫看影芊芊。力合闻歌发，栽齐听鼓前。一朝千顷遍，长日正如年。”

大概是因为秧歌的名称以及这个特定步法，人们追溯秧歌的起源，认为本是农人插秧、耘田时的一种歌舞，配了鼓点节奏，又结合插秧的动作，每到新年农闲时化装表演，捎带着祈年祝福。所以，清代吴锡麟《新年杂咏抄》载："秧歌，南宋灯宵之村田乐也。"在水田里行走插秧，脚步很难稳定，为了保持身体平衡，必扬起两臂膀，用此进三步，退半步的扭法。尤其是，很多秧歌还有踩高跷的表演，就更和水田有关了，比如陕南秧歌，在水田里扭时才踩上两支高跷。

"跳大神"的狂欢舞步

也有很多人不同意这个说法，认为秧歌源于傩舞，这是广泛流传于各地的一种具有驱鬼逐疫、迎神祭神的民间舞，是傩仪中的舞蹈部分。傩舞源流更为久远，殷墟甲骨文卜辞中已有傩祭的记载。周代称傩舞为"国傩""大傩"，乡间也叫"乡人傩"。

据《论语·乡党》记载，当时孔夫子看见傩舞表演队伍到来时，曾穿着礼服站在台阶上毕恭毕敬地迎接（"乡人傩，朝服而阼立于阶"）。乡人傩具体如何，史料记载不多，但近世仍活跃在东北的跳神仪式与之一脉相承，可以当活化石考察。人们注意到，跳神仪式确实和秧歌舞之间，有着极为密切的关联，最大的关联就是狂欢性。

跳神仪式早期由女巫担纲。《说文解字》释"巫"："祝也，女能事无形，以舞降神者也。"巫是神与人之间的中介，他们与其他宗教神职人员最大的不同，是能够以个人躯体作为人与鬼神间沟通的介质。通过舞蹈、击鼓、歌唱，对神灵发出邀请或引诱，使神灵“附体”，再借助此躯体与凡人交流。或者通过舞蹈、击鼓、歌唱等“灵魂出壳”，以此上天入地，脱离现实世界去同神灵交往。在这个过程中，巫常常表现出昏迷、失语、神志恍惚、极度兴奋等生理状态，这就是“下神”或“通神”了。清姚元之《竹叶亭杂记》云：“萨吗（满）诵祝至紧处，则若颠若狂，若以为神之将来也。诵愈疾，跳愈甚，铃鼓愈急，众鼓轰然矣。”

古老的跳神仪式，舞姿粗犷，动作刚劲，节奏急骤，有立、坐、弓、弯等多种姿态，有进、退、移、转等各种步法。舞者双手舞动法器，以腰部为轴心，左右上下摆动，腰铃发出哗哗啦啦的声响，时缓时紧，渲染出神奇的气氛。所以，研究者认为秧歌舞忘我的迷狂、颠狂状态，正是来自仪式中神灵附体时所表现出来的极度的狂欢、自由乃至迷狂的状态。

秧歌就要扭得“浪”

东北秧歌界有一句话：扭得浪不浪，看你有没有相！相，就是看你是不是投入，全情投入。达到忘我的状态，就是“相”好。舞者不仅动作要漂亮，而且强调腰胯摆幅大，节奏感要强，表情要有感染力，总之，要夸张不要平淡。至于动作是不是规范，是不是有“跑旱船”，是不是有“踩高跷”，都不太重要。所以，民间称秧歌扭得好叫“扭得浪”。

“浪”本义指的是没有约束，自由放纵，比如放浪、流浪、浪迹天涯等，扭得浪，就是没有约束。不过，在方言系统里，“浪”还包含一种特殊的含义，即指女子对男子的挑逗调情。东北秧歌俗称“浪”秧歌，表演中最常见的就是男女组合对舞，俗称“一副架”。女为“上装”，男为“下装”。表演时，“下装”通过耸肩、摆胯、挑逗、抛媚眼传情，“上装”则做摸鬓相、害羞相、叼巾绕花相、单手撩相，以此呼应“下装”的调情扭逗，这都是男欢女爱的戏拟。

民国时北方滦州一带流行一种新年社火游行“驴子会”，扮演可以有很多组，每组至少四人，比如一男人扮俏妇人，骑着毛驴，一傻小子牵驴，他们算是一对夫妇，妻子风流，丈夫愚蠢。第三位，扮迷色老和尚，盯住妇人，时时想与她调情。末一位，扮风流秀才，和老和尚交互打岔，彼此互寻间隙，向妇人眉来眼去，这也是典型的秧歌。

那么，秧歌这种颇具特色的形式又是怎么形成的呢？研究者认为，这大概可以上溯到古老的社祭仪式。

生殖崇拜和交感巫术

古时封土为社，作为祭祀天地的场所，再栽种当地宜种植的树木，称社树。在原始巫术的观念里，庄稼植物从土里生长出来，社树就和土地的生殖功能结合起来，而人的生殖繁衍也与此相通，因此，早期桑林社稷中举行祭祀祈祷活动时，就伴随着性爱乐舞，这就是交感巫术。所以，《墨子·明鬼》说宋之“桑林”、齐之“社”、楚之“云梦”，皆为“男女之所属而观也”。属，即相聚，这里是说男女相约共往观社，这观社是有特殊意义的。

《左传·昭公二十三年》记载，当年夏天，鲁昭公到齐国观社。《春秋》三传都指其非礼，《穀梁传》说得很明确，鲁昭公何以巴巴地跑到邻国观社？就是因为有“尸女”。《说文·尸部》：“尸，陈也，象卧之形。”郭沫若据此判断“尸女”即“通淫之意”。所以，“男女之所属而观”指的是男女在社稷之时集体亲昵、性爱的活动。可见，在周代仍有这样的仪式。

另外根据《礼记·月令》《周礼·地官》的记载，社稷之时“天子亲往”，“后妃帅九嫔御”，所谓“御”，即天子后宫房事的隐语。然后庶民效仿，“令会男女”，“奔者不禁”，“奔”就是非婚姻关系的性爱活动，此时官方是不禁止私“奔”的。

当然，此后礼法严格，文化进一步发展，这种仪式就少有了，但礼失求诸野，早期许多边疆少数民族还保留一些与之相关的习俗。比如契丹、女真等少数民族，男女在月圆之夜就携酒到一个固定的地点饮酒狂欢，互相调情，自由寻找配偶。东海女真更有“野人舞”，通过男女对舞中的摇臂、托乳、摸脸，以及显示自身生殖特征等动作，表现男欢女爱的情趣。

民国时《海龙县志·祭神》载：“满人除祀祖外，兼有祭索伦妈妈之举。……是夕，跳莺歌神。”索伦，即索伦杆（柳木或榆木所制），是祭天时的神位；妈妈，是满族对祖母或老年妇女的尊称。树木和女神，都含有生殖崇拜的内容。祭祀之后，当晚还要跳“莺歌”（秧歌），也是借助古老的象征仪式来祈祷风调雨顺、草木丰茂、人丁兴旺。

扑朔迷离才有味儿

了解了这些，再转过头去看东北秧歌的“浪”，就别有会心了。秧歌中，“一副架”常常是老夫少妻、少夫老妻、丑男俊女、傻男俏女，这些都属于人们眼里的不对称婚姻，以此戏谑、调侃、挑逗，都是一种性的游戏。在民间的观念里，这些两性关系反常规，少见，才令人好奇，觉得可以开开玩笑，也就能带来特殊的快乐。

殊不知，这些狂欢的游戏里，还依稀保留着远古的仪式基因，这正是：秧歌浪，浪秧歌，不浪不秧歌。浪，就是出离常规，这是获得快乐的重要途径。

如今，扭秧歌早已成为北方民间节庆的代表性舞蹈，人们用心装扮，在村里乡间游走狂欢，群舞竞作，表达对美好生活的祈愿。即便是秧歌舞高手，大概也少有人能说清，秧歌舞何以有这些独特的内容。更何况，秧歌舞各地情形不同，也很难“万众归一”。可不管怎样，探究追溯一下秧歌舞的来历，不管有无标准答案，都会觉得，正是这些扑朔迷离，才使得传统游戏变得有滋有味呢。

歌谣

歌谣的产生

歌谣最初是怎么产生的？这个问题没人能说得清，更难有定论。可是，越是说不清，才越想说，绞尽脑汁地琢磨，乐此不疲。这个过程大概相当于智力体操，智力华尔兹，转来转去，最终未必有个所以然，可乐趣就在其中。

杭育杭育（hangyo）派

民国以来曾有一种解说，认为歌谣最初来自劳动号子，鲁迅命名为“杭育杭育（hangyo）派”：

> 我们的祖先的原始人，原是连话也不会说的，为了共同劳作，必需发表意见，才渐渐地练出复杂的声音来。假如那时大家抬木头，都觉得吃力了，却想不到发表，其中有一个叫道“杭育杭育”，那么，这就是创作，大家也要佩服，应用的，这就等于出版；倘若用什么记号留存了下来，这就是文学；他当然就是作家，也是文学家，是“杭育杭育”派。（《门外文谈》）

鲁迅这话讲得有趣。文章大概发表在二十世纪三十年代，那时文艺界有很多这“派”那“派”的，于是，鲁迅就给“原始文学家”也安了个名头，归了个派。

玩笑归玩笑，鲁迅的说法也并非全无根据。早在西汉初年，刘安《淮南子·道应训》就曾用众人举大木的例子想象歌谣的产生：

> 今夫举大木者，前呼邪许，后亦应之，此举重劝力之歌也。

《三才图会》之《薅鼓图》。薅，音蒿，即拔草。薅鼓一方面把人们聚集起来有序劳作，鼓舞情绪，同时也防止大家贪图说笑耽误干活。薅草锣鼓后来成了非物质文化遗产。

“邪许”大概就相当于鲁迅说的“杭育”，一人唱，众人和，打着节拍，协力而作，乐感有了，节奏有了。若再有点兴奋，有点才华，添加些词语，可不就是歌谣么？所以后来就有一种非常普遍的说法，称歌谣是源于人们的生活劳作，是“饥者歌其食，劳者歌其事”（汉代何休《春秋公羊传解诂》卷十六）。用劳动号子解释歌谣的产生，古人也是同意的。

古老的船工号子

现如今很多力气活儿大都由机器干了，年轻人大概对上述说法难有深切体会。其实，二十世纪五十年代，四川境内的川江号子还很活跃。长江和它的支流河道都很复杂，水位变化大，船只在险滩激流中行进，颇为艰难，这就得靠人力拉纤控制。拉纤的队伍，少则几人，多则几百人，有了号子，才能协调力道、角度。纤夫中一般都有个号子头，由他领唱，众人帮腔应和。号子就是纤夫们交流的密码。

比如船顺着水势走，会越行越急，稍不留神就可能触礁。此时，号子头一声“幺哦——”，众人立马集中精神，与他应和，这就是下滩号子。这种调子沉重、阴郁，有同舟共济的感觉。可如果要抢滩，逆水而上，号子的节奏就急促紧张，有时甚至喊声震天，几乎盖过了急流的咆哮声。抢滩之后一路平稳，号子遂变得舒缓、轻快，这是“轻舟已过万重山”。

号子头嗓音好，熟悉航道，行船经验丰富，同时头脑灵活，知识面广，能见景生情，随意填词，常把民间传说和两岸风物揉进去，所以，川江号子内容很丰富。

后来作曲家采风，创作了《船工号子》，由李双江演唱，遂传遍大江南北。只是这个改编的号子经过加工，显得有点儿太规整。文人搜集整理民间歌谣，虽有利于这些风诗的记录流传，但也有坏处，就是土气、野气少了，平滑驯顺了，不够粗砺，味道就显得不那么原汁原味。

在心为志，发言为诗

不过，把歌谣的产生归结为劳动号子，终究还是狭窄了些。

所以学界更喜欢引汉代《毛诗序》的说法："诗者，志之所之也。在心为志，发言为诗。"诗言志，"志"就是情感、志向、怀抱，心中有了这些，忍不住充溢出来，就诉诸诗歌乐舞："情动于中而形于言，言之不足，故嗟叹之；嗟叹之不足，故永歌之；永歌之不足，不知手之舞之足之蹈之也。"歌谣也好，或者笼而统之所谓诗歌也好，本来就是感情抒发的产物。

那么，最早的歌谣是怎样的呢？《吕氏春秋》曾探讨"音之初"，认为有两首歌谣最古老，可以分别作"南北音"的代表。

其一是"南音"，南方歌谣的始祖。当年大禹巡视治水，途中娶了涂山氏的女儿，可还没来得及办婚礼，就忙着到南方巡行了。女子很惆怅，叫侍女在涂山南面迎候，自己作歌曰："候人兮猗！"意思是：等着你呀——"兮猗"是语助词，不过，古汉语里似乎没有"兮猗"连用的情况，故有人认为"猗"是讹写。但也有学者认为，这首歌谣应该断为两句，即"候人兮，猗——"这样，歌谣就分为两个乐句，"猗"单独成辞，也可以看作单独一个乐句，用和声伴唱或帮腔，表达一种感叹的情绪。这种说法挺有道理的。这首歌谣说的是男女相悦相思之事，情调风格应当是缠绵的，一唱三叹，多个表情的叹词才够味儿。

另一则自然就叫"北音"。有娀氏家中有俩漂亮女儿，很受宠爱，家里专为她们造了九层高台，饮食还用鼓乐助兴。大约这阵仗有点大，吸引了天帝，遂派燕子去查看。燕子去了，边飞边叫。俩女孩儿喜欢极了，争着抢着把它扑住，用个玉筐罩起来。过了一会儿，又忍不住小心揭开筐子看，哪知燕子扑棱棱一下子就挣脱出来，向北飞远了，玉筐中只留下两颗燕卵。女孩子们怅然，作歌曰："燕燕往飞。"意思是：燕子燕子呀，展翅飞。

这两首歌谣，短得不能再短，可大家觉得，最早的歌谣大概就是这个样子。"凡音者，产乎人心者也。感于心则荡乎音，音成于外而化乎内。"《吕氏春秋·音初篇》讲完这些故事，就做了这样的总结。

巫咒歌谣

很多艺术形式，推到早期萌芽时，大都有着实用目的。比如，传统戏剧往前追溯，母体大概就是一些拟兽的、持戈的、伴有鼓声的仪式性舞蹈。这种舞蹈表演广泛见于原始狩猎时期的图腾仪式，后来还用于战斗操练、战前示威、战后庆功之类祭祀性仪程。这些仪式歌舞，除了“力”和“武”的展现外，不乏“扮演”“表演”因素和两两相斗的“矛盾”冲突，这些都可以看作是戏剧的萌芽。

马家窑文化彩陶舞蹈纹盆，中国国家博物馆藏。内壁绘有舞者手拉手踏歌而舞，舞姿灵动。

祈使句的威力

早期歌谣也同样如此，除了先民日常的信口而歌，还有很多为仪式唱诵的歌谣，比如《蜡辞》就是一首和农事有关的巫咒祭歌。

《蜡辞》最早见于《礼记·郊特牲》。文中介绍说，十二月年终岁尾，要遍祀群神，特别是一些和农业生产有关的神灵，感谢他们的照护。比如，要祭祀神农氏、后稷、百种（掌管各种谷物的神），以报答他们教民稼穑之功；要祭飨农官田神；要迎谢猫神，因为它们吃田鼠；要迎谢虎神，因为它们吃野猪；还要祭祀堤防和水沟之神，等等。古人心思单纯，认为对人有事功的，就要感谢，就要报答。

不过，对于自然间的有些神灵，光唯唯诺诺小心感恩不行，必要时还要发挥语言的魔力，警告其只能做好事儿，不能为非作歹，这就叫恩威并施。于是就有了下面这首《蜡辞》：

土反其宅！水归其壑！昆虫毋作！草木归其泽！

“土反其宅！水归其壑！”是命令相关水土之神各安其位，泥土返回原处，水流归于沟壑。自古及今，山体滑坡、岩石崩塌、地面沉降开裂等地质灾害以及洪涝灾害等，对人类的伤害都是极大的，有时甚至是毁灭性的。在这些天灾面前，人类常常感到软弱无力，内心充满惊愕恐慌。上古时期，先民能力更为有限，便希望能有更多的神秘力量帮助摆脱或预防可能会发生的灾难。所以，有些神话就想象，先民遇到灭顶之灾，女娲之类神人便出手相助：

往古之时，四极废，九州裂，天不兼覆，地不周载，火爁炎而不灭，水浩洋而不息，猛兽食颛民，鸷鸟攫老弱。于是，女娲炼五色石以补苍天，断鳌足以立四极，杀黑龙以济冀州，积芦灰以止淫水。苍天补，四极正；淫水涸，冀州平；狡虫死，颛民生。(《淮南子·览冥训》)

神话是人类儿童时发生的故事，听起来神奇怪诞，背后有着真实、强烈的心理、情感。

“昆虫毋作”是祈祷消除各种动物灾害。昆，即众多。昆虫，即众虫。不过这里的“虫”比现代意义上要宽泛得多，不仅包括各类草虫，也包括鸟类、蝙蝠、蛇蟒之类，甚至还包括各种猛兽。比如武松打虎，打的就是“大虫”。《大戴礼记》中甚至说：

有羽之虫三百六十，而凤皇为之长；有毛之虫三百六十，而麒麟为之长；有甲之虫三百六十，而神龟为之长；有鳞之虫三百六十，而蛟龙为之长；倮之虫三百六十，而圣人为之长。

人也是虫，是“倮之虫”。倮即裸，指没有毛羽鳞片。所以，这句祭歌中的“昆虫”，可以说包含了禽兽虫鸟万物，希望它们不要为非作歹，祸害庄稼，祸害民氓。

“草木归其泽”是祈祷消除植物灾害，让杂草树木都回到深山大泽里去。上古时期，自然界草木丛生，可供人类耕作的土地是很少的。茂密的森林，疯长的杂草，对发展农业、改善交通等都不是有利因素，在古人眼里，大概就是灾害了。所以，古代开荒种地，一般都要先放火焚烧杂草树木。而各种杂草，生命力顽强，“野火烧不尽，春风吹又生”，庄稼难以抵挡。《左传·隐公六年》就记载当时人们强调农业生产“务去草焉”。《吕氏春秋》甚至把农田杂草列为三害之一。如此，难怪先民要祈求“草木归其泽”呢。

这首《蜡辞》共四句，都是祈使句，是命令的口气，显然是咒语一类。从后世看，咒语和祝辞是有区别的。前者命令、威吓，后者祈祷、恳求，情感表现是不太一样的。这首歌谣相传出自伊耆氏时代，伊耆氏据说就是尝百草的神农，总之很古老。大概在那时，咒语和祝祷并不一定分得那么清楚。从汉字结构上看，祝从示从兄；咒从口从兄，又写作“呪”，所以，不管是咒还是祝，都是法术思维盛行时期最流行的语言形式。命令也好，祈求也好，不管怎样，真诚就行，管用就行。

语言的魔力和人的法力

祭神仪式中用咒语，背后是古人的语言崇拜。

在原始观念中，语言是有神秘魔力的，语言和它所指代的实际事物差不多是等值的，因此凭借语言的作用就能让客观现实发生变化，产生预期结果，语言巫术就成为一种实现愿望或承诺的特殊方式。

在巫术与宗教仪式中常运用一些具有超自然力量的神秘套

语，即为咒语。不过，咒语在使用上有广义、狭义之别。广义的咒语，包括相关仪式中的所有“神秘”语言，祷词、神谕等也涵盖在内。而狭义的咒语，则仅指那种以语言灵力崇拜为主的神秘套语。

这种套语最大的特点是，它的神奇效力一方面依靠语言自身的魔力，另一方面还要借助掌握法术的巫觋、方士等专职人员。这些人郑重其事地举行仪式，手握法剑、法印等法器，加上咒语或符箓等语言文字手段，最终达到某种预期效果。因此，与其说人们迷信咒语的魔力，不如说是相信这些神职人员的意志力，崇拜他们的法力。

所以，巫术咒语常常是用毋庸置疑的口吻发出命令，甚至威胁、恫吓，强硬要求自然万物或鬼怪妖魔听从命令，整体表现出一种压制性的态度。

《史记·殷本纪》曾记载商汤向鸟兽发出咒语：

汤出，见野张网四面，祝曰：“自天下四方皆入吾网。”

《山海经·大荒北经》记载上古时期驱逐造成旱灾的鬼怪旱魃（bá）时也用咒语：

魃时亡之，所欲逐之者，令曰：“神北行！”先除水道，决通沟渎。

除此以外，在后世很多巫术咒语的实施中，施法者还常常直

宋佚名《大傩图》轴，北京故宫博物院藏。傩，是一种古老的驱除疠疫的民间仪式，到宋代增加了很多娱乐成分。画中十二人穿“奇装异服”，持各种“法器”手舞足蹈，口中念念有词。见此情形，“邪祟”们一定吓得一溜烟儿跑了。

接打着各路神灵的旗号行事，借助神灵的威势来增加巫术效力。

如汉代宫廷年终大傩仪式就是声势浩大的逐疫咒辞的唱和。负责施法的方相氏装扮隆重，“黄金四目，蒙熊皮，玄衣朱裳，执戈扬盾”，带领一百二十位十一二岁的少年，在宫廷中奔走，一面呼号唱和：

甲作食殁，胇胃食虎，雄伯食魅，腾简食不祥，揽诸食咎，伯奇食梦，强梁、祖明共食磔死寄生，委随食观，错断食巨，穷奇、腾根共食蛊。凡使十二神追恶凶，赫女躯，拉女干，节解女肉，抽女肺肠。女不急去，后者为粮。

辞中“食”字前面的“甲作”“胇胃”“雄伯”“腾简”等皆为各路神灵。这篇咒辞即通过呼唤这些神灵对诸多凶害、疫病、疠邪进行威吓、训斥，穷追猛打。咒语唱完之后，还要持炬火，驱送疫鬼远离。这类请神协助的咒语看似发挥的是神灵的威慑力，然而能邀请到神灵本身就显示出一种强大的法力，因此这在根本上仍然反映出巫师的神通广大。

古人与天地神灵鬼怪的交往，目的是比较明确的，那就是趋利避害，因此与他们交流，就会有请求和报谢，也会有威胁和命令。这里面含着谦卑，也有不认命的倔强。

蜡祭仪式也非常隆重，天子头戴皮弁（一种皮冠），身着素服，腰系葛带，手执榛杖，都是丧服仪制，用以为万物送终。农夫们则身着黄衣，头戴黄冠，气氛庄严。在神秘主义信仰的时代，这些仪式咒语真切地表达了先民对天地自然的敬畏。

有个叫桉禾的诗人读了这首古老歌谣，心生感慨，也做了同题诗《蜡辞》。诗中说：

> 我已几近遗忘了我脚下的土地
> 它曾赐予一个民族血脉里伟大的谦卑
> 如今，我须得以一种更为谦卑的姿势
> 阖眼静聆原野的歌声

读懂先民心中的敬畏，才算真正读懂这首古老的祭诗。

徒 歌

中国古代，信口而歌、脱口成谣是很普遍的。街头巷陌、田间地头、客栈行旅，大约随时都有人诵唱。《诗经》所收诗篇，尤其是《国风》部分，基本来自民众的即兴歌咏。

即兴歌咏的各种花样

春秋以来，各国公卿大夫们往来聘问搞外交，常常“赋《诗》言志”，即用一种特殊的方式吟诵《诗经》篇目，虽断章取义，但彼此都能心领神会。这种外交方式背后，就是一个即兴咏歌、借歌谣表情达意的深厚传统。

比如，送行宴会上，送行的大臣赋诗：“有美一人，清扬婉兮。邂逅相遇，适我愿兮。”字面上看说的是对一位曼妙女子的爱慕，希望能经常见到她。其实在这个场合中，只是表达自己对来访外交官的善意和欣赏。所以，对方听了赶紧致谢，显得受宠若惊。

到秦汉，这种即兴歌咏的习俗仍然风行，且不分地域、阶层，史家对此也很留意，大量的歌谣遂被记载下来。比如，楚汉之争，项羽被困垓下，英雄末路，乃慷慨悲歌：“力拔山兮气盖世，时不利兮骓不逝。骓不逝兮可奈何，虞兮虞兮奈若何！”歌数阕，美人虞姬和之。而刘邦击败项羽，衣锦还乡，置酒沛宫，悉召故人父老子弟纵酒欢庆，还特别从家乡沛地选了一百二十个少年后生，组成伴唱团。酒酣耳热，刘邦便击筑，自为歌曰：“大风起兮云飞扬，威加海内兮归故乡，安得猛士兮守四方！”众少年皆和之，气氛浓烈，极有感染力。兴之所至，刘邦起舞，慷慨伤怀，泣数行下。这样的场景，现代人是很难想象的。

有没有伴奏都要唱

古代歌谣丰富，关于歌谣的讨论也特别多。比如，关于“歌谣”这个词，很多人就认为歌是歌，谣是谣，两者在音乐或者说演唱方式上不一样。“歌”是和乐的，即有丝竹之类伴奏；“谣”则没有这些，“白”嘴儿唱诵，被称为“徒歌”。唐代甚至把徒歌称为“肉声”，也就是纯粹的“人声”。有特别欣赏徒歌的，甚至说：“丝不如竹，竹不如肉。”意思是丝竹之类乐器伴奏的“歌”远不如白嘴唱出来的“谣”，因其“渐近自然”。

其实，徒歌还真不是“白嘴儿唱”，也是常常要有个伴奏，打个节拍什么的，只不过，使用的器具大都信手拈来，有什么就用什么，甚至就是拍手踏歌，很随性。

击牛角为节

比如，击牛角为节。春秋时卫国有个人叫宁戚，很有才华，但家境贫困，整日替人拉牛车运货谋生。当时齐国桓公主政，宁戚很想毛遂自荐，可哪有门路呢。一次他赶着牛车到了齐国都城，暮宿郭门之外，正巧齐桓公开城门迎客。当时随从很多，火把通明。宁戚正在给牛喂草料，遂“疾击其牛角”，唱道：

南山粲，白石烂，生不遭尧与舜禅。短布单衣适至骭，从昏饭牛薄夜半，长夜曼曼何时旦。

意思是自己生不逢时，没赶上尧舜重用人才的好年代，怀才不遇，一天到晚喂牛，这样的日子何时是尽头啊。宁戚拍打的节奏急切，歌声高亢，动静很大，果然引起齐桓公的注意。齐桓公赞叹说：“异哉！此歌者非常人也。”命人载之回宫。后来，宁戚果然被拜为上卿，辅佐齐桓公成为霸主。

舂米而歌

再比如，舂米而歌。舂米是把谷子去壳，工具有一个杵、一个石臼。谷子放到石臼中，或手握杵捶捣，或架上木梁作杠杆用脚发力。舂米谈不上什么技术，但一起一落，不停地捣下去，对四肢的力量以及耐力都是个考验，也是个苦差事，汉代时就被作为女子的一种刑罚。这种活计单调辛苦，所以人们舂米时就随着棒杵的起落，哼唱些小调，一来解闷，二来自己打着节奏，可以让劳作多少显得轻松些。

古代舂米而歌有个很有名的故事，见于《汉书》。刘邦做汉

四川出土汉代舂米画像砖。舂米这种活计单调辛苦，人们舂米时就随着棒杵的起落，哼唱些小调，一来解闷，二来自己打节奏，可以让劳作多少显得轻松些。

王时，娶戚夫人为妃。戚夫人貌美，善歌舞，为人随和，刘邦很宠爱她，二人育有一子名曰如意。刘邦死后，早就妒火中烧的吕后便将戚夫人关押到永巷，剔发，戴镣，穿囚服，罚她舂米。戚夫人知道自己不会善终，又思念儿子，一肚子的委屈痛苦，且舂且歌曰：

子为王，母为虏，终日舂薄暮，常与死为伍。相离三千里，当谁使告汝。

很快，这首歌就传到吕后耳中。她下令毒死如意，又将戚夫人废断手足，挖去眼睛，用药令其失聪失音，关押在终日不见阳光的窟室内，称为“人彘”，就是“人猪”的意思，最终，戚夫人被折磨至死。吕后此举残忍到令人发指，就连亲儿子汉惠帝都说，这事儿不是人能做出来的，汉惠帝因此郁郁而终。

夯土为节

与舂米而歌相类似的还有筑城夯土时打节奏唱歌。以前修筑城墙房屋，除了用石头以外，还有一种更古老的纯用土的夯筑法，俗称“干打垒”。先用木板围成长方形的空箱，中间填土，用木夯捶击、压实。一层完成之后拆掉木板，在夯筑好的土墙上再围栏填土，直到足够高。有时地面为了平实，也需要用夯密密地砸实。

夯杵有木夯和石夯两种：木夯是结实的沉重粗木，一米左右，装有手柄，可一人或两人操作；石夯则是较为扁平的青石，四角凿孔用于拴绳，夯地时，两人或四人将夯杵高抬猛放，为了齐心协力，必须有呼有应。

夯筑是件极费体力的工作，常需要多人合作，一边打夯一边唱歌，既便于协力，也能提神，减轻劳动的单调疲倦，增加安全性。《乐府诗集》曾收录唐代张籍的《筑城曲》：“筑城去，千人万人齐抱杵。”题注引《古今乐录》谈其古老渊源：

筑城相杵者，出自汉梁孝王。孝王筑睢阳城，方十二里。造唱声，以小鼓为节，筑者下杵以和之。后世谓此声为《睢阳曲》。

有专人敲小鼓打节拍，众人夯筑为节以应和，这才是典型的

"夯呦夯呦"派。四川阿坝地区的藏村，筑墙垒屋目前还保留着这种传统。

弹剑而歌

还有拍击宝剑时的歌唱。《战国策》里记载冯谖客孟尝君，为了试探其胸怀和养士的诚意，屡屡倚柱弹其剑，歌曰："长铗归来乎！食无鱼。""长铗归来乎！出无车。""长铗归来乎！无以为家。"要吃要车要待遇，其他门客多嗤之以鼻，把他的行为艺术当成个笑话讲给孟尝君听。

不过，孟尝君财大气粗，好客养士，竟不见怪，一一允了。后来冯谖尽力辅佐，谋划了狡兔三窟，使其在动荡的政局中保持不败。

击筑而歌

古人爱唱歌，有时也随身带一些便携的打击乐器，比如高渐离、汉高祖所击的"筑"，就是一种便携式五弦乐器。筑一头大，一头细，有点像今天棒球手握的击棒，用整块木头剜制而成。大头部分中空，底部嵌盖一薄板，是共鸣箱。小头细长，便于握持，柄端有尾岳，上有五道弦槽，五个弦孔。演奏时竹尺击打，遂发出悦耳的声音，颇有点像扬琴的演奏方法。不过，扬琴是双手各握一竹尺敲击琴弦，而筑只用右手敲击，左手除了稳定筑身，或者还可在弦上擦、轧、拢、压，从而形

西汉长沙国王后渔阳墓所出的五弦漆木筑，长沙简牍博物馆藏。一种便携的中空打击乐器，被秦始皇弄瞎了眼的高渐离以灌铅之筑击秦始皇，未中，被杀。

成更丰富的乐音。

荆轲刺秦，易水送别，高渐离击筑，荆轲和而歌：“为变徵之声，士皆垂泪涕泣。”“复为羽声慷慨，士皆瞋目，发尽上指冠。”这里的“变徵”和“羽声”，是古代宫、商、角、徵、羽五音中的两种不同音调，这种变调，大约就是通过对弦的按压等动作实现的。

从现在出土实物看，筑一般长一米左右，大头宽五至七厘米，可以装入布袋背在身后，像随身带着宝剑一样，也还是比较便携的。当时人们惯于跽坐，即跪坐在小腿肚上，演奏时把筑斜放于地，与地面形成一个锐角，左手抚握平衡筑身，右手执竹尺击打，和大提琴立靠在演奏者身上多少有点相像之处。当然，比起大提琴，筑可灵巧多了。

《史记》记载荆轲刺秦失败，好友高渐离被迫逃亡，后因善击筑得以靠近秦始皇。高渐离暗中将铅灌置筑中，一次演奏间，突然举筑朴击始皇帝。筑有便于抓握的长颈，一头中空，整体像棒球棒，若灌上铅作为武器进攻，还是有一定威力的。只可惜，高渐离先被秦始皇弄瞎了眼，失了准头，未中。

打起鼓，敲起锣

还有一种名叫“相”的打击乐器，是以米糠作芯，类似

西汉长沙马王堆黑地彩绘漆棺击筑图。击筑者是一个拟人化的神兽，端坐于五彩祥云中，神态怡然自得，左手托持筑柄，右手持细棒作演奏状。在其右下方还有一位怪神正在吹竽，与之遥相呼应，似在对奏。这是古人想象的极乐世界。

手鼓拍打作节。荀子有一篇《成相》，就是用这种乐器命名的民间歌谣形式，开篇讥评时政："请成相，世之殃，愚暗愚暗堕贤良。"人们认为这就像北京大鼓书，先击鼓拍板，再开唱。"请成相"意思是请备鼓而唱歌，类似鼓书开场："打打鼓来唱一曲。"

以前民歌有货郎调，就是走街串巷的货郎招揽生意、介绍货品时唱的歌谣，也是用简单的小鼓小锣敲打作节。二十世纪八十年代改编成《新货郎》：

打起鼓来敲起锣哎，推着小车来送货。车上的东西实在是好啊——有文化学习的笔记本，钢笔铅笔文具盒。姑娘喜欢的小花布，小伙扎的线围脖……

民间歌谣最大的特点即质朴自然，创作者大都是富于才华而吝于训练的。其以情感做骨子，情动于中，不禁歌之舞之足之蹈之，自然用的也是最朴素的、少有过度修饰和讲究的节奏声调、格式辞句，身边有什么，也就用什么打出节拍来，如此却也是“声”“情”相应，“辞”“情”相配的，这恰是民间歌谣的纯粹和动情之处。

“奔迸”的表情法

人心里有所感，想要表达出来，这是一种本能，而这种本能在最初孩童的时候是没有什么限制的。想哭了，就张开嘴哇哇哭，高兴了，就喜上眉梢，手舞足蹈。后来大了，周围就有人告诉你，不能想笑就笑，想哭就哭，要收敛一些，节制一点儿，委婉含蓄一点儿，这就是教化，也是人进入社会后不得不做的妥协。对于歌谣而言，似乎也存在这样的轨迹。

奔迸而出的歌声

早期歌谣，特别是民歌，大都率性得很，没有那么多藏着掖着的，情感有时忽然涌出来，想大叫一声或大哭一场或大跳一阵，诗歌也就一泻无余。梁启超给这类言情的方式起了个名儿，叫作“奔迸的表情法”。古代有几首歌谣就特别典型。比如汉乐府《上邪》：

上邪，我欲与君相知，长命无绝衰。山无陵，江水为竭，冬雷震震夏雨雪，天地合，乃敢与君绝！

这大概是位心直口快的北方姑娘，对爱恋的男子一往情深，表白的誓词特别热烈。“上邪”是指天为誓，犹言“天啊！”向老天爷发誓永远爱他，举出五件非常之事作为设誓的前提：“山无陵，江水为竭”是说天地间永恒之物巨变；“冬雷震震夏雨雪”，是说天地规律逆转；“天地合”是说整个宇宙毁灭。只有发生了上面的情况，“乃敢与君绝”。姑娘爱得白热化，情感奔迸而出，一气儿赶落，不见堆垛，字字千钧，有很强的震撼力。

和它相仿的还有敦煌曲子词中的《菩萨蛮》：

枕前发尽千般愿，要休且待青山烂。水面上秤锤浮，直待黄河彻底枯。白日参辰现，北斗回南面。休即未能休，且待三更见日头。

后人研究这些诗，常常说后者是对前者的模仿，或者说这两首歌谣艺术构思完全相同。这些说法虽也不算太错，但总是有那么点儿隔膜。原因就是诗评家掌握了一些方法和理论，总有些“预设”，觉得这俩姑娘心里有了爱，还要琢磨琢磨用什么方式表达。其实，这些歌谣就是活泼的情感迸射而出，反倒是朴素的。若先想着方法，倒像是走路老想着先迈左脚还是右脚，很可能就自个儿把自个儿绊倒了。

明代还有一首《分离》也是如此，大白话似的斩钉截铁：

要分离，除非是天做了地；要分离，除非是东做了西；要分离，除非是官做了吏。你要分时分不得我，我要离时离不得你。

就死在黄泉也，做不得分离鬼。

不过，比较上面两首，多少温吞了些。

古乐府里还有一首《箜篌引》，不知何人所作：据说是有一个狂夫，大冬天早上非要跑到河边，“被发乱流而渡”，他妻子追过来拦他没拦住，竟然溺死了。这位妻子遂做了一首“引”：

公无渡河！公竟渡河！堕河而死，将奈公何？

大意是：不让你渡河，你偏要渡河。渡河而死，我能把你怎么办呢？这首歌谣是“长歌当哭”，又悲痛，又无奈。

上面这些歌谣，情感都强烈饱满，必须迸射而出，含蓄蕴藉是一点用不着的。淋漓尽致，生气勃勃，是放浪的心灵，激越的言说，有一种原始之美，与大自然其他生命一样，有着粗砺的质感。

这些诗都不知作者，人们传唱保存，就是因为里面充沛的生命力像磁石一样吸引人。早期也有些歌谣是有作者的，但当时原不是为了作诗，只是情感的昂扬勃发，所以也有“奔迸”的冲击力。比如，荆轲刺秦前，他的朋友高渐离击筑，荆轲慷慨而歌：“风萧萧兮易水寒，壮士一去兮不复还。”只这两句，毫不扭捏，可君子死知己、慷慨赴国难的万斛情感都和盘托出了。

此外还有两首：

力拔山兮气盖世，时不利兮骓不逝。骓不逝兮可奈何，虞兮

虞兮奈若何！（《垓下歌》）

大风起兮云飞扬，威加海内兮归故乡，安得猛士兮守四方！（《大风歌》）

前者是项羽在垓下临死时唱给爱妾虞姬的，英雄末路，无限感伤。后者是刘邦做了皇帝后回到故乡，面对熟悉的父老乡亲，也毫不掩饰自己的志得意满和勃勃雄心。

带着镣铐跳舞

后来这样的诗越来越少了，一是教化的力量要求感情越来越节制，人们也慢慢变得更欣赏含蓄蕴藉，欣赏中和之美；二是后来文人诗有很多格律束缚，镣铐多了，就不能自由地歌之咏之，舞之蹈之。

不过，优秀的诗人大都

宋刘松年（传）《摔琴谢知音》。图中讲的是高山流水的故事。伯牙善鼓琴，钟子期善听。伯牙鼓琴，志在高山，钟子期曰："善哉，峨峨兮若泰山！"志在流水，钟子期曰："善哉，洋洋兮若江河！"伯牙所念，钟子期必得之。子期死，伯牙谓世再无知音，乃破琴绝弦，终身不复鼓琴。刺客荆轲和乐师高渐离，一文一武，也是知音。

能带着镣铐跳舞，而且跳得不赖。

比如杜甫《闻官军收河南河北》：

剑外忽传收蓟北，初闻涕泪满衣裳。
却看妻子愁何在，漫卷诗书喜欲狂。
白日放歌须纵酒，青春作伴好还乡。
即从巴峡穿巫峡，便下襄阳向洛阳。

人们常觉得诗歌写哀伤、愤恨、忧愁、喜悦、爱恋，都相对容易，可逢到写满心欢喜，却不容易。这首诗却在声律的束缚下，将狂喜表达得淋漓尽致。诗中手舞足蹈的情形，在文人诗里很少见，禁不住让人多读两遍，大概只有李白的《将进酒》、苏东坡的《水调歌头·明月几时有》《江城子·密州出猎》可有一比。

这些诗，无论是有作者的，还是无名氏的，都是真正有生命的诗歌。情感集聚了，满了，白热化了，就奔迸出来，毫不隐瞒，也看不到修饰，好像打铁花，哗的一瓢，铁水泼在墙上，迸溅出来，夜幕中，绚烂璀璨，落在地上，冷却了，就结成文字。情感是怎样的，文字就是怎样的，诗句和生命本应当是迸合为一的。

击壤歌

早期歌谣，有一种别样的趣味，就好像人的童年少年，兴之所至，随口而出，声音的抑扬顿挫，无意中形成的节拍韵律，会带来别样的快感。这种快乐和后世的所谓创作之间最大的区别，就是少了很多“目的”。嘴里发出来的这些音声，到底算说话，还是算歌，还是谣，还是诗，还是词，那时候是没有那么多分别的，我们后人观念越来越繁复，才一一安排归类。总之，早期歌谣肯定不是正儿八经对着纸笔冥思苦想的产物。

《淮南子·齐俗训》曾评价童蒙讴谣：“其歌乐而无转。”所谓“无转”，就是说朴拙、快意、率真、直白，不像后世歌咏一唱三叹、抑扬曲折，要绕很多弯子。

脱口而出的《击壤歌》

不假思索，脱口而出，这是一种难得的通透心境，也是特殊的审美境界，成年后，也许求还求不来呢？《击壤歌》大概就属于这样的歌谣。它很有名，很多古歌谣集都收录了，把它看作最古老的、具备完整形态的歌谣。比如清代沈德潜在《古诗源》中把它列

清《三才图会》之《击壤图》。《击壤歌》代表的是一种太平年景的愿景，“击壤”变成了一种太平盛世的符号。

为古诗第一首。其实，如果看看史料，就会发现这首歌谣最初就是老翁说话而已。

最流行的版本，出自《艺文类聚》。书中说帝尧时代，无为而治，百姓安居乐业，无忧无虑。有五十老翁在大道上玩“击壤”的游戏。行人路过，忍不住赞叹说：啊呀，这就是尧帝的政德伟大、治国有方啊，否则百姓怎么能过得这么闲适逍遥呢？那老翁听了，不认同，白眼反驳说：

> 日出而作，日入而息，凿井而饮，耕田而食，帝何力于我哉？

老翁这段话，四言为主，言辞整饬，很多史料都引用，把它当作一首歌谣，具体词句虽有些增饰，但大同小异。最大的不同就是老翁最后那句反问，或作“尧何等力？”或作“帝力何有于我哉？”或作“帝何德于我哉？”今人逯钦立整合了前人多个版本，把它收入《先秦汉魏晋南北朝诗》，最后一句也做了细微调整，改作“帝力于我何有哉？”末句改作七言，句式更符合后世习惯。整段话就成了四言和七言组合的歌谣，老翁那句信口而出的答词就变成了《击壤歌》了。

中国人好古，总觉得世风日下，今不如昔，越古才越好。古代帝尧，包括接下来的舜禹时期，就是最理想的太平年景。究其实，不过都是想象而已，白首老翁也好，懵懂幼童也好，不过是个代言人罢了。

然而，一个社会的发展，确是需要美好想象牵引的。黄发垂髫有所依，鳏寡孤独有所养，无忧无虑，自给自足，不假他求，这是古人的理想，也是今人的愿望。

《庄子·让王》里，舜打算把天下让给善卷，可善卷断然拒绝说：

余立于宇宙之中，冬日衣皮毛，夏日衣葛絺（一种夏布）。春耕种，形足以劳动；秋收敛，身足以休食。日出而作，日入而息，逍遥于天地之间，而心意自得，吾何以天下为哉！

这段文字，可作《击壤歌》的注解。

是愿景，也是符号

《击壤歌》代表的是一种愿景。歌谣本身的艺术性，或者它究竟是一句话，还是一首歌谣，甚至它是不是后人编的，倒都可以不必太计较的。

不管怎样，“击壤”已经变成了一种太平盛世的符号。比如，宋代李石《扇子诗》："无适无莫羲皇人，不忧不惧击壤民。只有太平容易事，更于何处费精神。"描述的就是更古老的羲皇时代击壤民的幸福生活。

当然，也有以此歌颂当今圣德的，比如司马光《皇帝合春帖子词》："盛德方迎木，柔风渐布和。省耕将效驾，击壤已闻歌。"古代文人诗中有一类，主题就是"颂圣"，主动的或被动的，击壤老人"帝何力于我哉"之类的话是不容易说出口的。

击壤怎么"击"？

"击壤"是怎样的游戏呢？东汉刘熙《释名》说："击壤，野老之戏，盖击块壤之具，因此为戏也。"意思是击打土块儿之类。这解说太简单。

《太平御览》卷七百五十五"工艺部"引《艺经》的解释就比较具体：

> 壤以木为之，前广后锐，长尺四，阔三寸，其形如履。将戏，先侧一壤于地，遥于三四十步，以手中壤敲之，中者为上。

按照这个说法，击壤是击打梯形木块，命中靶子取胜。不过，跟所有喜闻乐见的游戏一样，击壤游戏也在不断变化。到了明代，壤似乎又变成枣核形：

> 二月二日龙抬头……小儿以木二寸，制如枣核，置地而棒

之，一击令起，随一击令远，以近为负，曰打桉桉……古所称击壤者耶？（《帝京景物略》卷二）

击打枣核状木椭，这与今天有些地方还在玩的“打棒棒”很像。手握桨状木板，前端垂直击打地上“枣核”的一端，“枣核”借力反弹，旋转腾空，此时就势再次挥板击打，或以远胜，或以中的为上。所以，击壤得名，或者就是因为“必先击地以取势”。不过，几千年的老游戏了，中间有多少变化也难以说清。

击壤是游戏，游戏时，人才放松，放松了，发自内心的歌谣才会信口脱出。古代很多游戏是应着时令来的，比如明末清初秣陵童谣：“杨柳青，放风筝；杨柳黄，击棒壤。”（周亮工《书影》）清代《帝京岁时纪胜》讲到岁时杂戏，也引童谣：

杨柳青，放空钟（风筝）；杨柳活，抽陀罗；杨柳发，打尜尜；杨柳死，踢毽子。

这些岁时游戏，都是就地取材，依时而作，本就是自然而然的娱乐，是其生命力所在。

德国人席勒曾说：只有当人充分是人的时候，他才游戏；只有当人游戏的时候，他才完全是人。所以，“帝力于我何有哉”？

弹　歌

我们对于古人，有时误解很深，甚至走到极端，表现在两种截然相反的态度：要么把古人说的话奉若金针，放之四海而皆准，全然不管古今文化环境发生了怎样的变化；要么把古人的解释抛在一边，完全按照自己的想法。这两种态度，都有可能带来误判，甚至很多丰富的文化信息也被忽略掉了。古歌谣《弹歌》大概就遭遇到这种情况。

是狩猎，还是孝行？

《弹歌》又称《断竹歌》《作弹歌》《竹弹谣》，相传为黄帝时古歌谣，其辞曰：

断竹，续竹，飞土，逐宍。

宍，即古“肉”字。这首古老歌谣，目前一般认为是反映先民原始狩猎生活的，描述了用竹子制造某种弹“弓”，发射弹丸（泥丸或陶丸）以猎取动物的过程，表达了原始先民劳有所获的愉快心情。

可是，这种“劳动说”古人并不认可。

东汉赵晔在《吴越春秋》卷九《勾践阴谋外传》中最早记载了这首歌谣，详细讲述了其来龙去脉。他说，当年越王勾践打算与吴国开战，大夫范蠡给他出谋划策，四处举荐能人。先是推荐了一位善剑的越女，又找了著名的射手陈音，以便训练士卒。陈音是楚人，据说曾受业于射术世家，越王便请他讲讲弓弩的由来。陈音说，弩生于弓，弓生于弹，弹是最为古老的弹射武器。至于弹的用途，早先人死后不埋葬，而是以茅草包裹后置于旷野，最终难免为禽兽所食。后来有孝子不忍见父母的尸身为禽兽糟踏，遂守尸，以“弹”守护，绝鸟兽之害，这才有了弹歌。

清《三才图会》之《弹图》。弹是最为古老的弹射武器。用竹子等工具制造某种弹“弓”，发射弹丸（泥丸或陶丸）以猎取动物。

弩生于弓，弓生于弹，弹起古之孝子。……古者人民朴质，饥食鸟兽，渴饮雾露，死则裹以白茅，投于中野。孝子不忍见父

元赵雍《挟弹游骑图》局部。画中一乌帽朱衣人，乘黑花马于平坡上缓缓而行，手执"弹"弓，悠然仰望，似在搜寻猎物，眉目生动传神。

> 母为禽兽所食，故作弹以守之，绝鸟兽之害。故歌曰：“断竹，续竹，飞土，逐宍。”

按照陈音的这个说法，《弹歌》的出现是因孝子守尸，和狩猎是没啥关系的。

陈音所说古时的葬俗是有根据的。今人释“葬”为埋藏，以土掩埋尸体，这其实是后起之义。按《说文解字》的解释，葬的本义是：“藏也。从死，在茻中，一其中，所以荐之。”茻即草，荐指草席，意思是死后用柴草或草席覆盖。“葬”字篆文作[illegible]，上下皆“艸”，是典型的由表形、意的符号合成的汉字。因此，以茅草或草席裹尸，投之中野，确是荒古野葬之俗。

而《弹歌》描述的是驱赶鸟兽的情景，这个说法也是有道理的。学者刘正国注意到，《弹歌》还有一个版本，末句“逐宍”写作“逐害”。目前通行的版本中，“断竹，续竹，飞土，逐宍”这八个字，按照中古音即唐宋时语音，句末“竹”“宍”是押韵的。而上古时期的一些歌谣，几乎没有押“肉”韵的，“害”字反倒是个十分上口的韵字，也挺常见，《诗经》里就有很多。比如《邶风·泉水》：“遄臻于卫，不瑕有害。”《邶风·二子乘舟》：“愿言思子，不瑕有害。”《小雅·蓼莪》：“民莫不穀，我独何害。”《大雅·生民》：“不坼不副，无灾无害。”《大雅·荡》：“颠沛之揭，枝叶未有害。”《鲁颂·閟宫》：“万有千岁，眉寿无有害。”等等。

刘正国进一步从语音学上推测，这首歌谣早期版本末句应当是“逐害”，意思是驱逐祸害。按照上古音，这首古歌谣就可韵读为：“断竹（zhui），续竹（zhui），飞土，逐（zhui）害（hi）。”也十分上口。（《〈弹歌〉本为“孝歌”考》，《音乐研究》2004 年第 9 期。）

至于为什么“逐害”后来变成“逐宍”，刘正国推测是抄写的问题。“害”字俗体尝作**害**，而古“宍”字也作**宍**，二者字形极其相近。特别是民间书写中，**害**字下部的“口”常写作**い**，与古宍字的下部**八**几乎无别，刻录中就可能搞混了。古来刻本，字多鲁鱼亥豕之误，故“害”“宍”混淆并不稀奇。

另外，歌谣总以合韵上口为宜。“宍”字古音读作“ru”（即古“肉”音），按照中古读音，正与“竹”字相押韵，大概后世或有好事者，就为了合韵而妄改了。

可以想见，当时孝子作弹护亲，驱禽逐害，即兴而作《弹歌》，这首歌或许可以看作当时的一首吊歌或挽歌，是“歌以当哭”。后世民间丧葬活动中诵唱的吊歌（或称孝歌），内容也常常不是述哀，而是五花八门，似乎想到什么都可以唱进来。比如有的劝善行孝，有的述奇讲史，甚至还有猜花名、对对联、绕口令等，生活所及，皆可入歌，这或许与《弹歌》有着一脉相承的联系。

《弹歌》很古老，但是不是像古书所载作于黄帝时期？这很难说。一般说来，古代一些文本称尧舜甚至黄帝时所作的，大都不可尽信，但也不能都简单判定为伪说，一巴掌打倒。这里可以分两种情况，要分别对待。一种属于“伪托”，即当时并无此思想行事，后世托以为有；另一种“追记”则不然，它虽然不是当事者亲自记录的，但当时确有此事，或确有相关思想言语，借助口耳相传，流传到后世，遇到有心人就记录下来，相比较而言，这种情况下的记录就真实多了。（白启明《一首古代歌谣〈弹歌〉的研究》，钟敬文编《歌谣研究》，北新书局1928年。）因此，《弹歌》虽说未必作于黄帝时，但十分古老却是无疑的，当属于后人的追记。

《弹歌》为何能传下来？

上古之人，信口而唱，脱口而歌，歌谣就是说话，是表情达意的交流方式，因此数量应该是非常多的，但传下来的却不多。《弹歌》被人们看重，甚至还能讲出它的“创作”过程，大概主要还是看到了其中所谓的“孝子之心”，看到其中透露的蛮荒到文明的转捩。

善待死者，以土葬等各种方式尽力照护，其实是文明进步的结果。早期先民大概和自然界很多动物一样，对于同伴的死亡，会有情感上的波动，甚至难过，但对于尸身不会作特殊的处理，最终也是弃之而走。但人究竟和动物不同，出于情感的延续，渐渐开始对死去的亲人加以照护，遂形成各样殡葬习俗。《周易·系辞下》将此归为圣人的创建：“古之葬者，厚衣之以薪，葬之中野，不封不树，丧期无数。后世圣人易之以棺椁。”这当然是道德史家的说法。

倒是孟子说得更恳切。他认为，这种行为背后的原动力其实是亲人间的天然感情，是“不忍之心”。他在《孟子·滕文公》中分析道：上古时亲人死了，就把尸体扛起来丢到山沟里。可后来路过，看见狐狸在撕食尸体，苍蝇蚊子也在聚集叮咬，额头上就冒汗，斜着眼不敢正视。这个汗，不是热出来的汗，而是汗颜，羞愧，不忍，是内心真情表现在了脸上。所以，才会赶紧拿了藤筐土铲掩盖尸体。在孟子看来，这种感情很重要，因为出于天然，是赤子之心，假如因势利导，推而广之，就是文明教化。

孟子这段话是在批驳墨家时说的。当时，墨家也是显学，有很大的影响力。墨家从平民小生产者的利益出发，反对“厚葬久丧”，认为是劳民伤财，倒不如奉行极简主义，人死了埋葬，但墓坑别挖太深，也别高起坟头，跟田垄差不多高，做到“下不及泉，上无遗臭”即可。葬后，亲人们守丧时间也别太久，也别有那么多讲究，尽快擦干眼泪打起精神干活生产。

墨子是从现实利益考量的，有其合理之处，但最大的问题是对人情的考虑很不够。想一想，有谁愿意看到生养自己的父母死后被这样草率处置呢？儒家看重亲情，虽也反对厚葬，但仍坚持要有必要的物质手段以及郑重的丧葬礼仪来表达爱敬之情，不可过于草率简单。讲“礼”，更要讲“礼”中的人情，慎终追远，也是为了防止社会堕回到某种蛮荒状态。

因此，《弹歌》讲用“弹”驱逐禽兽而守尸，与最早的掩埋亲人尸体，都源于情感，这也是人之为人的道理。儒家对后世产生巨大的影响力，很大程度上就是因为儒家始终对人性抱有希望和期待，人情味十足，更容易被人们所接受。

一首“活化石”

《弹歌》从赵晔记录时算起，也有近两千年了。令人惊讶的是，1996年，有人在江苏张家港市又采录到类似的歌谣。

演唱者张元元，农民，七十多岁，基本不识字，也没出过远门。《斫竹歌》据说是他幼年跟着父亲学唱的。从歌词来看，与《弹歌》基本一样。从演唱形式来看，一人唱，众人和，也有古代挽歌吊歌之遗风。(《中国民间歌曲集成·江苏卷》)

领 和 领 和 领 和 领 和

(嗯唷)斫竹 (嗯唷 嗨， 嗯唷)削竹 (嗯唷嗨， 嗯唷)弹石、飞土(嗯唷 嗨， 嗯唷)逐肉 (嗯唷 嗨)。

另一种唱法：

据此歌的记录者虞永良先生介绍，他在二十世纪七十年代就听到过这首歌，当时场景惊心动魄：数十个农民劳力排在一艘船的两边，要把这艘数吨重的河泥船从一个河浜移到另一个河浜。但听得一声吼起：

(领唱)嗯唷斫竹！

（众和）嗯唷嗨！

（领唱）嗯唷削竹！

（众和）嗯唷嗨！

（领唱）嗯唷弹石飞土！

（众和）嗯唷嗨！

（领唱）嗯唷逐肉（宍）！

（众和）嗯唷嗨！

一唱众和，在这移山倒海般的歌声中，沉重的河泥船竟被成功地移到另一条河中。作为远古“孝歌”孑遗的《斫竹歌》，竟然演绎成了一种“举重劝力”的劳动号子。

沧浪歌

中国古代早期歌谣很多，因为久远，对后世的影响大都是间接的。但有一首却是个例外。它虽然和早期其他歌谣一样，不知作者，但后人不断引用、化用，歌谣里所表现的观念甚至直接影响着文人的立身原则，进退取舍，此即《沧浪歌》：

沧浪之水清兮，可以濯我缨；
沧浪之水浊兮，可以濯我足。

说起影响来，《沧浪歌》如果是个有感知的活物，可能会有点惭愧，因为它实在是太短了，通共两句，意思也浅白得很。这么两句大白话何以能产生影响，究其原因，大概是它在先秦文献里出现过两次，却分别与两个影响中国文化的大人物有密切的关联，一位是孔子，一位是屈原。

孔子见水不是水

《沧浪歌》第一次记载，见于《孟子·离娄上》：

有孺子歌曰："沧浪之水清兮，可以濯我缨；沧浪之水浊兮，可以濯我足。"孔子曰："小子听之：清斯濯缨，浊斯濯足矣。自取之也。"

大概孔子带弟子们出游，走到河边，有个小孩儿唱了这首歌。孔子听了，就发表感想，顺带给学生们"上课"：弟子们听着！水清洗冠缨，水浊洗双足，这都是由人自己决定的。孔子教弟子，方式是随时耳提面命，随物取象，看到什么，听到什么，有了感受，马上就给学生讲讲道理，这是老师的职业病。

孔子想说什么呢？他告诉学生，人这辈子会遇到各种情况，常常要面对很多选择。选择走哪条路，与什么人交往，得到什么结果，诸如此类，最终的决定权都在自己。

《论语·子罕》里记载过孔子一段类似的话：

譬如为山，未成一篑，止，吾止也；譬如平地，虽覆一篑，进，吾往也。

譬如堆土成山，就差一筐没成，停下了，这是我自己停止的呀；譬如在平地，仅堆起一筐土，继续堆，这也是我自己在向上堆呀。孔子总勉励学生当自强不息，积久终成；若半途而废，则前功尽弃。但是他更想让学生明白的是，或止或进，皆在我，不在人。别总是事情做不成，就怪东怪西的。

小孩儿应该是信口而唱，没那么多深意，但孔子却从中提炼了做人做事的道理，这个道理孔子也在自我践行。他一生怀着理想，眼见社会动乱，天下无道，觉得自己有责任四处呼吁，为恢复社会秩序而努力。这种忧患意识和历史责任感是非常可贵的。有时他也沮丧，跟学生发牢骚："道不行，乘桴浮于海。"既然主张行不通，那索性也学那些隐者，浪迹天涯吧。可牢骚归牢骚，最终他仍选择入世，按照自己所认定的方式为社会疗病，知其不可而为之。

孔夫子善观察，爱思考，有智慧，见山不是山，见水不是水，常常要看出其中的"理"来。比如"子在川上曰：逝者如斯夫，不舍昼夜。"又如："岁寒，然后知松柏之后凋也。"都是砥砺人心的话。此后的儒家都深谙其道，比如孟子引述了孔子有关《沧浪歌》的话题后，进一步发挥，谈及更深一层的人的自觉：

> 夫人必自侮，然后人侮之；家必自毁，而后人毁之；国必自伐，而后人伐之。

又引《尚书》里的话：

> 天作孽，犹可违；自作孽，不可活。

这些话，小到做人，大到立国，是人道，也是天道，都厚重得很。

屈原和渔父：两种人生态度

《沧浪歌》第二次见于屈原《渔父》，东汉王逸收录在《楚辞章句》中。这次出现，意思就有些不同了。

文中说，屈原既放（被流放），游于江潭，行吟泽畔，颜色憔悴，形容枯槁。渔父见而问之曰："您不是三闾大夫么？怎么落得如此境地？"屈原说：

举世皆浊我独清，众人皆醉我独醒，是以见放。

渔父听了，就劝他不要"凝滞于物"，不妨随和一些，与世推移。时世浑浊，那就搅和泥水扬起浊波，与世浮沉，方能远害全身；众人皆醉，你何不也喝喝大酒呢，假如总是高标独立，就会为自己招来流放之祸。

屈原回答说，自己不愿身上沾一点儿灰尘，宁愿舍弃生命，来寻求人格上的纯净和提升："宁赴湘流，葬于江鱼之腹中。安能以皓皓之白，而蒙世俗之尘埃乎！"

渔父听了，莞尔一笑，打桨而去，一面歌曰："沧浪之水清

元吴镇《仿荆浩渔父图卷》局部，美国弗利尔美术馆藏。作为隐逸生活的象征，唱着《沧浪歌》离去的渔父后来成为文学、绘画等艺术创作的母题。元代吴镇这幅仿唐人图卷六米多长，极为精彩。画家用大块留白代表烟波浩渺的水面，上有渔舟数点。首篇题词云："洞庭湖上晚风生，风触湖心一叶横。兰棹稳，草衣轻，只钓鲈鱼不钓名。"

兮，可以濯吾缨；沧浪之水浊兮，可以濯吾足。”

屈原是一个很有理想的政治家，也一直在为之奋斗。他被流放，深陷困厄，是大挫折，在此境况下写下《渔父》，就表现了内心的矛盾，以及自己最终的抉择。因此，渔父可能实有其人，但更可能是虚构的，是作为屈原的一个对立面出现的。

屈原心里有两个声音，一个说，要坚持操守，另一个则说，不妨随和一些吧，世清则濯缨而仕，世浊则濯足而隐。这两种说法，前者执着，后者超脱。古代文人，但凡有良知，有头脑，都会遇到这种两难选择。渔父所代表的是一种更通达的人生态度：遇治则仕，遇乱则隐。这后来就成为很多文人自处的原则，即人们常说的“达则兼济天下，穷则独善其身”。

不过，是不是通达就是最佳选择？显然也不是。因为通达有时难免也会滑入乡愿，失了原则。因此，对于屈原的最终选择，历来大家都抱有极大的崇敬。珍爱理想，坚持操守，执着于人格的纯净和提升，无论如何，都是极难的。

《沧浪歌》大概本是楚地民歌，谁都可以随便唱两嗓子的。但因为经了这些故事，经了历史的沉淀，就深度影响了中国人的精神，这不能不说是件令人感叹的事儿。

歌谣里的“秘密”

古人唱歌就是说话，所以，很多在今天看来需要文字或者其他方式才可以做到的事儿，唱歌就行。这一点，古今有很大差异，譬如隐语。

借粮不能明说

春秋时期，越国攻打吴国，切断了其补给线。吴军断粮，只好向鲁国求借，可鲁国不愿借。幸好，吴国大夫申叔仪与鲁国大夫公孙有山是旧识，吴王便派他去向公孙有山商讨借粮之事。

见了面，申叔仪唱道：

> 佩玉蕊兮，余无所系之；旨酒一盛兮，余与褐之父睨之。

意思是说，佩玉垂下来啊，我没有地方系着；美酒满杯啊，我与穿麻布衣的老头儿只能干看着。公孙有山心领神会，有心想帮帮老友，便说：

> 粱则无矣，粗则有之。若登首山以呼曰：庚癸乎，则诺。

意思是细粮没了，粗粮还有点儿。你登上首山，大声喊“庚癸”，就答应你。

这段对话记载于《左传·哀公十三年》。后人看了，觉得他俩是好友，见面还不好好说话，云山雾罩的，简直莫名其妙。后来晋杜预给《左传》作注，解释其中的原因：“军中不得出粮，故为私隐。”部队出战，粮草最重要，军中粮食是不可随意出借的。因此，二人都用暗语，好像地下工作者接头一样。申叔仪歌佩玉无所系，旨酒没得喝，暗示缺粮。公孙有山说“庚癸”之类，是在与他悄悄约定交接粮的暗号。那么“庚癸”是什么意思呢？

杜预解释说：“庚，西方，主谷；癸，北方，主水。”古人用天干地支记时标序，与东西四方、一年四季等都有对应。庚在西方，西方为秋，属金，谷以秋熟，故以庚主谷；癸在北方，北方为冬，居水之位，故以癸主水。“庚癸”即食物、饮水之意。后来，这个故事就成了典故，向人告贷称为“庚癸之呼”，同意告贷称为“庚癸诺”。如唐柳宗元《唐故中散大夫检校国子祭酒张公墓志铭序》：“储偫（即储备）委积，师旅无庚癸之呼。”宋范成大《丙午新正书怀》诗云：“一饱但蕲庚癸诺，百年甘守甲辰雌。”

渔人的暗号

以歌谣作隐语有名的还有伍子胥和渔丈人的故事，事见《吴越春秋·王僚使公子光传》。

伍子胥名员，本楚人，其父伍奢为太傅，后遭人谗害，与其兄伍尚一同被楚平王杀害，伍子胥逃亡。楚王遂悬赏缉拿：得伍子胥者，赐粟五万石，爵执圭（楚国最高爵位）。怀着为父兄复仇的强烈愿望，伍子胥一路流亡，历经艰难困厄，隐忍谋划，最终率吴军打入楚国。此时楚平王已死，即位的昭王也逃了，伍子胥便掘开棺椁，将楚平王鞭尸以复仇。

《吴越春秋》属于小说别史之类，对很多细节极尽渲染之能事，特别是讲到伍子胥逃亡被渔父所救的过程，非常生动。由于楚王高额悬赏，伍子胥一路危机重重。这天，他逃至江边，恰有渔父撑船溯水而上，遂疾呼："渔父渡我！渔父渡我！"渔父要划船过来，但发现旁边有人窥视，便歌曰：

> 日月昭昭乎浸已驰，与子期乎芦之漪。

伍子胥听明白了，遂来到"芦之漪"，即长着芦苇的水岸边。渔父撑船过来，作若无其事状，又悠然唱道：

> 日已夕兮予心忧悲，月已驰兮何不渡为，事浸急兮当奈何？

意思是天色晚了，你赶紧呀，事情很危急了。伍子胥便迅速跳上船，一猫身，躲进船舱。

过了江，渔父见他面有饥色，就说：你在这树下等我，我给你弄点儿吃的去。渔父离开后，伍子胥心里打起了鼓，担心上了圈套，便又躲入芦苇荡中。

不久，渔父果然返回来，四下找寻不见人，便又唱道：

芦中人，芦中人，岂非穷士乎？

反复唱了几遍，伍子胥才放心现身。渔夫一面端出麦饭、鲍鱼羹和盎浆，一面埋怨道：我只是去拿吃的，你何必多疑呢。伍子胥有些讪讪，只好讷讷地说：我的命在您老人家手里，哪敢怀疑呀？

渔父把他送过江，临别时，伍子胥将祖传的一把价值百金的七星宝剑赠与老翁，以表谢意，可老翁不受。又请问其姓字，渔父遂言：

今日凶凶，两贼相逢，吾所谓渡楚贼也。两贼相得，得形于默，何用姓字为？

意思是，伍子胥为楚贼，自己渡楚贼过河，自然也是楚贼。两贼相遇相得，全靠信任默契，姓字名谁有什么重要的呢？又说：

子为芦中人，吾为渔丈人，富贵莫相忘也。

伍子胥只得告别，嘱其将饭器藏好。渔父答应了。伍子胥登岸，刚走数步，回头再看，那渔父已覆船自沉于江水之中了。

这段记载，以隐语歌谣贯穿，既松弛又紧张，感心动耳，充满戏剧性。

后来，明末小说家冯梦龙写《东周列国志》，又给这个故事续了个尾声。话说伍子胥攻入楚国后，四处搜求逃跑的楚昭王，有人说他逃到郑国，遂大兵围城。郑定公大惊，在城中悬赏，希望能有高人解围。三日后，有人请见，称自己不需尺兵斗粮，只需执一桡（船桨）“行歌道中”即可退兵。郑定公大喜，便赶紧给此人配桨，腰系绳索，缒城而下。至吴军营前，此人叩桡而歌曰：

芦中人，芦中人，腰间宝剑七星文。不记渡江时，麦饭鲍鱼羹？

守城的兵士将他抓去见伍子胥，他就又唱了一遍。伍子胥闻听大惊，一问，方知此人正是当年渔父之子，因避难来到郑国。伍子胥乃仰天叹曰：“嗟乎，员得有今日，皆渔丈人所赐，上天苍苍，岂敢忘也！”下令解围而去。

渔丈人不是当时就自沉了么？其子怎知“芦中人”和“渔丈人”间的暗号呢？清初文人蔡元放点评这段历史说，那渔丈人是隐士高人，覆舟自溺乃假死，故作此态，是让伍子胥释疑，此乃“有德”之举。想想也是，渔父整日行船江中，想要自溺而死，恐怕也不容易。

古人喜用隐语，本就含含糊糊，神神秘秘，加之“小说家言”，虚虚实实，后世读者还真的不能太拘泥呢。

童谣的破译

童谣是古代歌谣里特殊的一类，它们被史家收录记载，主要原因是认为其中暗示着某种政治或人事的进展或结局，有代天示警的预言功能，属于谶语一类。谶，是对未来带有应验性的预言和隐语，其意涵纤微隐晦，但常常立言于前，有征于后，最终都能得到效验。古人相信语言是有神秘作用的，而童谣出自天地自然间，为天籁自鸣，故往往隐含天机。

“井水溢”是不祥之兆

西汉元帝时，坊间开始流传一首童谣：

井水溢，灭灶烟，灌玉堂，流金门。

这个童谣用的是三言句，是古代谣谚常用的句式。从节拍上看，三言是一拍半，句尾就有半拍的空拍，便于换气，适合运动中唱诵。这首童谣，大概就是一边玩乐，一边拍手唱诵的。但是，它到底在讲些什么，没有人多加琢磨。

然而到了汉成帝建始二年三月的一天，人们发现，皇帝北宫中有一口井里的水竟然满溢出来，一直向南流过去。农历三月，不是雨季，甚至可以说是春旱的时候，哪里会有那么多水呢？人们心里嘀咕这件事儿，但也没个答案。

成帝病逝后哀帝即位，六年后平帝即位，又过了六年平帝死，政坛发生了一系列大变故。大权独揽的外戚王莽先是立了年仅两岁的孺子婴为皇太子，自己效仿周公摄政，后来，又代其临朝，称“摄皇帝”。最终，竟然即天子位，定国号为“新”，篡汉自立。

人们想起了那首童谣，才明白，这其实是王莽篡汉的谶谣。为什么这么说呢？史家班固在《汉书·五行志》中是这样解释的：

> 井水，阴也；灶烟，阳也；玉堂、金门，至尊之居：象阴盛而灭阳，窃有宫室之应也。王莽生于元帝初元四年，至成帝封侯，为三公辅政，因以篡位。

班固是按照汉代阴阳五行说来解释这则童谣的。井水属阴，灶烟属阳，“井水溢，灭灶烟”，即暗示阴盛阳衰。在当时的政治语境中，阴盛阳衰即为女主、外戚、宦官擅权的象征，或意味着以下犯上，主弱臣强。

王莽生于汉元帝时，正是这则童谣兴起的时候。王莽的姑姑名王政君，元帝时为皇后，此后六十余年为天下母，先后辅佐了四个皇帝。王莽凭借外戚的特殊身份，逐渐执掌军政大权，后来又把自己的女儿嫁给汉平帝做皇后，最终在朝中大权独揽，连作为老太后的姑姑也对他无可奈何，眼睁睁地看着他篡汉称帝，建立新莽政权。

古人特别关注皇权的正统性，王莽篡权夺国，显然是乱臣贼子，属于反常异端。因此，人们认为，上天在他出生时就暗暗警告人们留心。但天机不可泄露，就只好借助儿歌隐晦暗示。

“燕飞来”也不是好事儿

而在汉成帝的时候，也出现了一则有名的童谣：

燕燕尾涎涎，张公子，时相见。
木门仓琅根，燕飞来，啄皇孙，皇孙死，燕啄矢。

此童谣被认为是预言赵飞燕盛衰事。

赵飞燕是汉成帝的皇后，本长安宫人，出身微贱，被送到阳阿公主家学习歌舞，号曰飞燕。成帝微服出宫到公主家宴饮，见飞燕而悦之，遂召入宫，大幸。其妹亦召入，姊妹并封婕妤，一时贵倾后宫。不久许皇后被废，赵飞燕成为皇后。此后其妹更为受宠，被封为昭仪，居住的昭阳殿极为奢华。庭院大殿上刷红漆，台阶以铜制成，还要加上黄金涂层。汉白玉的阶梯扶手用黄金环以及蓝田玉、明珠、翠羽作为装饰，整个后宫都从来没有过这样的奢华。不过，姊妹俩专宠十余年，始终没有生育。

后来，有一天早上成帝醒来，刚穿上裤袜，衣服还没披上身，身体就突然僵直，口不能言，中风扑倒，没到晚上就死了。成帝素来身体好，无疾病，去世前晚还没事儿，当日还安排了接见楚思王刘衍和梁王刘立以及策封大臣等一系列事情，没成想竟然暴崩，一时朝野震动。皇太后遂责令调查成帝在后宫平时起居和发病的情况，赵昭仪遂畏罪自杀。人们说，这是赵氏淫惑皇帝致其暴死。

成帝死后，哀帝即位，司隶解光遂上书弹劾赵昭仪怂恿成帝杀害许美人、中宫史曹宫所生皇子一事，认为她“倾乱圣朝，亲灭继嗣”，要求追究赵氏一族的罪过：“家属当伏天诛。”

由于哀帝继皇帝位乃赵飞燕大力促成，故其不愿深究，只下令将赵飞燕弟及兄子贬为庶人，全家流放辽西。哀帝在位六年，死后赵飞燕便再遭弹劾，以“专宠锢寝，执贼乱之谋，残灭继嗣，以危宗庙，悖天犯祖，无为天下母之义”为由最终被废为庶人。赵飞燕自知无可挽回而自杀。

赵氏姊妹败亡后，人们对照成帝时流传的这个歌谣，认为上天早以谶语警示。当年成帝微行出游，常与富平侯张放一起，伪称其家人，在阳阿公主家宴饮作乐遇见舞者赵飞燕。“张公子”即指富平侯张放，“燕燕尾涎涎”，美好貌也，指善舞的飞燕。“木门仓琅根”，说的是宫门铜环，言其尊贵，后果然立为皇后。后来，其妹昭仪贼害后宫皇子，最终姊妹二人皆伏辜，这就是歌谣所谓“燕飞来，啄皇孙，皇孙死，燕啄矢”。因此，这首童谣句句都应验了。

童谣怎么破译？

清恽寿平《燕喜鱼乐图》。图中绘的是明媚春光：桃花灼灼，柳枝飘摇，燕子穿梭其间，游鱼追逐着落英。抛开神秘的预言，鱼嬉燕舞，都是喜乐祥和的象征。

童谣是不是真的那么神秘？其实也未必。

前面第一首童谣中所提及的预言王莽篡汉的“井水溢”现象，似乎是当时常用的灾异征兆。比如《汉书》记载汉武帝死后，托孤大臣霍光功高震主，先后立废昌邑王刘贺，又从民间迎武帝曾孙刘询继帝位，此即汉宣帝。即位后，宣帝对霍光表面信任，实则忌惮，与之同车时“若有芒刺在背”。霍光死后，诸子被削权，而家中后府也多次出现各种灾异，家人梦见“井水溢流庭下，灶居树上”。果不久，霍家就因密谋废天子事遭族灭。

“井水溢”之类是阴盛灭阳之征。汉成帝时赵飞燕姊妹专宠后宫，纵情声色，甚至将成帝“累死”，且残害诸皇子。若说这谣谶应在成帝之世，也完全说得通。

当时大臣李寻曾上书言灾异，称民间流传很多讹谣，“斥事感名”，担心其会不会应验。三国如淳解释说：“斥事”指的就是井水溢之事，后来果然就发生了；“感名”指的就是“燕燕尾涎涎”——赵氏姊妹事，也发生了。可见如淳认定“井水溢”是预言成帝时赵飞燕事，而非更靠后的王莽篡权事。

可见，谶谣是所隐含的“预言”得到应验的歌谣，但“应验”在何事何人，很大程度上取决于后人解释。《五行志》乃至后世对谶谣的“破译”，或有其政治用心，或有其情感偏好，也带有一定的不确定性。

别有用心的“童谣”

由于童谣在人们心中有预言的神秘作用，大概也有好事者“创作”此类歌谣让儿童传唱，以产生一定的舆论效果。比如《后汉书·五行志》就记载了两首有关汉末大军阀董卓的谶谣。

董卓是汉末凉州军阀，公元 189 年，汉灵帝崩，十三岁少帝刘辩即位，而实权则掌握在临朝称制的母亲何太后以及母舅大将军何进手中。于是，宦官、外戚为控制皇权明争暗斗。为谋诛宦官，何进密召重兵在握的董卓入京。哪知入京后，董卓自为相国，继而废少帝，立献帝，弑何太后，威慑众臣，手段阴险毒辣，令人惶恐。随后，袁绍、孙坚等起兵讨董卓，董卓遂一把火烧了洛阳宫室，掘坟挖宝，挟持献帝和洛阳数百万民众徙往长安。老百姓一路遭兵士驱赶，狼狈慌乱，互相践踏蹈藉，加之“饥饿寇掠”，“积尸盈路”。

董卓被认为是政治上的“暴发户”，因特殊机缘得以居高位，但行为做派皆不得人心，所以，当时洛阳地区就有游童传唱一首歌谣，形式很独特：

承乐世，董逃；游四郭，董逃；蒙天恩，董逃；带金紫，董逃；
行谢恩，董逃；整车骑，董逃；垂欲发，董逃；与中辞，董逃；
出西门，董逃；瞻宫殿，董逃；望京城，董逃；日夜绝，董逃；
心摧伤，董逃。

这首歌谣每句三言，句尾都缀以“董逃”二字，大概是作衬音。儿童游戏时，常有拍手、跳跃以伴歌谣的，所以歌谣中就有为了凑韵或形成节拍而添加的言辞。此外，三言诗每句说一个意思，诗句间似乎没有必然的联系。

在当时，人们大概就觉得这首童谣不那么简单，虽然说不清，但总觉得好像暗示些什么。所以董卓听到这首童谣，颇为不安，不仅不安，还大怒，认为此歌就是针对自己而发的诅咒，遂“大禁绝之，死者千数”，又下令将“董逃”改为“董安”。

后来，董卓被灭，人们反观其兴衰，才发现这是一首典型的谶谣，不仅预言，还应验了。再看《董逃歌》，似乎很多不解就都讲通了。

歌谣讲的正是董卓发迹史以及最终逃离京都的过程。起首两句“承乐世”“游四郭”，是说董卓早先拥兵自重，承平安乐，悠游四郭；“蒙天恩”“带金紫”，是说他后来受到皇帝恩宠，佩带金印紫绶；“行谢恩”“整车骑”，是说他曾以罪免职，但很快被赦，封官加爵，显赫当世，或是讲其挟献帝西迁长安时，车马浩荡；而“出西门”“瞻宫殿”“望京城”“日夜绝”“心摧伤”，则描写洛阳数百万民众被其掠往长安的忧苦。“董逃”二字反复出现，不断强调，就是对董卓必将败逃的预言。董卓将“董逃”改为“董安”，以为就此能改变，哪知天意难违。

预言董卓终将败亡的还有一首童谣，在京都传唱，用的是拆字法：

千里草，何青青。十日卜，不得生。

“董”字从下往上拆解，即是“千里草”；而“卓”字从下往上则为“十日卜”。古人解释说，字谜拆字的方法一般都是从上到下，或左右离合，没有从下发端的，因此，这两个字如此拆解，是天意，意思是：董卓自下摩上，以臣陵君。而“青青”，是暴盛之貌。“不得生”，即很快破亡。史家将这些歌谣录入史书，也表示对童谣传递天意的认可。其实，天意者，民心也。

童言无意，听者有心

关于童谣的神秘，汉代以后有很多解释，其中影响很大的一种说法是童谣为天上荧惑之星下降所指使。在中国古代星宿系统中，有岁、荧惑、镇、太白、辰五星，一旦人间社会秩序失常，这些星宿也就随之行动反常，盈缩失位。

其精降于地化为人：岁星降为贵臣，镇星降为老人妇女，太白降为壮夫，辰星降为妇人，代天做出各种谴告。而荧惑为执法之星，若发现异常，则降下种种异象来预警谴告，包括出现残贼，即独夫暴君，或爆发饥馑病疫、兵乱死丧等。荧惑之精魂可化为风伯，诱使儿童于歌谣嬉戏间传播上天启示。

《晋书·五行志中》就有一段非常神异的传说：三国时，有群童聚集嬉戏。突然，其中一个小孩举止异样，唱诵道："三公锄，司马如。"又说："我非人，荧惑星也。"言毕，上升。众人仰望，见空中若拖曳一匹白练，转瞬间就消失不见了。果然，四年后，蜀亡；六年后，魏废；二十一年后，吴平。最终天下归晋，司马氏统一，此即"三公锄，司马如"。

美国何德兰《孺子歌图》。传教士何德兰收集了 150 首北京地区流传的童谣，并配上英文翻译，还为每一首童谣配了照片。童谣常常信口开河，只为享受韵律之美，也未必有什么逻辑或者微言大义。如图中所歌："大拇哥，二拇弟。钟鼓楼，护国寺。小妞妞，爱听戏。"

因此，周作人说：中国古人视童谣，不以为孺子之歌，而以为鬼神凭托，如乩卜之言，是天机所隐。

童蒙小儿涉世未深，没有利益牵扯，聚集嬉戏，信口而歌，就会唱出一些简单有趣合辙押韵的歌谣，抑扬顿挫，节拍简单，也就很容易传唱开来。而其内容也许有些就是从成人口里听来的，信口编入，也未必懂得意思。或仅是为了趁韵而任意填词，歌词遂常在通与不通间。而说者无意，听者有心，隐晦难喻也就变成暗有所指，这大概是童谣神秘感的来由。

朱自清《中国歌谣》曾谈到儿歌的这个特点，举近世吴越地区儿歌“抉择歌”：

越中小儿列坐，一人独立作歌，轮数至末字，中者即起立代之，歌曰：“铁脚斑斑，斑过南山。南山里曲，里曲弯弯。新官上任，旧官请出。”

“踢踢脚背，跳过南山。南山扳倒，水龙甩甩。新官上任，旧官请出。木渎汤罐，弗知烂脱落（那）里一只小弥脚节头（小拇脚趾头）。”

朱自清解释说：这些歌谣本来是“抉择歌”，但后来就失其本意而变为寻常游戏的儿歌。“抉择歌”是说儿童在玩一些竞争游戏时，需要选出一人为对手。这时就诵唱此歌，末字落在谁身上，就选中谁。因此，抉择歌的歌词大都是趁韵而成，信口胡编，并不一定有何完整连贯的意涵，也就常常显得隐晦难喻。

古代所保留下来的童谣，有些言辞浅白，表意清晰，但大多蒙着神秘主义的色彩，似通非通，却也大都合韵上口，铿锵悦耳，这种神秘性和上口的特点在当时一定是颇引人兴趣的。只是后人看，若不加解释，则真的很难“破译”呢。

《越人歌》

近代以来，国外一些书籍通过译介传入中国，与此同时，关于翻译的理论探讨也开始了。什么叫好的翻译？清末严复在翻译《天演论》时总结说，要做到“信、达、雅”。

“信”，指意义不悖原文，译文要准确，不偏离，不遗漏，也不要随意增减意思；“达”，指不拘泥于原文形式，译文通顺明白；“雅”，则指译文选用的词语句式等要得体，追求文章本身的简明雅致，也有人说是要有文采。这条著名的“三字经”对后世的翻译理论和实践影响很大。不过，能同时做到这三点，绝对是件极难的事儿，别说三点，满足前两点都不容易。所以，严复才说：“译事三难：信、达、雅。求其信已大难矣，顾信矣不达，虽译犹不译也，则达尚焉。”

译诗好，让人忘了原作

中国有一首古老的译诗，似乎同时满足了上述三点，它就是《越人歌》。《越人歌》出自刘向《说苑·善说篇》。书中说，春秋时代，楚王母弟鄂君子皙在河中游玩，钟鼓齐鸣。摇船者是位越人，趁乐声刚停，便抱双桨用越语唱了一首歌。《说苑》用音译记载了当时的歌词：

> 滥兮抃草滥予昌枑泽予昌州州𩜱州焉乎秦胥胥缦予乎昭澶秦逾渗惿随河湖

看这歌辞，不仅我们今天不懂，鄂君子皙当年听了也不懂，遂叫来译者，那译者即将其信口翻译成楚语，遂成了流传至今的《越人歌》：

> 今夕何夕兮，搴州中流。
> 今日何日兮，得与王子同舟。
> 蒙羞被好兮，不訾诟耻。
> 心几烦而不绝兮，得知王子。
> 山有木兮木有枝，心悦君兮君不知。

鄂君子皙听完译文后非常感动，“行而拥之”，还给那舟子披上绣被以表达情志。

这个故事如今很少有人知道了，但《越人歌》却广为唱诵，流传至今。南朝梁徐陵在编纂《玉台新咏》时收入此诗，始称《越人歌》。随后，北宋郭茂倩所编《乐府诗集》，明嘉靖时期冯惟讷编写《古诗纪》，清乾隆年间沈德潜编《古诗源》等都曾收录此歌。到了现当代，逯钦立编写《先秦汉魏晋南北朝诗》时，亦收录其中。这首诗译得好，已经让人忘了它的原作。

金句是这样炼成的

《越人歌》是不是做到了“信、达、雅”？这需要破译《说苑》里那段舟子的古越语。越人是古代生活在长江以南广大沿海地区的一个大族群，文献上称为百越，有於越、瓯越、闽越、东越、杨越、南越、骆越等。《汉书·地理志》臣瓒注：“自交趾至会稽七八千里，百越杂处，各有种姓。”指的就是这些族群。其语言一般认为与今壮侗语族有渊源关系，这就给今人释读《越人歌》提供了依据。很多研究者就试着将其歌对转为古汉语，再直译过来。如钱玉趾在《中国最早的文学翻择作品——〈越人歌〉》(《中国文化》第十九、二十期）中这样解读和翻译：

原　辞	解　读	今　译
滥兮	夕兮	夜晚啊，
抃草滥予	拥棹（的）夕予	划桨的夜晚啊，
昌枑泽予	航［行］船（于）泽予	划船在河中哎。
昌州州	航［行］一王子王子	航行一王子王子，
𩜱州焉乎	（幸）侍（着）王子焉乎	幸侍着王子哦呵！
秦胥胥	羞［耻］答答	羞答答，
缦予乎	丝［思］长（长）乎	思悠悠呵。
昭澶秦逾	木长（有）枝予	山树长有青枝枝哎，
渗惿随河湖	心悦君一知乎	心悦君来君可知呵？

对比这些内容可知，前四句明确地陈述了时间和事件：今晚荡舟河中，很幸运，能与王子同舟。舟子情不自禁以歌谣唱出这样一次相遇，一定是表达了内心的惊喜。楚国的译者抓

宋张敦礼（传）《九歌图》之《山鬼》局部。《山鬼》是屈原《九歌》中的一篇，是对山神的祭歌。巫师乔装，以男女爱恋之情吸引神灵下降。歌中的山神被假想成一位女子，她美貌多情："既含睇兮又宜笑，子慕予兮善窈窕。"然而，山林幽深冷寂，耳边只有虎啸猿啼，女神心中充满哀怨愁思："思公子兮徒离忧！"舟子与山鬼，一人一神，都在追寻一种"靠近"的幸福。

住了这一点，将其转换成两个带有疑问的诗句："今夕何夕兮，搴州中流。今日何日兮，得与王子同舟。"重复自问"今夕何夕""今日何日"，而"兮"字是先秦诗歌里常常见到的表情语词，它既可以做音乐上的修饰，即"歌之余声"，又有丰富的情感表现力。这样的歌句就将舟子内心激动无比、意绪难平的慌乱、讶异、惊喜呈现出来——这是怎样美丽而又慌乱的夜晚啊。

接下来，舟子的情绪就变得非常复杂，但仍可一言以蔽之曰："羞答答"。何以"羞"？对此，后世的解读者或将其理解为异性之恋，或将其理解为同性之爱，还有将其理解为位卑者对于风流倜傥、充满威仪的贵族王子的艳羡和倾慕。其实，这些情感都是相通的，甚至可以重合。人生而孤独，在苍茫的世间寻求倾慕爱恋的对象，就是在寻求一种温暖。身份、地位、性别、阶层，大约没有什么可以阻挡内心的这种渴望。席慕容《在黑暗的河流上》这样解读舟子的心绪：

> 星群聚集的天空总不如
> 坐在船首的你光华夺目
> 我几乎要错认也可以拥有靠近的幸福
> 从卑微的角落远远仰望
> 水波荡漾无人能解我的悲伤

在满心爱恋、倾慕、向往的对象面前，一个人的内心是充满卑微感的，可又是怎样的欢喜啊。"见了他，她变得很低很低，低到尘埃里。但她心里是欢喜的，从尘埃里开出花来。"（张爱玲语）楚国的译者何其敏感，深谙舟子微妙复杂的情绪，将其翻译为："蒙羞被好兮，不訾诟耻。心几烦而不绝兮，得知王子。"

末尾几句是直抒情志，似乎舟子已心意平复，可又悲从中来，以"山有木"起兴，继续抒怀。

起兴是民间歌谣最常用的手法，先言他物以引出所咏之辞。

民歌是脱口而出，没有多少时间构思，不像后世诗人，可以字斟句酌，甚至骑驴苦吟。因此，先就眼前所见唱两句，再说那些想要说的话，这就给自己留了梳理情绪、斟酌言语的时间，歌谣也从韵脚上、语势上都有个自然的导引。从这个角度看，即物起兴也可以说是民歌的诀窍。

起兴的事物大都来自所见所闻，大约不外草木、鸟兽、山川、日月、舟车、服用之类，而以草木鸟兽为多。楚国的译者是深谙起兴的妙处的，他翻译道："山有木兮木有枝，心悦君兮君不知。"山有木，木有枝，它们相联相通，顺理自然，可是"我"对"公子"的情感公子不知，还有谁人可知呢？巧妙的是，译者借"枝"与"知"的谐音双关来做文章，含蓄又明朗，这是中国古典歌诗特有的表情方式，大约也是楚国人喜欢用的方式。如《九歌·湘夫人》："沅有芷兮澧有兰，思公子兮未敢言。"因此，这末一句，成为全诗的"金句"。

梁启超《翻译文学与佛典》一文中特别提到《越人歌》及其楚译，说：

> 《鄂君歌》译本之优美，殊不在《风骚》下。原文具传，尤为难得。倘此类史料能得多数，则于古代言语学、人类学皆有大裨，又不仅文学之光而已。

楚国的译者是位高手，他抓住舟子的内心情感，又没有亦步亦趋，而是再创作，转换成精妙的楚语楚歌，无意中竟然勘破了翻译的迷局。

翻译家们的讨论

二十世纪六十年代，查良铮先生（穆旦）和丁一英先生曾写信讨论翻译如何做到信达雅的问题。丁先生以字对字、句对句、结构对结构的原则，指出查先生翻译没有“忠实原文”，而穆旦先生则认为：

> 有时逐字“准确”的翻译的结果并不准确。……译诗不仅要注意意思，而且要把旋律和风格表现出来……要紧的，是把原诗的主要实质传达出来。……为了保留主要的东西，在细节上就可以自由些。这里要求大胆。……译者不是八哥儿；好的译诗中，应该是既看得见原诗人的风格，也看得出译者的特点。

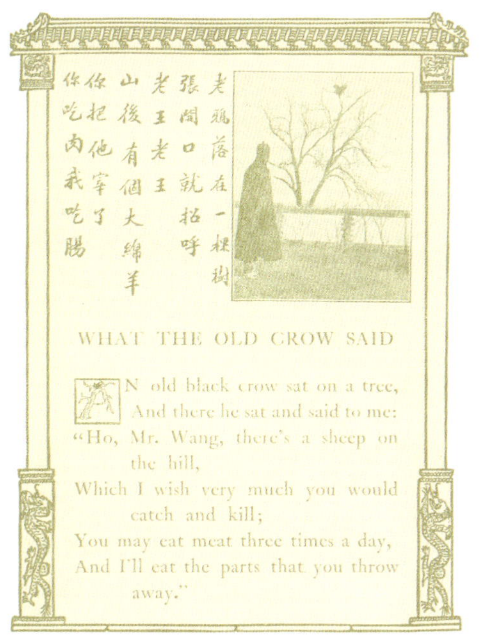

老鴉落在一棵樹
張開口就招呼
老王老王
山後有個大綿羊
你把他宰了
你吃肉我吃腸

WHAT THE OLD CROW SAID

AN old black crow sat on a tree,
And there he sat and said to me:
“Ho, Mr. Wang, there's a sheep on the hill,
Which I wish very much you would catch and kill;
You may eat meat three times a day,
And I'll eat the parts that you throw away.”

美国何德兰《孺子歌图》。童谣云：“老鸦落在一棵树，张开口，就招呼：老王老王，山后有个大绵羊。你把他宰了，你吃肉，我吃肠。”大约出于合韵的考虑，何德兰对后两句做了发挥，按字面意思是：你可以一天三顿吃肉，我吃你扔掉的。这就是“大胆”创造了。

翻译是将一种相对陌生的表达方式，转换成目标阅读者熟悉的表达方式，因此，翻译不是鹦鹉学舌，而是一种创造，“大胆”而“忠实”或许才是翻译的诀窍。可是，这一诀窍好说，但何其难呀，对于诗歌而言，尤其如此。

在所有文学体裁的翻译中，诗歌翻译由于其特殊性，被研究和讨论得最多，也普遍认为难度最高。诗人雪莱也曾把诗歌翻译比作种下种子，却不能开花。近代两位诗人讲得更干脆，一位是美国诗人弗罗斯特（Robert Frost），他给诗下定义，说“诗者，翻译所失也”（What gets lost in translation），即诗歌就是翻译之后留下来的，这说明了诗歌翻译的某种不可能；另一位是摩尔根斯特恩（Christian Morgenstern），他甚至认为诗歌翻译“只分坏和次坏的两种”。这些评论者都是诗人，他们了解诗歌转译的难度，所以，合格的诗歌译者应当也是位懂诗会歌的诗人，否则，真的是难以传神。

北岛在《时间的玫瑰》中提到：

> 一个好的译本就像牧羊人，带领我们进入牧场；而一个坏的译本就像狼，在背后驱赶我们迷失方向。

《越人歌》的翻译者大概可以称得上是位好的牧羊人，他带领我们进入了一个水草丰美的地方。

原版后记

说一下这本小书的由来。

2012年初冬，读博时的同窗林涛兄发来邮件，说《河北教育》计划2013年开个传统文化随笔专栏，拜托他推荐作者，便想起我来，问我可否承担。我听了茫然，又有点好奇，遂与编辑彦娟邮件往来，了解大概。编辑部的意思是，新专栏要确立一个主题，每月一期，至于具体写什么，怎么写，尚无明确想法，总的要求是文笔可读，内容能兼顾知识、思想、趣味才好。我想了想，与彦娟商量先说说“节令”，因为此前正巧关注了这方面的内容，胡乱看过几本书。

来年阳历一月为第一期，农历恰好是腊月，便写了《腊八食粥》，千来字，传过去，挺满意，便说定，由我一路写下来，每月末交稿。彦娟每收到稿子会有几句点评，偶尔也转来主编的读后感，或一二句，或两三句，除此并无闲话。转眼又到了冬天，她便又嘱我考虑下一年的话题，接着写，并希望这个栏目能成为刊物的保留栏目，一年年办下来。

围绕一个话题写专栏，有好有不好。好处是主题集中，查阅资料有靶子，省去漫天无际，没个头绪。但也有麻烦，就是要提前规划个大致框架，如同盖房子设计图纸。每年十一期（七八月合刊），十一篇小文章，既围绕一个话题说，又要变着法子换角度，每篇要尽量新鲜有趣，最后通览下来，还要让读者有个概观，这就要好好筹划一下了。好在传统文化话题多，研究者多，各行名家专著也不少，我的作用，不过是通读几部好些的，把专业转为普及，把艰深转为有趣，让读者读得更顺畅罢了。

这个活计倒是颇符合我家庭“煮”妇的身份，与我每天筹划三餐很相似。早晨趁着新鲜到菜市场挑选一天的食材，一边选，一边就要琢磨：肉蛋奶、菜豆瓜、馒头米饭面条，如何搭配，怎么调和，既要营养全面，又要岔开些样子来，肯定是要费些心思的。家庭主妇大概都有个感觉，问吃什么，最怕听到吃“随便”。“随便”就是一片空，倒不如说想吃炖排骨，想吃西红柿炒蛋，想吃打卤面，任务明确，照着买来做就是了，反而省去很多心思。所以，因为要筹划，我买菜过程往往很慢，拿起来，又放下去，但一旦买好了，反倒省事了。余下的，凉拌热炒，蒸煮烹炖，使出平日积攒的那点儿功夫也就罢了。

就这样，一年一年，一桌一桌饭菜就做下来，说饮食，说服饰，说行旅，说节令，说草木，说百戏，每年都有意岔开些口味，免得吃腻了。甚至接下来，还打算说谣谚，说文物，说蒙书，说汉代的画像石……诸如此类。反正食材多，倒也有的是腾挪之处，不会做的，就照着菜谱学做罢了。

这样写了几年，中间换了主编，为了话题更丰富，与文章呼应，又加了个“识小录”的栏目，也一并由我负责。后来我觉得本来一个版面的空间，分出两个房间，倒逼仄了，便提议合起来，还作一篇写。彦娟也就放权，由着我瞎鼓捣，便一溜写下来。

去年夏天，北师大李山老师偶然得知我写这些小文章，便要了前几年发表的稿子去，在他主持的“桃李国学堂”（已更名为“桃李国学苑”）公众号“国学杂谈”栏目一篇篇发出来，又专门请了两位善诵的女士，一名舒音，一名绿绮，精心配乐诵读，前者音色活泼清丽，后者舒婉沉稳。这一来，好似家常菜配上了精致的食器，倒有些说不出的别致，或许能引来食客多看两眼呢。

果然，中华书局上海公司的艳红女士便看到了，有些兴趣，据此申报了出版选题，也就获批了。但她觉得，原来是专栏文章，版面所限，每篇都短小，对于专栏读者，或者公众号阅读、诵听，都是很适宜的，但若出版纸质书，体量则未免小了些，话题在纵深上都有所不够，希望能扩充，只是还要保留原来的可读性。我多年戴着镣铐跳舞，也正有此意，便又用大半年时间扩充近一倍，有些几乎是重写了。

此书写就，无以命名，本想仍叫《国学杂谈》，因为“杂谈”最符合实情，但终觉得历来用此命名的太多，与艳红反复商议，最终定名为《食色里的传统》。食色，本指人之大欲，而取其象征，或可涵盖日常生活的方方面面。书中所涉六个话题，也都在这个范围内。

所以，小书的内容虽杂，却不是信口开河，做的时候还是认真的。唯一担心的是，话题涉及方方面面，多了，免不了会有疏失，但好在我如实交代来龙去脉，或许能获得从宽的待遇吧。

上文提及的诸位师友，除林涛兄和李山先生外，均未曾谋面，特致谢忱。

是为记。

2018 年 4 月 14 日

于台湾淡水

新版后记

今年春夏之交，陆续有朋友问我索要《食色里的传统》，说几个大的购书平台都已经断货了。搜罗自己的库存，只剩几本“废书”。所谓“废书”，是当时准备钤印本时，把印盖歪了的，现在就废物利用吧。手头正好有几张书签卡，遂抹了浆糊，糊在“歪印”上，重新签了名寄出去。好在朋友们并不在意，拿到打了补丁的书，睡前发来读后感，让我的虚荣心好好满足了一下。

暑假，和责编艳红女士聊天，说到书售罄的事儿，她说，已经注意到了，打算申请再版。不久，计划果然就批下来，于是很快地，增补、修订、插图、排版……一切遂按部就班、紧锣密鼓地展开了。

原书本有饮食、服饰、行旅、草木、节令、百戏六个主题，这次修订，又补了个“歌谣”系列。2018年初版时，“歌谣”安排在次年专栏的连载中，故未及收录，这次正好润色补定加入进去。凑成个“七”，似乎也就圆满了，七天创世么。更何况，“歌谣”之后，因为要集中精力做手头的课题，我就将专栏写作停了下来。所以若非此次再版，这一组有关“歌谣”的文章也就像遗孤一样流落了。

此外，这次再版，还添加了若干古画和文物图片，以便与文章形成呼应。“图文并茂”是非常古老的信息传播方式，也是当下新图文时代的一种阅读需求。当然，更是本书内容所需要的，因为传统文化本来就是有“声”有“色”的。做了这番补定，无论传统中的“食色”，还是历史中的“细节”，都变得更加可触可感了。

在搜集、查阅图片的过程中，我常常陷入沉溺的状态。数字信息的发达，使得大量藏于中外各个博物馆密室的老物、老画、老报刊得以现身，这在以前是完全不可能的。这些高清图片，细节清晰，甚至可以看清纸张、布纹的肌理。画面里的人、物立刻就生动起来：那些簪花的仕女、持刀的壮汉、游艺的儿童，那些虎、羊、马、鸡、犬、猪，那些菜、瓜、豆、松、梅、竹，那些推车拉货的、纵马狂奔的、徒步叹气的，那些弯腰插稻的、手捧果盘的、盘腿发愣的，那些雪中袖手的、骑驴吟诗的、踏春闲谈的，那些抬腿蹴鞠的、张弓射箭的、隔窗口技的，以及斗鸡走狗、弄丸跳剑、鱼游鼠戏……活色生香，扑面而来。

在深夜的书房中，我转动鼠标，不断放大、再放大，不时地叹气，耽溺在这个全新的古老世界中。今年年初，香港天地图书有限公司出版《食色里的传统》繁体字版，更名为《历史上的生活细节》，改版成精装彩图版。由于时间和版面的限制，仅补充了三十幅图片。这次，或许能弥补很多遗憾。

算起来，这本书从最初开笔撰写第一篇《腊八食粥》，到今天，已经九个年头了。其间，每月一篇的小文，渐渐累积，直至扩充整理、结集出版、再版，借助纸媒以及网络文字和音频、视频的传播，有无数读者与我“神交”，在此谢谢他们。

最后，要特别感谢责编吴艳红女士和上海聚珍公司，中华书局的专业和敬业使得书稿能以最佳状态面世。记得当初艳红联系我谈及出版事宜说过：我们编辑寻找好的作者，就像鱼儿找水一样。那时我正在台湾访学，隔着海峡，我感受到了她的善意和坚持。

是为记。

2021 年 10 月 27 日

于杭州